U0817777

电子商务与智能服务丛书

服务资源智能聚合与推荐技术

刘平峰　聂规划　陈冬林　傅　魁　姚梦迪　著

電子工業出版社
Publishing House of Electronics Industry
北京 • BEIJING

内容简介

针对传统的商品搜索和推荐技术已不能满足客户对服务资源个性化需求的问题，本书在国家科技支撑计划、863 计划、国家自然科学基金、教育部人文社科等课题的支持下，以用户复杂需求为出发点，充分利用本体技术在解决语义歧义和能够语义推理方面的优势，以“服务资源统一描述、发现与聚合——客户复杂需求描述和获取——满足客户复杂需求的服务资源推荐”为主线，研究服务资源语义模型和语义词典、基于语义模型的服务资源智能发现与聚合、客户复杂需求的本体建模与智能获取、满足客户复杂需求的服务资源均衡推荐与组合推荐四个层次的关键问题，为海量服务资源环境下电子商务智能个性化服务提供语义基础技术和应用关键技术。

本书可供从事电子商务研究、教学或学习的高、中级人员，研究生，以及相关专业的电子商务工作者使用，可帮助读者理解满足用户复杂需求的服务资源智能聚合与个性化推荐方法和技术。

未经许可，不得以任何方式复制或抄袭本书之部分或全部内容。
版权所有，侵权必究。

图书在版编目（CIP）数据

服务资源智能聚合与推荐技术 / 刘平峰等著. —北京：电子工业出版社，2015.10
（电子商务与智能服务丛书）
ISBN 978-7-121-27351-3

Ⅰ. ①服…　Ⅱ. ①刘…　Ⅲ. ①电子商务—商业服务—研究　Ⅳ. ①F713.36

中国版本图书馆 CIP 数据核字（2015）第 234014 号

责任编辑：徐蕾薇　特约编辑：刘广钦
印　　刷：北京季蜂印刷有限公司
装　　订：北京季蜂印刷有限公司
出版发行：电子工业出版社
　　　　　北京市海淀区万寿路 173 信箱　邮编　100036
开　　本：720×1000　1/16　印张：17.75　字数：280 千字
版　　次：2015 年 10 月第 1 版
印　　次：2015 年 10 月第 1 次印刷
定　　价：49.00 元

凡所购买电子工业出版社图书有缺损问题，请向购买书店调换。若书店售缺，请与本社发行部联系，联系及邮购电话：（010）88254888。

质量投诉请发邮件至 zlts@phei.com.cn，盗版侵权举报请发邮件至 dbqq@phei.com.cn。

服务热线：（010）88258888。

作 者 简 介

刘平峰 武汉理工大学副教授，博士生导师，教学名师，经济学院电子商务系主任，武汉理工大学电子商务与智能服务研究中心、广义虚拟经济研究中心副主任，加拿大渥太华大学访问学者，湖北系统工程学会理事，武汉市政府电子商务专家，教育部—IBM 大学合作项目优秀教师。主要研究方向：商务智能、服务管理、O2O 电子商务。

聂规划 武汉理工大学经济学院教授，博士生导师，电子商务学科带头人。中国管理科学与工程学会常务理事，全国计算机模拟与信息技术学会理事，湖北省电子商务学会副理事长，湖北省系统工程学会理事，武汉市系统工程学会常务理事。专注于语义网、智能服务、个性化推荐和电子商务的研究与实践，以及相关技术咨询和培训工作。

陈冬林 武汉理工大学教授，管理学博士，博士生导师，经济学院副院长，电子商务与智能服务研究中心副主任。湖北省系统工程学会理事，武汉市系统工程学会常务理事。曾任职于武汉天喻信息产业股份有限公司，具备丰富的电子商务和电子政务设计、开发经验。美国伊利诺伊大学香槟分校电子商务中心访问学者，专注于现代服务业，语义网、本体论以及智能推荐技术。

傅 魁 武汉理工大学副教授，管理学博士，硕士生导师，经济学院电子商务系副主任；美国亚利桑那大学 MIS 系访问学者，湖北系统工程学会理事，湖北省电子商务学会理事。主要研究在线社会支持、社会计算、商务智能、语义网。

姚梦迪 武汉理工大学经济学院，产业经济学专业在读博士，研究生国家奖学金获得者，发表学术论文 4 篇，主持研究生自主创新项目 1 项，参加国家自然科学基金项目 1 项。主要研究方向：云计算经济学、人工智能等。

前　言

现代电子商务正朝着深度融合的方向发展，电子商务运营平台聚集了海量各类服务资源，面临日益激烈的电子商务竞争，深度挖掘服务资源组合的价值，智能为用户提供个性化服务已成为电子商务发展的利器。但传统的电子商务个性化服务技术（用户需求智能获取技术和满足用户需求的推荐技术）已无法满足现代电子商务发展的要求。原因在于：①用户需求已由单个服务资源发展到服务资源组合（多粒度性），且对服务资源的需求表现为功能、属性和质量上多层次的均衡需求（多层次性），用户需求的语义歧义、多粒度性和多层次性造成了用户需求的高度复杂性，而传统用户需求表达方式单纯基于评分、特征或案例；②跨平台（多源）服务资源分类标准各异和语义歧义，导致服务资源聚合困难，限制了用户多源服务资源的选择能力；③服务资源组合推荐需要解决用户复杂需求的多粒度分解、多层次均衡和无语义歧义的精确匹配问题，传统推荐技术对此无能为力。以上问题若不能有效解决将导致企业对用户的需求出现误判，电子商务的优势即精准营销无法有效实现，电子商务效率和效能降低，电子商务服务的潜力受到限制。

因此，面向现代电子商务个性化服务发展的需要，在多源海量服务资源运营环境下，如何准确表示与获取用户个性化的复杂需求，克服多源标准不一和语义歧义的困难，智能发现和聚合服务资源，推荐满足用户复杂需求的服务资源及其组合成为亟待解决的问题。本体技术使得计算机可以分辨和识别语义信息，并对其自动进行解释、交换和处理，为电子商务服务资源智能聚合与精准推荐问题的解决提供了新思路。但已有通用本体技术不能直接解决领域语义问题，现有电子商务领域本体技术相对匮乏，不足以支撑面向用户复杂需求的智能服务应用。

本书在国家自然科学基金课题“基于知识网格的电子商务智能推荐系统”（70572079）、“多源电子目录语义集成与个性化服务理论研究”（70972094）、

“基于客户视角的Web服务组合优化与协同管理研究”（71072077），国家863重点项目子课题“基于语义的信息在线获取和智能分析技术”（2009AA043508），国家科技支撑计划项目子课题“电子商务与现代物流系统中语义集成技术研究”（2006BAH02A08）、“数字家庭服务资源智能挖掘与推荐技术研究”（2011BAH16B02），教育部人文社科项目“面向多粒度知识服务的Web信息融合研究”（10YJAZH050）等项目的资助下，以用户复杂需求为出发点，充分利用本体技术在解决语义歧义和能够语义推理方面的优势，研究面向用户复杂需求的海量服务资源智能聚合与推荐技术，为海量服务资源环境下电子商务智能个性化服务提供语义基础技术和应用关键技术。主要研究内容与成果包括：

（1）研究了用户复杂需求的语义建模与获取技术，解决了用户复杂需求的准确描述、规范表达与智能获取问题。电子商务相对于传统商务的绝对优势之一就是电子商务可以智能发现用户需求并主动为之推荐个性化服务，能否准确获取用户需求是精准营销成败的关键。传统基于服务资源评分、特征（属性）或规则的用户需求表达方式过于简单，未考虑用户需求固有的复杂特性：一是语义歧义性，用户对需求目标的习惯性表达可能产生语义歧义；二是多粒度性，用户可能需要单个服务资源，也可能需要有序的服务资源组合；三是多层次性，用户需求表现为服务资源功能、属性和质量的多层次均衡需求。本项目提出的用户复杂需求语义建模和获取技术能够准确描述和获取用户复杂需求，通过语义解析和规范化解决了用户需求的语义歧义、多粒度性和多层次性问题，从而为电子商务的精准营销提供更为可信的依据。

（2）研究了基于元模型的服务资源智能发现与聚合技术，实现多源电子商务环境下海量服务资源的统一集成化管理。电子商务具有开放性和规模性特征，跨系统的多源异构产品分类标准和商务信息让用户眼花缭乱，多企业、跨系统、分布式的电子商务服务资源存在概念众多、标准各异、集成度低的问题；同时电子商务业务信息中存在大量一义多词和一词多义的情形，导致不同主体对商务信息理解不一致。以上问题限制了海量服务资源环境下用户基于服务资源功能和属性快速检索所需服务资源的能力，也限制了企业为用户提供整合服务资源的能力，已成为阻碍电子商务开放发展的制约因素。研究电子商务本体元模型，建立基于语义的服务资源目录标准，基于电子商务本体元模型智能发现网上的服务资源，通过服务资源本体映射与合并、服务资源本体实例消重，实现基于元模型标准的服务资源统一聚合技术，以基于本体的匹配技术保证海量环境下服务资源检索的高精度，以消除冗余和不一致性的服务资源本体库保证海量环境下服务资源检索的高效率，提升服务资源聚合能力和效率，促进了电子商务的开放性。

（3）研究了基于语义的服务资源智能推荐技术和服务资源组合优化推荐技术，实现推荐结果与用户个性化复杂需求的高精度匹配，解决了传统推荐技术推荐精度不足，以及现有 Web 服务资源组合推荐技术以供应商全局服务质量（Qaulity of Service，QoS）最优为目标导致的对用户个性化支持不足的问题，以深度挖掘服务资源组合的价值。基于语义的服务资源智能推荐技术考虑用户在服务资源功能、属性和质量上的均衡需求，通过语义多层匹配向其推荐所需服务资源，大大提高了推荐精度；服务资源组合优化推荐技术则考虑用户需求的多粒度性，将复杂需求分解至元服务资源的需求，通过基于服务属性的多层关联规则向用户推荐流行的服务资源组合，通过模型优化向用户推荐个性化的服务资源组合，实现面向用户多粒度需求的服务资源组合精准推荐，解决了现有面向供应商全局 QoS 最优的 Web 服务资源组合推荐技术对用户个性化支持不足的问题。

（4）研究了电子商务语义基础技术，解决了电子商务领域术语级、概念级和实例级三级语义计算问题，为电子商务服务智能化提供共性的语义技术支撑。本体内在的语义表达、映射与推理能力能够消除电子商务环境中一义多词和一词多义导致的语义歧义，使得计算机能自动地准确理解用户需求信息和业务信息，并进行智能推理，主动为用户提供个性化服务，但基于语义的映射与自动推理必须以本体和语义词典为基础，必须解决中文电子商务语义词典构建，以及电子商务语义本体的构建和管理问题。因此，需要研究中文环境下电子商务语义词典构建、中文本体映射与集成技术、中文本体管理技术，为电子商务应用提供术语级、概念级和实例级的语义描述与计算功能，为电子商务智能服务提供共性技术支撑。

本书由刘平峰副教授主笔，负责全书写作大纲的拟定并定稿。撰写工作分工如下：第 1 章由姚梦迪博士生执笔，第 2 章由聂规划教授执笔，第 3、6、7 章由刘平峰副教授执笔，第 4 章由傅魁副教授执笔，第 5 章由陈冬林教授执笔。

在前期的研究过程和本书的撰写过程中，我们引用了国内外同行专家的相关研究成果，同时得到了有关院校的同行和相关部门的大力支持与帮助，特别是武汉理工大学电子商务专业的老师和研究生们，他们对本书的撰写提出了许多宝贵的意见与建议，在此一并致谢。

目　　录

第 1 章　国内外相关理论研究现状

1.1　电子商务语义本体

电子商务作为一种新型的商务模式在近二十年来得到了迅猛发展，用户或企业在网上即可搜索或购买到自己所需的信息或商品，企业间电子商务进行了广泛的集成以支持有效供应链管理。B2B 电子商务的标准经历了从 EDI 到 XML 的变化，现阶段较有影响的基于 XML 的电子商务标准包括非营利组织发起的 RosettaNet、由联合国贸易促进和电子商务中心（UN/CEFACT）和 OASIS 维护的 ebXML 标准，以及中科院电子商务中心制定的 cnXML 标准等，这些标准的共同特点是基于 XML 向企业提供一套模块化的规范，使得世界上任何一个地方的公司，无论其规模大小都能用标准的方法在互联网上交换商业信息，建立双方贸易关系，用通用的术语进行沟通。这些标准在克服 EDI 缺点，极大地推动企业电子商务应用的同时，也暴露出其存在的固有缺陷，它们只是提供了一个通用的架构，在此基础上行业可以定义自己的基于 XML 的电子商务应用交换文档来交换商务信息，企业间文档集成通过 XPath 与 XSL 结合来实现对 XML 文档的转换，这种直接映射的方法存在规则复杂、程序维护成本高和映射重用性差等不足。同时，对企业商务过程进行硬性建模不能适应企业商务流程变化的灵活性，缺乏信息配置和集成的柔性，不能适应电子商务的开放性和灵活性，并且 XML 本身是基于语构的，机器并不能理解其中的含义，从而限制了企业间事务处理的自动化。

语义本体技术的发展使得其在电子商务领域的应用成为一大研究热点，该技术能有效解决电子商务存在的挑战：数据源是异构的，描述词汇表不统一，如何从大量存在的知识中发现蕴含的知识。语义使得利用机器来自动处理大量的电子商务应用成为可能，其关键基础技术包括语义词典、本体工程、基于本体的企业信息与应用集成等方面。

1.1.1 电子商务语义词典

人与人之间沟通、交流所使用的语言，称为自然语言，相对于直接用二进制代码指令表达的计算机语言，自然语言是人类智慧的结晶，也是人工智能研究中最为困难的问题之一。

自然语言具有特有的语法、语义和语用知识等，自20世纪60年代美国的ALPAC报告提出之后，随着语义网络、语义领域和语义框架等语义理论的提出，人们对语义的研究也越来越多，但语义分析依旧是自然语言理解的难点之一。为了使计算机能够像人类一样理解自然语言中包含的信息，代替人类进行大规模的文本语义分析和理解，必须构建大规模的语义资源，计算机通过学习其中的知识理解自然语言中所包含信息的意义。

语义词典的任务是建立某种语言的词汇语义分类体系，其直接目标是为自然语义处理系统提供语义知识的支持。在语义词典当中应当设置语义处理机制，利用一定量的语义信息进行多义词的同义判别和歧义排除，以增强词汇语义理解的准确性。语义词典按照使用者不同分为两类，一类是供计算机使用的语义词典，如WordNet和HowNet等；另一类是供人用的语义词典，如我们常用的新华字典等。

我国著名机器翻译专家董振东先生创建的双语语义词典HowNet是一个以汉语和英语所代表的概念为描述对象、以揭示概念与概念之间，以及概念所具有的属性之间的关系为基本内容的常识知识库，智能化是其主要特点。语义词典和语义原语的分类树是HowNet的基础文件，每个词的概念和对其描述形成其中的一条记录。HowNet的核心思想在于：世界上的一切事物都在特定的时间和空间内不停地运动和变化着，它们通常从一种状态变化到另一种状态，这种变化通常通过其属性的改变体现出来。HowNet语义词典包含的16种概念语义关系如表1-1所示。

表1-1 HowNet语义词典的概念语义关系

编　号	概念语义关系	编　号	概念语义关系
1	上下位关系	9	物品-事件关系
2	同义关系	10	工具-事件关系

（续表）

编　号	概念语义关系	编　号	概念语义关系
3	反义关系	11	场所-事件关系
4	对义关系	12	时间-事件关系
5	部分-整体关系	13	值-属性关系
6	属性-宿主关系	14	实体-值关系
7	材料-成品关系	15	角色-事件关系
8	主体-事件关系	16	相关关系

电子商务语义词典是智能电子商务的语义基础，现有以 WordNet 为代表的英文通用语义词典系统和以“现代汉语语义词典（SKCC）”“知网 HowNet”为代表的中文通用语义词典系统，收录的服务资源概念、属性和关系很少涉及电子商务专业术语的语义解析，不适用于电子商务服务资源动态变化环境下智能服务的需要。综观国内外语义词典的相关研究成果，国际上现有的通用语义词典 WordNet 虽然提供了大量术语间的语义关系，并提供接口，具有可操作性，却无法支持中文环境下的语义计算；国内现有的语义词典 HowNet 虽然提供了中文术语间的语义关系，但它是通用词典，没有提供服务资源的相关术语，并且未提供接口，可扩展性和可操作性受到限制，无法适应中文环境下服务资源推荐语义的计算要求。

1.1.2　本体及本体集成

1．本体的概念

本体这个术语来自哲学，是研究存在的本质的问题，但近年来本体被越来越多地应用到计算机界，包括语义网、知识的表示等一系列应用，并在人工智能、计算机语言及数据库理论中扮演着越来越重要的角色。

在人工智能界，1991 年 Neches 等人最早给出 Ontology 在信息科学中的定义：“给出构成相关领域词汇的基本术语和关系，以及利用这些术语和关系构成的规定这些词汇外延规则的定义”。1993 年，Gruber 给出了 Ontology 的一个最为广泛流传的定义：“explicit formal specifications of the terms in the domain and relations among them”，即本体是对某一领域中术语及术语之间关系的规范而明确的说明。本体作为领域概念及概念之间关系的规范化描述，这种描述是规范的、明确的、形式化的，共享的。

（1）概念模型（Conceptualization）：指通过抽象客观世界中一些现象的相关概念而得到的模型。概念模型所表现的含义独立于具体的环境状态。

（2）明确（Explicit）：指所使用的概念及使用这些概念的约束都有明确的定义。

（3）形式化（Formal）：指本体是计算机可读的（能被计算机处理）。

（4）共享（Share）：指本体中体现的是共同认可的知识，反映的是相关领域中公认的概念集，即本体针对的是团体而非个体的共识。

在实现上，本体论是概念化的详细说明，一个本体往往就是一个正式的词汇表，其核心作用就在于定义某一领域内专业词汇的语义及它们之间的关系。这一系列的基本概念如同一座大厦的基石，为交流各方提供了一个统一的认识。在这一系列概念的支持下，知识的搜索、积累和共享的效率将大大提高，真正意义上的知识重用和共享也成为可能。

本体的目标是捕获相关领域的知识，提供对该领域知识的共同理解，确定该领域内共同认可的词汇，并从不同层次的形式化模式上给出这些词汇和词汇间相互关系的明确定义。总体而言，尽管本体定义有很多不同的方式，但从内容来看，本体所包含的一些基本要素，如概念、概念之间的特化/泛化关系，以及概念之间的其他关系等，已经被大多数人认可；从内涵来看，不同研究者对于本体的认识也是统一的，都把本体当作领域内部不同主体（包括人、机器、软件系统等）之间进行交流的一种语义基础，即由本体提供一种明确定义的共识。

本体是一份正式定义名词之间关系的文档或文件。一般Web上的Ontology包括分类和一套推理规则。分类用于定义对象的类别及其之间的关系；推理规则则提供进一步的功能，完成语义网的关键目标，即“机器可理解”。本体的最终目标是“精确地表示那些隐含（或不明确的）信息”。

基于上述本体定义，描述本体的基本建模元语包括如下5个。

（1）类（Classes）或概念（Coneepts）：指任何事务，如工作描述、功能、行为、策略和推理过程。从语义上讲，它表示的是对象的集合，其定义一般采用框架（Frame）结构，包括概念的名称、与其他概念之间的关系的集合，以及用自然语言对概念的描述。

（2）关系（Relations）：指领域中概念之间的交互作用，形式上定义为 n 维笛卡儿积的子集：R：$C_1 \times C_2 \times \cdots \times C_n$，如子类关系（subclass-of）。在语义上关系对应于对象元组的集合。

（3）函数（Functions）：是一类特殊的关系。该关系的前 n-1 个元素可以唯一决定第 n 个元素。形式化的定义为 F：$C_1 \times C_2 \times \cdots \times C_{n-1} \to C_n$。如 mother-of 就是一个函数，mother-of(x,y)表示 y 是 x 的母亲。

（4）公理（Axioms）：代表永真断言，如概念乙属于概念甲的范围。

（5）实例（Instances）：代表元素，从语义上讲实例表示的就是对象。

从语义上讲，概念间主要有 4 种基本关系，如表 1-2 所示。在实际建模过程中，概念之间的关系不限于表 1-2 中列出的 4 种基本关系，可以根据领域的具体情况定义相应的关系。

表 1-2　本体概念之间的 4 种基本关系

关 系 名	关 系 描 述
kind of 或 is a	表达概念之间的继承关系，类似于面向对象中的父类与子类之间的关系，如家用计算机是计算机的一种
attribute-of	表达某个概念是另一个概念的属性，如“价格”是桌子的一个属性
part-of	表达概念之间部分与整体的关系，如 CPU 是计算机的组成部分
instance-of	表达概念的实例与概念之间的关系，类似于面向对象中的对象和类之间的关系

2. 本体的描述

本体在 Web 上广泛运用需要一个重要的先决条件，即需要一种描述本体并使得本体之间能够进行信息交换的语言标准。目前的主流 Web 本体语言有 RDF(S)和 RDF，OWL 定义了机器可处理的数据模型，即通过三元组作为基本的模型原语，用 XML 语法表示，由 3 种对象类型组成：URL 命名的资源、用于描述资源某一特性或关系的属性，以及一个命名属性加上某资源的该属性下的取值构成一个 RDF 语句。

RDF Schema 是描述 RDF 资源属性和类的词汇表，规范了机制以约束类及关系的组合和这些约束冲突的检测。RDF(S)仅仅是简单、轻量的本体语言，其对知识/语义的描述能力不足。因此，在 RDF(S)基础上，W3C 于 2004 年推出了标准 Web 本体语言（Web Ontology Language，OWL），OWL 是 RDF(S)的扩展，通过提供更多具有形式化语义的词汇，具有比 RDF(S)更强的 Web 内容表达能力和语义推理能力。

W3C 总结了几种本体语言的开发经验，于 2004 年 2 月正式推出 OWL，OWL 是语义网发展过程的里程碑，它经过了广泛的讨论，并得到了一致的认可。OWL 是为了语义 Web 而设计的，它在 RDF 的基础上增加了描述类和属性的词汇。OWL 在表示和推理方面比 XML、RDF 等强，因此，基于 OWL 的知识表示成为研究和应用的热点。

OWL 是语义网活动的一个组成部分，这项工作的目的是通过对增加关于那些描述或提供网络内容的资源的信息,从而使网络资源能够更容易地被那些自动进程访问。由于语义网络固有的分布性，OWL 必须允许信息能够从分布的信息源收集起来。其中，允许本体间相互联系，包括明确导入其他本体的信息，能够部分实现这样的功能。

另外，OWL 提出了一个开放世界的假设。也就是说，对资源的描述并不局限于一个简单的文件或范围内。例如，类 C_1 本来是由本体 O_1 定义出来的，然而，它也可以是由其他的本体扩展出来的。对 C_1 进行这样的假设的结果是单调的。新的信息不能否定之前的信息。新的信息可以是和旧的信息矛盾的，但是事实和推导只能被增加而不能被删减。当设计一个本体的时候，设计者必须考虑到这种矛盾的可能性。幸运的是，本体设计工具可以帮助我们探测到这样的情况。

为了能写出一个能被唯一翻译的而且能被软件（代理）使用的本体，我们要求 OWL 有一个语法和正规的语义。OWL 是 RDF 的一个词汇扩充。在 OWL 网络本体语言语义和简明语法中，有 OWL 的语义定义。OWL 提供了 3 种表达能力递增的子语言，以分别用于特定的实现者和用户团体。

（1）OWL Lite：用于提供给那些只需要一个分类层次和简单约束的用户。例如，虽然 OWL Lite 支持基数限制，但只允许基数为 0 或 1。提供支持 OWL Lite 的工具应该比支持表达能力更强的其他 OWL 语言更简单，并且从辞典（thesauri）和分类系统（taxonomy）转换到 OWL Lite 更为迅速。

（2）OWL DL：支持那些需要最强表达能力的推理系统的用户，且这个推理系统能够保证计算的完全性（computational completeness，所有的结论都能够保证被计算出来）和可判定性（decidability，所有的计算都在有限的时间内完成）。它包括了 OWL 语言的所有成分，但有一定的限制，如类型的分离（一个类不能同时是一个个体或属性，一个属性不能同时是一个个体或类）。OWL DL 这么命名是因为它对应于描述逻辑，这是一个研究一阶逻辑的一个特定可判定片断的领域。OWL DL 旨在支持已有的描述逻辑商业处理（Business Segment）和具有良好计算性质的推理系统。

（3）OWL Full：支持那些需要尽管没有可计算性保证，但有最强的表达能力和完全自由的 RDF 语法的用户。例如，在 OWL Full 中，一个类可以被看成许多个体的一个集合，其本身也可作为集合中的一个个体。另外，OWL Full 和 OWL DL 的重要区别是 owl:DatatypeProperty（数据类型属性）能作为一个 owl:InverseFunctionalProperty（逆函数型属性）。OWL full 允许一个本体增加预定义的（RDF、OWL）词汇的含义。这样，不太可能有推理软件能支持对 OWL FULL 的所有成分的完全推理。

在表达能力和推理能力上，每个子语言都是前面语言的扩展。这 3 种子语言之间有如下关系，但这些关系反过来并不成立。

- 每个合法的 OWL Lite 本体都是一个合法的 OWL DL 本体。
- 每个合法的 OWL DL 本体都是一个合法的 OWL Full 本体。
- 每个有效的 OWL Lite 结论都是一个有效的 OWL DL 结论。
- 每个有效的 OWL DL 结论都是一个有效的 OWL Full 结论。

本书使用 OWL 本体描述语言进行全局领域本体和局部领域本体的构建。

3. 本体语义映射与集成

1）本体语义映射

对领域本体的集成应用主要有语义匹配（Semantic Mapping）、语义标注（Semantic Annotation）、语义查询（Semantic Query），等等。通常领域专家建立好的在领域本体是作为这些应用的一个底层知识库，即是一个标准化的全局领域本体。而各种局部领域本体在现实生活中就是各个领域中的企业，公司的系统数据库存储的大量关系型数据，以关系数据库和数据表的形式存在。如果不应用本体，这些数据库中的大量数据就会形成一个个信息孤岛，企业和企业之间交流会产生各种各样的语义障碍，例如，一个企业数据库中的“products”表，在另一个企业的数据库中可能叫“commodity”，而解释这些术语的企业数据字典相互之间也无法沟通，导致数据流的传送出现各种各样的问题。因此，将各企业的关系型数据抽取出来，形成各个小型的局部领域本体，再将这些语义异构的局部领域本体标准化，也就是与领域专家建立的全局领域本体进行语义匹配和映射，形成一系列标准化的局部领域本体。在这种情况下，对终端数据的各种操作，就可以转换为对全局本体的操作，再通过一系列的查询转换，变成对局部领域本体的操作。

本体映射是解决不同本体之间知识共享和重用问题的方法，其目的是找出不同本体中实体之间的语义关联，并且将其形式化地表达出来。Ehrig 给出了本体映射的定义：本体映射是指有两个本体 A、B，对于 A 中的每个概念我们试图在本体 B 中为它找到一个语义相同或相近的对应概念，对于概念 B 中的每个概念或节点亦是如此。Ehrig 和 Staab 总结了过去的工作，归纳出本体映射的 6 个过程，如下：

① 特征提取：提取用于计算相似度的特征，如概念、属性的名称等。

② 选择用于映射的概念对。

③ 进行相似度计算。

④ 相似度整合：通常有多种方法可以衡量本体与实体之间的相似度，得出多种相似度值，因此，要对各相似度进行综合考虑，从而得到一个整体上的相似度。

⑤ 优化：第④步结束后，已经得到待映射的各个实体之间的初始相似度，这时一般需要人工干预，利用领域知识，对其进行调节。

⑥ 迭代第①步到第⑤步，直到达到满意结果。

本体的映射分为横向映射和纵向映射，横向映射是指局部本体之间的映射，纵向映射是指全局本体与局部本体之间的映射。映射在概念、属性和值 3 个层次上进行。

2）基于本体的信息集成

信息集成的主要内容是基于网络的由不同硬件、操作系统、数据库管理系统和应用软件组成的异构数据处理环境下的数据模型、数据库模式、查询语言、事务处理的不同协议、并发性控制与数据库状态一致性维护等一系列问题的集成。信息集成的目的是屏蔽底层数据源的异构性，给用户提供一个统一的视图。这种异构从下到上分为 4 个等级：系统级、语法级、结构级和语义级。系统级的异构包括不兼容的硬件和操作系统；语法级的异构指的是不同的语言和数据表达方式；结构级的异构包括不同的数据模型；语义级的异构指的是用来进行交换的词汇的意义不同。解决语义异构性的问题就应该使异构、自治的软件系统以语义一致性的方式实现共享和交换信息。利用本体可解决语义异构问题，实现系统间的语义互操作。

几乎所有的基于本体的信息集成方法中本体都是用来明确描述数据源的语义。但是应用本体的方式有所不同。通常有 3 种不同的方式：单一本体方式、多本体方式和混合本体方式，如图 1-1 所示。

单一本体方式使用一个全局本体为语义规范提供一个共享词库，所有数据源关联到这个全局本体。全局本体也可以是若干专用本体的组合。通过导入其他的本体模块，使得若干单一本体组合在一起。使用单一本体方式解决的集成问题，其数据源需是关于一个领域的相同的视图。如果一个数据源提供这个领域的不同的视图，比如具有不同的粒度级别，那么找到最小的本体关联就非常困难。另外，单一本体方式易受到数据源变化的影响。数据源的变化使得全局本体发生变化，进而影响到和其他数据源的映射发生变化。这些不足导致了多本体方式的产生。

在多本体方式中，每个数据源由它自己的本体来描述。乍一看，多本体方式的好处似乎是没有必要建立关于全局本体的共同、最小的关联。每个资源本体可以单独开发，没有必要建立和所有数据源一致的共同本体。这种本体结构可以简化因数据源的改动、添加和删除带来的变化。但是实际上缺乏一个共同的词库（本体）来进行不同资源本体的比较。为了解决这个问题，需要一个额外的表示方式来定义本体之间的映射。

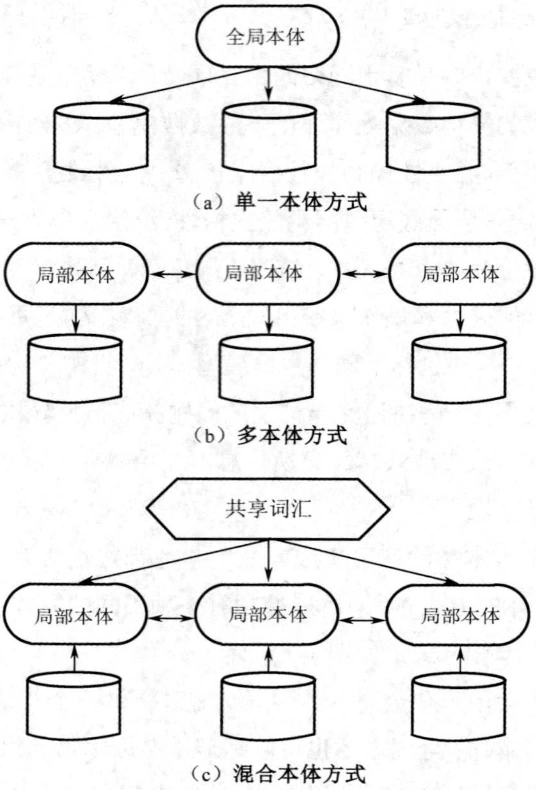

图 1-1　不同的本体集成方式

为了克服单一本体方式和多本体方式的不足，出现了混合本体方式，如图 1-2 所示。与多本体方式类似，混合本体方式中每个数据源的语义信息由它自己的本体来描述。但是为了使资源本体之间可以比较，建立了一个全局共享词库，共享词库中包括了一个领域中的基本术语（原语）。原语通过一些操作符连接构成资源本体的复杂术语。所以，资源本体中的每个术语都是基于原语的，与多本体方式相比，术语更容易比较。有些时候共享词库本身也是一个本体。混合本体方式的优点是不需要改动映射关系或者共享词库就可以轻松地添加数据源。共享词库使资源本体之间可以比较，避免了多本体方式的不足。然而，混合本体方式的缺点是由于所有的资源本体参照了共享词库，所以，也存在本体重用性不好的缺点，必须从头开发。目前众多的基于本体的信息集成技术都采用混合本体方式。

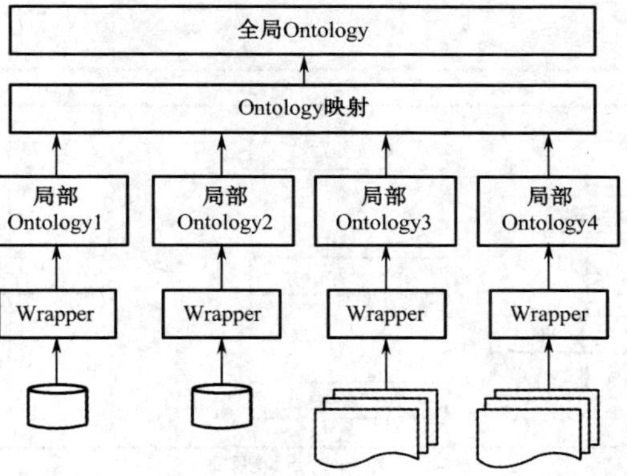

图 1-2　信息集成的混合本体方式

常用的数据集成的架构有数据仓库和 wrapper/mediator。数据仓库需要生成数据的副本，增加了维护成本且不适应于动态应用的环境，常用于企业内部的数据集成。wrapper/mediator 由于其松耦合和易于扩充的特点，被广泛地用于异构系统集成环境。基于混合本体方式的信息集成通常采用 wrapper/mediator 的架构。wrapper 对数据源进行统一包装，在电子商务环境中常用的一种包装器就是 XML 翻译器，其用于数据源和 XML 文档之间的转换，所以，现有的很多基于语义的信息集成研究都是针对 XML 数据和模式的。mediator 执行本体和元数据的映射功能，对查询在本体查询和 XML 查询之间进行转换，实现全局的动态集成功能。在查询语言上本体查询一般采用 RDQL，XML 查询一般采用 XQuery。wrapper/mediator 架构如图 1-3 和图 1-4 所示。

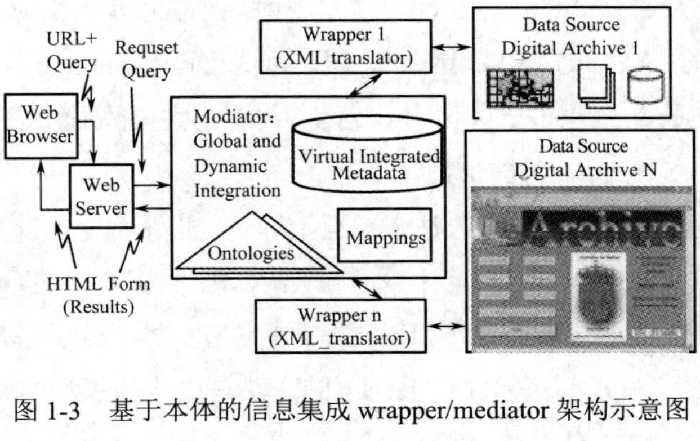

图 1-3　基于本体的信息集成 wrapper/mediator 架构示意图

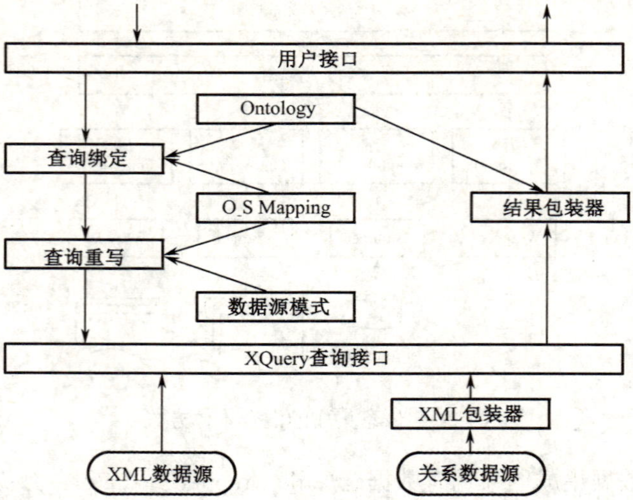

图 1-4　基于本体的信息集成查询结构示意图

XML 文档的语义异构表现在如下几方面：模式冲突、元素和属性冲突、值冲突。模式冲突是指同一实体的不同概念化导致不同的元素—属性结构；元素和属性冲突是指相同概念使用不同术语或不同概念使用相同术语；值冲突：相同的实体的值来自不同的域。解决模式冲突和元素属性冲突的方式是利用本体，将模式中的元素和属性映射到本体中的概念，解决值冲突的方法是不同的域之间建立翻译列表。

为了将用户提交的基于全局模式的查询转化为基于源模式的查询，需要建立全局模式与局部模式的映射，即要建立映射规则。目前，集成方法中，根据映射规则语法粒度和应用范围的不同，可以分为 tag2tag、path2path 和 DTD2DTD（Schema2Schema）3 种，这 3 种方法着重解决全局模式与局部模式都是 DTD（Schema）时的情况。

在本体的构建上，采用的方法包括自上而下、自下而上，以及自上而下和自下而上相结合的方法。自下而上的方法从 XML 文档的 DTD（Schema）文档生成本体，需要人工辅助，是半自动过程，缺点是本体依赖于 DTD（Schema），和 XML 数据结构紧密相关。自上而下的方法是先构建领域本体，然后生成 DTD（Schema）到本体的映射规则。

1.2 用户兴趣建模与获取

很多文献研究了如何发现用户兴趣和对之建模的方法，归纳起来可将用户模型分为以下 3 种：基于评分的用户模型、基于特征的用户模型、基于规则的用户模型。值得注意的是，本体技术越来越多地被用在用户偏好发现和建模中，如 Middleton 使用论文主题本体描述用户概要，HATALA 使用本体来对用户模型和用户访问的对象进行标注。

1.2.1 基于评分的用户模型

基于评分的用户模型主要用于协同过滤技术中，认为用户对服务资源的评分反映了用户的兴趣，用户与用户之间评分的相似性反映了用户之间兴趣的相似性。

基于评分的用户模型通常用用户-项目评分矩阵表示。用户-项目评分矩阵是一个 m 行 n 列的矩阵，第 i 行第 j 列的元素 R_{ij} 代表用户 i 对项目 j 的评分。用户-项目评分矩阵 $R(m,n)$ 如表 1-3 所示。

表 1-3 用户-项目评分矩阵 $R(m,n)$

项目 / 用户	Item_1	…	Item_j	…	Item_n
User_1	$R_{1.1}$	…	$R_{1.j}$	…	$R_{1.n}$
…	…	…	…	…	…
User_i	$R_{i.1}$	…	$R_{i.j}$	…	$R_{i.n}$
…	…	…	…	…	…
User_m	$R_{m.1}$	…	$R_{m.j}$	…	$R_{m.n}$

其中，m 为用户数量，n 为项目数量，矩阵元素 R_{ij} 的评估值一般采用 5 分等级制或者 1 分是否制。采用 5 分等级制时，用户对服务资源的评分可以是 {1,2,3,4,5} 中的任何值，评分越高，说明用户对所评服务资源的喜爱程度越高。采用 1 分是否制时，用户对服务资源的评分为 1（鲜花）或 0（鸡蛋），1 表示喜爱，0 表示不喜爱。

获取用户兴趣的方式常见的有显式获取方法和隐式获取方法。显式获取主要是通过用户对已购买或消费的服务资源进行的评分直接获取。隐式获取主要通过用户行为分析预测用户对尚未购买或消费的服务资源的评分。隐式获取不要求用户主动评分，而是根据用户浏览行为（如浏览网页的顺序、在某页面停留的时间、保存收藏网页等）、输入的关键词的频率等提取有用的信息，进而采用基于项目评分相似性、神经网络或概率模型等方法进行评分预测。

1.2.2 基于特征的用户模型

基于特征的用户模型常在基于内容的过滤技术中使用。用户的兴趣采用用户对服务资源特征属性的偏好来描述，服务资源各种特征被赋权重的大小反映了用户对服务资源特征偏好的结构和程度。

设某类服务资源有 n 个特征属性，基于特征的用户模型 U_i 可描述为

$$U_i = ((a_1,w_1,v_1),(a_2,w_2,v_2),\cdots,(a_n,w_n,v_n)) \tag{1-1}$$

式中，a_j 表示服务资源特征属性，w_j 表示用户对属性 a_j 偏好的权重且满足约束条件 $\sum_{k=1}^{n} W_k = 1$，v_j 表示用户对属性 a_j 偏好的取值或取值范围。

用户对服务资源特征属性的偏好获取主要采用显式询问和隐式挖掘两种方式获取。显式询问通过用户定制、调查问卷和统计分析技术获取用户在不同服务属性上的偏好。隐式挖掘主要采用数据挖掘和人工智能的方法，如徐新卫等用服务属性和二值关系对的样本空间表示用户行为特征，基于模糊聚类算法辨识用户所期望的服务质量或等级；Liou 等进一步结合粗糙集理论对用户服务特征偏好进行属性约简，得到用户服务消费行为的决策规则；Miao 等结合信息提取技术，基于语句级特征和极性词典对用户评论内容进行统计分析，挖掘出用户对服务的总体观点；针对服务特征的不确定性问题，如服务的准时性不能简单定义为是或否，Zenebe 等采用模糊集表示服务项的特征，以隶属度函数表示用户在不同特征上的偏好；Picón 等则建立了描述情境的模型，通过学习规则对用户在不同情境下的服务偏好不断修正，实现基于情境的服务推荐。

1.2.3　基于规则的用户模型

基于规则的用户模型反映了用户服务资源购买行为的模式和规律，如购买 A 就会购买 B。这样，当用户选择购买服务资源 A 时，可向其推荐服务资源 B。

基于规则的用户模型获取方法主要采用数据挖掘技术，典型的有关联规则挖掘技术和多层关联规则挖掘技术。

（1）关联规则挖掘。关联规则挖掘的方式生成规则库，它是指在大量数据中项集间发现有趣的关联或相关联系。运用关联规则挖掘类似于“大多数的顾客在买面包和黄油的同时也会买牛奶”，这样可以帮助经营者确定经营策略。关联规则在市场上有很多应用，如在医疗方面，可以发现某一类病患者的共同特征，或者找出可能的治疗组合及观察各种组合的治疗效果；在银行方面，对顾客进行分析，推荐其感兴趣的服务；在电商领域，将一类用户的购买需求归类，可以预测其购买最多的组合。关联规则有 3 种不同的分类方式：基于变量类别分类分为布尔型和数值型；基于数据抽象层次分类分为单层和多层；基于数据维数分类分为单维和多维。

（2）在电子商务应用中主要采用的是多层关联规则挖掘。很多情况下，具体服务资源项在交易事务数据库中出现的频度并不高，使得挖掘强关联规则的工作无法进行。电子商务网站上服务资源的数目成千上万，若单独对服务资源进行关联分析，对服务器的承载和运算是有较大要求的。由于数据稀疏性，在底层或原始层的数据项间很难找到强关联规则，而在其向上抽象的概念层则会发现可能的关联规则。如在电子商务网站中，以女装为例，有各种品牌，如有规则“BBC 衬衫→ BBC 外套”可能并不满足最小支持度，而“衬衫→BBC 外套”则可能是一个强关联规则。因此，挖掘应该是在向上泛化的多个抽象层间找出更相关的关联规则。主要多层关联挖掘较为经典的算法有 Curnulate 算法、ML_T2L1 算法和 MLAR_FP 算法。Cumulate 算法能进行多层次和跨层次频繁模式的挖掘，但是它是把所有数据放在同一层次上进行计算的。普遍的关联规则挖掘算法 ML-T2 L1 采用自顶向下的方式进行逐层挖掘，不支持跨层次挖掘，ML-T2 L1 算法只进行一次交易削减，在数据量大时效率低，给处于低层的挖掘增加了负担，增加了运算时间。与 Cumulate 算法相比，ML-T2L1 算法有两个缺点：①不能发现跨层的多层关联规则；②扫描数据库的次数更多。MLAR-FP 算法是以 FP_growth 算法为前提而建的，它把事务中的每个项的全部祖先添加到该条事务中，删除重复的祖先，在模式增长过程中避免产生冗余的频繁模式。该算法分成两个过程：根据事务数据库和概念层次树构建 FP-Tree；然后在 FP-Tree 上递归地挖掘出频繁模式。

1.3 服务资源发现与聚合

1.3.1 服务资源发现

服务资源的发现有两种方式：一是从商家的产品数据库获取，这种方式主要涉及不同模式的转换，利用 XML 或本体映射技术可实现自动转换；二是从 Web 页面进行抽取，主要涉及 Web 信息抽取技术。

Web 信息抽取技术是从 Web 网页中找到特定信息的相关技术，它是本体实例获取的基础技术。Web 信息抽取技术主要可以分为三大类：基于自然语言处理（Natural Language Processing，NLP）的 Web 信息抽取、基于 Wrapper 的 Web 信息抽取、基于 Ontology 的 Web 信息抽取。

1. 基于自然语言处理的 Web 信息抽取

基于自然语言处理的 Web 信息抽取技术在从 Web 网页中抽取信息时，首先提取 Web 网页中的文本性内容，然后对文本内容采用自然语言文本的信息抽取技术实现信息的抽取。它不使用 Web 网页中的 HTML 标记蕴含的任何结构化或半结构化信息。从本质上讲，基于自然语言处理的 Web 信息抽取技术实际上是从自然语言文本信息抽取技术直接继承过来的。因此，本书主要对自然语言文本信息抽取技术进行介绍。

信息抽取的处理对象主要是自然语言文本，尤其是非结构化文本，但从广义上讲，信息抽取的处理对象还可以是语音、图像、视频等其他媒体类型的数据。一般情况下，所说的信息抽取研究是狭义上的概念，即针对自然语言文本的信息抽取，是自然语言处理领域的一个重要分支。例如，从报道恐怖袭击活动的新闻中提取袭击者、所属组织、地点、受害者等信息；又如，从医药研究报告的摘要中提取新产品、制造商、专利等主要信息点。

信息抽取研究最早开始于 20 世纪 60 年代中期，两个有代表性的研究项目分别是美国纽约大学的 Linguistic String 项目和耶鲁大学的有关故事理解的研究项目。20 世纪 80 年代末，信息抽取研究才真正蓬勃开展起来，主要得益于两个因素的推动：一是 1987 年首届消息理解会议（Message Understanding Conference，MUC）及其后系列会议的召开；二是在线和离线文本数量的几何级数增加。MUC 系列会议由美国国防高级研究计划委员会（the Defense Advanced Research Projects Agency，DARPA）资助。各届 MUC 研讨会的测试主题各式各样，包括拉丁美洲恐怖主义活动、合资企业、微电子技术、公司管理层的人事更迭和航天器（火箭/导弹）发射事件，等等。MUC 系列会议对信息抽取这一研究方向的确立和发展起到了巨大的推动作用，它所定义的信息抽取任务的各种规范，以及确立的评价体系已经成为信息抽取研究事实上的标准。在 MUC 中，衡量信息抽取系统的性能主要借鉴信息抽取技术中的两个评价指标：召回率（Recall）和准确率（Precision）。召回率=系统正确抽取的结果数/所有正确结果数；准确率=系统正确抽取结果数/所有抽取结果的比例。为了综合评价系统的性能，通常还计算召回率和准确率的加权几何平均值，即 F 指数，它的计算公式如下：

$$F=\frac{(\beta^2+1)pr}{\beta^2 p+r} \tag{1-2}$$

式中，r 为召回率，p 为准确率，β 是召回率和准确率的相对权重，等于 1 时，二者同样重要；大于 1 时，准确率更重要一些；小于 1 时，召回率更重要一些。在 MUC 系列会议中，取值一般为 1、1/2、2。

除了 MUC 会议外，由美国国家标准技术研究所组织的自动内容抽取（Automatic Content Extraction，ACE）评测会议是推动信息抽取研究进一步发展的主要动力。该评测旨在开发支持来自 3 种不同信息源的文本的自动内容抽取技术。3 种来源分别是周刊、广播新闻（由自动语音识别 ASR 得到的文本）和报纸（由光学字符识别 OCR 得到的文本）。研究的主要内容是自动抽取新闻语料中出现的实体、关系、事件等内容，即对新闻语料中实体、关系、事件的识别与描述。

自然语言处理的分析和理解过程是一个层次化的过程，一般把这一过程分为3个层次：词法分析、句法分析、语义分析，虽然这种层次之间并非是完全隔离的，但是这种层次化的划分的确有助于更好地体现自然语言本身的构成。自然语言处理是对输入信息进行分析、处理的工具，具体如下：

（1）词法分析。词法分析的主要目的是找出词汇的各个词素，从中获得语言学信息，其核心问题是自动分词。另外，命名实体（如人名、地名和机构名等）识别是研究得比较成熟的词法分析技术之一。

（2）句法分析。句法分析是对句子和短语的结构进行分析，其目的是找出词、短语等的相互关系，以及各自在句子中的作用等，并以一种层次结构来加以表达，这种层次结构可以反映从属关系、直接成分关系或语法功能关系。

（3）语义分析。语言中的实词都是用来称呼事物、表达概念的。句子是由词组成的，句子的意义与词义直接相关，但却不是词义的直接相加，还应该考虑句子的结构意义。语种不同，其修饰词与中心词的位置顺序可能不同。语义分析就是通过分析找出词义、结构意义及其结合意义，从而确定语言所表达的真正含义或概念。在自然语言理解中，语义成为一个重要的研究内容。人工智能中研究的核心问题是知识表示，而知识的表示离不开语义分析。

Web 网页是一种典型的半结构化文本，与传统的文本相比，Web 网页有许多特点：量大，常更新，变化多，缺少规范完整的句子，页面的一大半包含结构化的文字块，还可能有超链接。上述特点决定了传统的 NLP 技巧对抽取大多数 Web 网页中文本的信息并不是很有效，另外，NLP 方法的处理速度通常比较慢，效率低下，难于满足互联网上海量信息处理的需求。

2. 基于 Wrapper 的 Web 信息抽取

包装器（Wrapper）技术是研究得比较多的一种 Web 信息抽取技术，它使用 Web 网页中半结构化的标记信息构造包装器以实现 Web 信息抽取。包装器能够从特定的信息源中（网站或 Web 网页）按照一系列抽取规则将所需要的信息提取出来并返回给用户。包装器技术的关键在于抽取规则的生成。

按照生成抽取规则自动化程度的不同，包装器可以分为3类：手工包装器、半自动包装器和全自动包装器。手工包装器完全依靠人工总结抽取规则，工作繁重、易出错，且不能适应处理对象领域变化，维护成本高。半自动包装器在一定程度上减少了用户的工作量，但是当网站的结构发生变化时，需要对新的站点进行重新学习。全自动包装器一般采用归纳式学习、启发式规则、机器学习或人工神经网络等方法对样本网页进行学习，进而自动生成显式或隐式的信息抽取规则。全自动包装器只需要少量人工参与，效率高，但样本网页的质量影响着抽取规则的精确度。

全自动包装器的研究取得了较丰富的研究成果。比如早期的 ShopBot、RAPIER、RoadRunner 等系统，这些系统一般抽取方法较简单，能满足一定程度 Web 信息抽取的需要。近年来，全自动包装器的研究逐步深入。Chang 等人的 IEPAD 系统中使用 PAT 树发现最大重复模式，作为抽取规则，该方法简单、速度快，但是在处理包含复杂、嵌套结构的数据记录的网页时，抽取效果较差。为了解决嵌套结构的数据记录识别问题，Wang 等采用一种基于下标树的多级连续重复检测方法。Liu 等人在 2003 年提出了挖掘 Web 页面中数据记录的 MDR 算法，该算法认为广义节点是由多个子节点和相应子树构成的一种固定组合，并利用通过相邻节点的编辑距离相似度（Edit Distance Similarity）来识别识别数据区域，该方法能够发现包含在 Web 页面中的每个重复的子数据区域，缺点是不能识别最相关数据记录。2005 年，Liu 等人又提出了一种改进 MDR 算法的方法，称之为 DEPTA 或 MDR2，DEPTA 算法处理对象是由视觉渲染信息所构建的标记树。

手工包装器和半自动包装器的不具备普遍的应用性，网页样式和结构一旦发生变化，必须重新定制抽取规则，从而导致其效率相对低下、普适性较差。全自动包装器技术虽然能够克服手工包装器和半自动包装器的缺点，但其准确性不高，样本网页的质量影响着抽取规则的精确度。

3. 基于 Ontology 的 Web 信息抽取

基于 Ontology 的 Web 信息抽取是一种将领域本体知识和信息处理技术结合起来实现 Web 信息抽取的一种技术。它根据领域 Ontology 描述的概念、分类关系、属性关系、部分整体关系、概念关系间的约束等生成抽取规则，然后再根据规则对输入的 Web 文档进行抽取。目前国内外已有一些研究人员对基于 Ontology 的 Web 信息抽取展开了研究。

与其他信息抽取方法相比，基于 Ontology 的信息抽取有它的优点。由于它是基于 Ontology 的抽取，可根据对数据本身的描述信息实现抽取，所以，对网页结构依赖较少。从理论上讲，只要领域 Ontology 足够强大，它就能在该领域的信息抽取中达到很高的抽取准确率和召回率，从而使得抽取的信息既准确又全面。Ontology 分布的存在形式，使得它很容易扩展到新的领域，具有较强的普适性。另外，基于 Ontology 的信息抽取不需要使用样本网页训练规则，具有较高的效率。由于具有上述优点，基于 Ontology 的信息抽取逐渐成为信息抽取研究的热点之一，有望将信息抽取技术提高到一个新的水平。

1.3.2 服务资源聚合

服务资源聚合需要在服务资源发现的基础上关联服务资源，识别重复的服务资源并进行消重处理，以得到一致的、语义关联的、冗余度合理的服务资源实例库。良好定义的服务资源目录是支持服务资源聚合的关键，本体可以解决服务资源目录语义描述和互操作问题，具有互操作能力和丰富语义交换能力的服务资源目录能够自动发现多个具有关联的服务，基于语义相似度计算可以识别冗余服务资源。服务资源目录本体建模方法包括以下 3 种：

第一，以产品分级为核心的服务资源目录本体。其原理是以产品分级标准为主，通过增加产品属性和语义关系的方法构建目录本体。如德国 Hepp、Martin 设计了基于分类标准的服务资源目录本体和 GenTax 发布了 OWL 语言的 eCl@SS 服务资源目录本体。Z Cui 提出以 UN SPSC 作为共享本体实现 B2B 企业之间的产品信息交换方法。IBM 公司的 Brunner、J-S 通过自定义产品分类体系（Product Categories）设计了目录本体，包括基于 OWL 的元模型、产品信息管理模型和公司模型。

第二，基于产品和服务为核心的服务资源目录本体。该方法与基于产品分级标准构建目录本体相反，是以服务资源概念、属性和语义关系为主体设计目录本体模型，并通过代码实现与分级标准的映射。Hepp、KIM 和 Lee 等认为电子商务环境下，产品属性（通用属性、商业属性）作用更大。Guo 也研究了“产品概念为中心”的服务资源目录，强调了属性和语义在产品信息描述和交换过程的重要性。韩国学者 HyunjaLee 通过增加产品通用属性（GenericAttributes）和度量单位 UOMs 来丰富目录本体的语义。H. Lee 则对产品的语义关系进行详细分析，增加产品实例，设计完整的服务资源目录本体 OWL，包括产品本体元模型、基于语义的产品元数据检索服务 IPIS 系统，通过 codemapping 的方法实现与不同分类标准的映射（UNSPSC、HS 和 GUNGB）。

第三，从企业网站或产品数据库生成目录本体。现有的服务资源目录本体，绝大多数是以手工设计为主，不适于电子商务环境下分布式的目录智能服务需要。Kmi 在讨论基于 Agent 的分布式产品信息智能搜索方法时，假定网上商店提供目录本体和语义 WebService 接口，这种假设在实际应用中不可行。因此，自动或半自动从电子商务网站和企业产品数据库中生成目录本体非常重要。

服务资源目录可能来源于企业的产品数据库或电子商务网站的电子目录，其来源分布广泛，所依据的分类标准不同、描述方式各异，因此，需要进行集成。多源服务资源目录集成方法有两种，即语法集成和语义集成，这两种方法需要对国际服务资源分类标准之间、企业服务资源数据库与国际服务资源分类标准集成。全世界有关服务资源目录的服务资源分类标准多达 25 种，基于 XML 的标准集成研究，只能解决语法和结构异构问题，例如，CEN/ISSS（欧洲标准委员会/信息社会标准化系统）中有关 E-catalog 标准集成问题，Keller 提出了虚拟目录的概念解决多源服务资源目录的交叉查询问题，但这些方法无法满足对语义集成要求。电子商务环境下，不同设计者基于不同国际服务资源分类标准生成的目录本体之间存在异构性问题，所以，服务资源目录语义集成的关键也就变成目录本体集成问题。

1.4　服务资源推荐技术

目前，在电子商务活动中广泛使用的推荐技术主要有协同过滤推荐、基于关联规则的推荐、基于用户统计信息的推荐、基于内容的推荐、基于效用的技术和基于知识的技术等，各种推荐技术的简明算法步骤如表 1-4 所示。

表 1-4 各种推荐技术的简明算法步骤

推荐技术	背景条件	输入	主要步骤
基于用户的协同过滤	U对I的评价	U对I 的评分	识别u的邻居用户，根据其识别生成i的评分
基于项目的协同过滤	U对I 的评价	U对I 的评分	比较I 的相似性，得出用户u已选择i的相似项目集
基于规则的推荐	U对I的浏览或购买历史	浏览购买记录	生成关联规则，根据规则生成推荐
基于内容的推荐	I的特征属性值	I的特征属性值	根据I的特征属性值得到项目的分类，再得到用户u已选择i的相似项目集作为推荐
基于人口统计信息的推荐	U 的人口统计信息	U的人口统计信息	根据人口统计信息本身，识别U的相似用户
基于效用的推荐	I的特征	描述U对I的偏好的效用函数	把效用用于各项目，生成各项目的排序
基于知识的推荐	I 的特征，I 如何满足用户的知识	U 的需要和兴趣的描述	计算各项目 i 和用户需要的匹配程度
U表示用户的集合，I表示所有项目的集合；u表示当前要预测的用户；i表示当前要预测的项目			

1.4.1 传统推荐算法研究

1. 基于内容的过滤（Content-based Recommendation）技术

基于内容的推荐技术源自信息获取领域，其基本思路是从用户已访问或已选择的对象中获取用户兴趣，将其与候选对象的特征比较，为用户推荐特征最为相似的对象。该算法的关键在于计算推荐对象的内容特征和用户模型中兴趣特征二者之间的相似性。相似度的计算常采用余弦相似度和贝叶斯分类方法。

基于内容的推荐常采用两种方法：①基于特征。系统通过学习用户已评价或购买过的服务资源的特征来获得对用户兴趣的描述，即用户概要信息（UserProfile），并且随着系统对用户偏好的学习而不断更新，使用的学习方法包括决策树、神经网络和基于矢量的表示等。②基于文本分类。与基于特征的方法不同，基于文本分类的方法从成千上万的文本特征（词汇与短语）学习来构建有效的分类器，然后利用该分类器对文本进行分类，若所分类别与用户兴趣相符，则向用户作出推荐。

基于内容推荐的优点在于其推荐结果简单直观，并且不需要用户的历史消费数据和评价数据，但该方法存在用户兴趣偏好过度专门化的问题。基于内容推荐的关键在于用户模型的描述、推荐项目的特征提取与描述，领域问题的数据语义建模十分重要。

2. 协同过滤（Collaborative Filtering，CF）技术

协同过滤是应用最广泛、最成熟的推荐技术。协同过滤算法的基本思想是相似的用户具有相似的偏好。该算法基于用户相似度，为用户推荐其他相似用户兴趣列表中其未看过或评价过的新项目。协同过滤算法可以分为基于记忆（Memory-based）的算法和基于模型（Model-based）的算法两种。基于记忆的算法依赖于最近邻算法（K-Nearest Neighbors，KNN），计算用户/项目之间的相似度，产生推荐。基于记忆的算法可以分为基于用户（User-based）的算法和基于项目（Item-based）的算法。基于模型的算法主要有基于贝叶斯的网络算法、基于马尔科夫决策过程的算法等。

协同过滤算法是目前应用最为广泛的算法。GroupLens 是由明尼苏达大学由 1992 年开发的基于协同过滤技术的新闻推荐系统，并在 1997 年开发创建了 MovieLens 推荐网站，向用户推荐电影。Jester Joke 是由加州大学伯克利分校研发的网上推荐和分享笑话的网站。

协同过滤算法存在几个突出的问题：一是冷启动问题，这主要是因为协同过滤系统必须依赖于用户的历史记录进行推荐，而无法对新用户和新项目进行推荐；二是数据稀疏性问题，即由于用户数量与项目数量悬殊，导致低评分覆盖率，只有少量商品能够得到推荐；三是可扩展性问题，协同过滤算法的计算时间随着用户和商品数量的增加而呈线性关系增加，最坏的情况下算法性能为 O（MN），从而导致可扩展性比较差，不能适应大型电子商务网站的推荐需要。

国内外众多学者对协同过滤算法进行了一系列的改进和创新。针对数据稀疏性的改进方法主要包括预测评分、隐性评分和降维等。预测评分采用神经网络、商品项相似性、概率模型等方法对用户未评价的商品项的评分进行预测，从而降低数据的稀疏程度，如中山大学软件学院的张锋等利用神经网络预测用户未评价项的评分，复旦大学的邓爱林等根据项目之间的相似性初步预测用户

对未评分项目的评分，Byeong Man Kim 和 Qing Li 利用基于商品项聚类的概率模型来解决用户评分中的偏见、缺少关联关系及新商品问题。由于显性评分会中断用户正常的浏览行为，如果没有任何好处，用户一般不愿意提供评分，隐性评分通过分析用户的浏览行为来判断用户对商品的评分从而弥补了显性评分的不足，文献通过实验统计分析了反映用户兴趣的浏览动作；陈冬林等综合考虑客户浏览路径和时间、商品属性及其在网页中的分布等因素，研究了客户对商品属性的隐性评分函数。降维方法分为增加数据密度和减少计算空间大小两类，增加数据密度的常用方法包括 SVD（Singular Value Decomposition）、LSI（Latent Semantic Index）和 PCA（Principal Component Analysis），减少计算空间大小的方法包括聚类分区、产品分类和取样，Grouplens 应用 SVD 对 user-item 空间和邻居空间进行降维处理从而增加数据密度；Manolis G.等将 SVD 应用于基于商品项的协同过滤技术中提高了推荐质量；聚类分区通过将用户或商品项进行聚类分区，相似性和商品推荐的计算在分区内或分区之间进行，从而大大降低了数据空间的大小和数据的稀疏程度，提高了算法效率和准确度，如雅虎公司的 Dmitry Pavlov 等在 ResearchIndex 的计算机科学论文推荐系统中在文档聚类的基础上建立最大熵模型来向用户推荐论文；Yoon Ho Cho 等在搜索最相近邻居时，使用产品分类来降低计算空间的大小以提高系统性能，Kai Yu 等在构建的用户概要空间而非所有用户空间中进行协同过滤，由于用户概要空间要比所有用户空间要小得多，而且其构建的算法支持增量构建，所以，在在线推荐中表现出较好的性能。针对可扩展性的改进方法分为降维和基于模型两类。Sarwar 在其博士论文中采用 SVD 作降维处理形成较小的特征空间从而加快相同兴趣邻居的搜索速度，同时使用聚类算法对用户评分数据库进行聚类分区并将分区作为具有同类兴趣的邻居，利用其评分数据向用户进行推荐；Kai Yu 等人在采用协同过滤算法计算用户相似度时考虑到不同商品项对用户兴趣的影响不同，采用 IUF（Inverse User Frequency）、熵和互信息 3 种方法计算商品项权重，并将权重的概念引入相似度计算，同时只选择评价了相关商品项的用户计算相似度以缩小相似邻居搜索空间，提高了推荐的准确性和实时性。基于模型的方法响应性能很好但其推荐质量有待提高。

3. 基于人口统计的推荐技术

基于人口统计的推荐技术旨在根据个人特征对用户分类，并基于人口统计信息进行推荐。基于人口统计的推荐系统优点在于不需要用户评价历史数据，但用户对私人信息的敏感性是获取人口统计信息的障碍。

4. 基于效用的推荐（Utility-based Recommendation）技术

基于效用的推荐技术需要项目的特征属性数据。这种推荐技术先要得到用户对项目的效用描述函数，然后用该效用函数对所有项目进行排序，取前 N 个项目作为目标用户的推荐。其核心问题是如何为每个用户创建一个效用函数。基于效用的推荐技术特点在于它能把项目的非本身属性，如提供商的可靠性和产品的可获得等考虑到效用计算中，这样能在决策时考虑诸如到货时间之类的项目非本身属性问题。该技术基于用户需要和可选集之间匹配的评估之上，通过计算服务资源对用户的效用来作出推荐，但如何为每位用户创建出合适的效用函数是个难题。

5. 基于知识的推荐技术（Knowledge-based Recommendation）技术

与协同过滤不同，基于知识的推荐技术不依赖客户对商品的评分数据量，而是通过推断用户的需要和偏好来作出推荐。总结查阅的文献，可将基于知识的推荐技术分为 3 类：数据库知识发现（Knowledge Discovery in Database，KDD）、基于案例推理（Case Based Reasoning，CBR）和知识推理（Knowledge Reasoning，KR）。

基于 KDD 的推荐技术是使用数据挖掘技术，对电子商务数据进行挖掘和分析，找出隐藏在数据背后有价值的知识来帮助向用户作出推荐。根据挖掘数据的不同可将 KDD 分为两类：一类是面向电子商务交易数据和商品数据的挖掘来发现用户和商品的关联、分类和聚类知识；另一类是面向 Web 使用的挖掘来发现用户有价值的行为模式。目前，KDD 技术被广泛应用于基于内容过滤和协同过滤技术的推荐系统中，例如，采用决策树、基本贝叶斯和贝叶斯网络、神经网络、支持向量机等技术对用户概要信息或商品进行分类；利用 Apriori 或其改进算法对用户—用户、商品项—商品项的关联规则进行挖掘；通过关联规则、聚类分析、分类学习和序列模式等来分析用户的行为模式。对于使用关联规则的推荐系统而言，如果 Web 使用数据是高维、巨量而且稀疏的情形，则如何设置支持度和信任度以产生可靠和完整的模式是一件困难的事情。

基于案例推理的推荐技术试图从以往推荐过的类似案例中找到现成的或经过修改后能够解决现有问题的答案。CBR 通常包含 4 个过程，即 4R 模型：提取（Retrieve）、重用（Reuse）、修正（Revision）和保留（Retain）。基于案例的推荐技术重点需要解决案例的表示，以及案例推理过程中所涉及的算法问题。Fabiana Lorenzi 和 Francesco Ricci 在对 4 个典型的基于案例推理的推荐系统 Entrée、DieToRecs、First Case 和 Expertclerk 进行对比分析的基础上，对基于案例推理的推荐技术进行分类，探讨了每类技术所涉及的 CBR 过程，以及其间的关键方法和算法，他们指出案例模型应包括内容模型、用户模型、会话模型和评估模型四个子模型，但没有解决如何统一表示案例模型的问题，以及产品属性值和用户偏好属性值为非数值型数据时的相似度计算问题。Mehmet S. Aktas 等人为了在地震模拟网格上方便地查找各种信息和资源，采用语义本体技术来统一描述案例和用户需求，然后采用 CBR 技术向用户推荐信息资源。

基于知识推理的推荐技术涉及 3 种知识：①目录知识，即推荐商品及其特征的知识；②客户知识，即客户需求和偏好的知识；③功能知识，即商品及其特征满足客户的需求的知识，用于推理出用户需要与某一推荐物品的相互关系。其中，客户知识和功能知识的获取是研究难点问题。基于知识推理的推荐技术的基本原理是通过用户交互界面引导用户明确对产品特征的要求从而获取客户的需求知识，推荐系统根据获取的用户需求知识和产品知识库中的目录知识，利用功能知识进行推理，找出能够满足用户需求的产品并推荐给用户。从收集的文献分析，目前该类推荐系统的研究处于零星研究阶段，缺乏系统的研究成果。In-Gook Chun 和 In-Sik Hong 使用 JESS 实现了试验性的手机推荐系统，产品知识库以 JESS 中“模板”和“槽”的概念组织到数据库中，推理部分用规则推理实现。Alexander Felfernig 用基于知识的推荐系统来处理金融服务这类复杂产品的推荐，该系统用 Koba4MS 工具套件实现，其知识表示与推理采用基于模型的方法，满足知识推荐系统的需要。值得注意的是，本体作为共享概念模型的形式化规范说明，越来越多地被用于推荐系统，主要用来描述用户需求和产品，以及通过本体匹配向用户推荐产品。例如，本书使用本体来描述网格上的地震信息资源，然后使用本体匹配来向用户推荐资源；Soe-Tsyr Yuan 和 Chiahsin Cheng 使用本体来表示产品并用本体节点之间的距离来计算产品之间的相似性。Middleton 等使用本体来描述用户的兴趣，并将其应用于论文推荐，验证了该方法的有效性。

6．基于复杂网络链路预测的推荐技术

近十年间，复杂网络作为结合图论和统计学手段描述复杂系统结构的一种新兴方法，已经受到国内外学者的广泛关注，其已渗透到物理科学、生物科学、社会科学、控制科学、计算机科学等众多领域。众多复杂系统包括电力网、交通网、供应链网络、通信网络、科研合作网络、社会网络、疾病传播网络、生物网络等都采用复杂网络进行研究并取得了丰硕的研究成果。

随着大量系统被描述成复杂网络，以复杂网络为对象的数据挖掘问题（称为复杂网络数据挖掘）也获得了广泛的关注，复杂网络中的链接预测（Link Prediction）问题作为数据挖掘的方向之一，在计算机领域已有长时间的研究，最近两年受到了较多关注，得益于 Clauset、Moore 和 Newman 在 2008 年发表的《自然》论文，以及 Redner 在《自然》中的评论文章，弗里堡小组较早地认识到链路预测问题的重要价值，并开展了一系列的研究工作。同时国内对这个方向已经开始关注。电子科技大学的周涛小组、湘潭大学胡柯小组在该领域都取得了较大的突破。

链路预测是指如何通过已知的网络结构等信息评估预测网络中尚未链接的两个节点之间存在或产生链接的可能性。链接预测包括：①预测已存在但尚未被发现的链接，即预测未知链接；②预测现在未存在但未来可能新产生的链接，即预测未来链接。

链路预测一直被应用于个性化推荐系统的设计中。如链路预测可以作为准确分析社会网络结构的有力辅助工具，其原理是基于网络结构去预测哪些现在尚未结交的用户“应该是朋友”，并将此结果作为“朋友推荐”发送给用户。电子商务推荐中的 4 类链路预测方法各有优缺点：①传统的链路预测方法是基于马尔科夫链或者机器学习的，往往考虑节点的属性特征，这类方法虽然能够得到较高的预测精度，但是由于计算的复杂度及非普适性的参数使其应用范围受到限制；②基于网络结构的最大似然估计，该类方法也有计算复杂度高的问题；③基于概率模型，常用的类型有概率关系模型（Probabilistic Relational Models，PRM）和有向无环概率实体关系模型（Directed Acyclic Probabilistic Entity Relationship，DAPER），它们的区别在于对数据库的表达方式；④基于图论（网络结构相似性）的方法更加简单，通过在多个实际网络中的实验发现，基于相似性的方法能够得到很好的预测效果，并且网络的拓扑结构性质能够帮助选择合适的相似性指标。基于图论（网络结构相似性）方法从基于局部信息相似性角度可以产生 9 种相似性指标，分别是共同邻居（CN）指标、Jaccard 指标、Salton 指标（余弦相似性）、Sorenson 指标、大度节点不利指标（Hub Depressed Index）、大度节点有利指标（Hub Promoted Index）、LHN-I 指标、Adamic-Adar 指标和 RA（Resource Allocation）指标。基于路径相似性可产生三种指标，分别是局部路径指标（LP）、Katz 指标和 LHN-II 指标。基于随机游走相似性可产生 4 种指标，分别是平均通勤时间（Average Commute Time）、Cos+指标、有重启的随机游走（Random Walk Withrestart）、SimRank 指标。

在图论方法基础上衍生出来的二部图思想，在复杂网络链路预测协同推荐领域中愈加被关注，其核心思想是用户-项目矩阵可建模为一个二部图（Bipartite Graph），其中节点分别表示用户和项目，边表示用户对项目的评价。基于链路预测的推荐算法通过分析二部链路预测给出合理的推荐。本书总结和比较了大量的计算图中节点相似的方法用来进行连边预测，也提出了一种新的度量网络中顶点结构相似的方法。在融合信任网络的推荐方面，Chen 等人引进用户之间的信任关系数据，由用户之间的信任关系和用户对项目的评分信息分别构造用户之间的信任图和偏爱相似度图，进而将这两类关系图融合到一个图模型中，并采用国际公认的 Epinions 数据集进行验证。

7. 各种推荐技术特点的比较

因为基于内容的推荐要根据项目的特征属性对项目进行分类，所以，就很依赖于对项目特征属性的描述。这和协同过滤技术是不同的。协同技术只是基于用户的评价，没有任何描述性的数据也能对项目作出推荐。正是因为基于内容的推荐依赖于项目特征属性的描述，所以，这种技术很难作出跨类型的推荐，即不能作出“奇异发现”，推荐的项目往往是用户很熟悉的东西。

基于用户的协同过滤需要寻找邻居用户，这取决于用户间的评价的重叠信息，所以，当用户评价数据比较稀时，这种方法效果就不理想。虽然稀疏问题可以通过一些方法得到改善,但是基于用户的协同过滤仅适应于项目数比较少且用户的评价数据比较稠密的情况。而且，基于用户的协同过滤存在冷开始（coldstart）问题，即一个新项目（从未有用户评价过的项目）是得不到推荐的；而且，对新项目作出评价的最初用户是得不到好处的。为了使得新项目能够得到推荐，有必要研究如何激励用户去评价这些新项目。

基于人口统计的推荐方法也存在稀疏问题,因为该方法也需要基于用户个人人口统计信息去对用户进行分类，如果用户个人人口统计信息不够多，那么分类的效果也就不好。但是，基于个人信息统计推荐系统没有冷开始问题，因为它不需要其他用户的评价数据。不过,该方法在收集用户的个人人口统计信息时存在困难。在电子商务环境中，基于用户人口信息统计的推荐系统往往很难用上,考虑到在线私人保密,自己的人口统计信息很多用户是不愿意公开的。

基于效用的和基于知识的推荐并不是基于历史评价数据，所以，不存在冷开始问题和稀疏问题。基于效用的技术要求系统建造一个关于特征属性的完整的效用函数。这种方法的优点就是它能嵌入许多衡量产品有用的因子，而不仅是刻画产品本质的特征。另外，这些非本质特征可能有一个特殊的用途，如产品什么时候可以运送到,这种信息对期限要求很高的用户来说尤为关注。因此,基于效用的推荐框架可以让用户很好地表达这方面的信息需求,以作出更好的推荐。但基于效用的推荐系统缺乏一定的灵活性，用户必须构建一个完整的偏好函数，因此，必须权衡各个特征的重要性。从这个意义上来说，基于效用的推荐只对少数几个特征的项目是适合的，比如只有价格、质量、送货时间等，但不适应具有复杂的、非结构化属性的项目，如电影、新闻文章等。

基于知识的推荐系统具有基于知识的系统的所有缺点,那就是知识的获得比较难，但和基于效用的推荐相比，它对用户的要求更少。基于知识的推荐系统也不能像协同过滤那样能发现用户新兴趣，作出“奇异发现”；但另一方面，它能在已有的用户的知识基础上推荐出尽可能广而全的项目。在“奇异发现”

方面，基于用户的协同过滤和个人人口信息统计技术做得很好，能引导用户走出其熟悉的产品，更好地发现那些他以前不知道的但符合其兴趣爱好的产品。对于基于知识的推荐，如果某产品的相关联的知识能在最后建造知识库前发现，那么该技术同样也能发现不同类型的项目推荐给用户。

协同过滤、基于内容的推荐和基于人口统计信息的推荐需要用户的显式输入数据，因为它们的推荐是建立在用户数据基础上的；所以，这3种基于学习（学习用户的兴趣）的技术对愿意花一定时间去表明其偏好的用户最为有效。基于效用的和基于知识的，以及基于规则的推荐则不存在这方面的问题，因为它们不需要用户的历史偏好数据。

1.4.2 混合推荐技术

每种推荐技术都有自己的优缺点，为了给用户提供更准确的推荐，可以在设计推荐系统的推荐方法模块时结合多种基本推荐技术，以达到扬长避短的目的，这就是混合推荐的思路。混合推荐系统整合两种或更多推荐技术以取得更好的实际效果。最常见的做法是将协同过滤推荐技术与其他某一种推荐技术相结合，以克服"冷启动问题"。

一般而言，混合推荐技术有以下几种思路。

（1）权重型：由多个推荐方法的计算结果组合而成。

（2）转换型：根据具体情形在几个推荐方法间转换。

（3）合并型：几个推荐方法的结果一起呈现。

（4）特征组合：将协同过滤信息视为商品附加特征然后采用基于内容的推荐技术。

（5）瀑布型：后一个推荐方法优化前一个推荐方法的候选结果集。

（6）特征递增型：先用一种技术产生商品项评分或分类，在此基础上使用另一种推荐技术进行处理。

(7)元层次型：前一个推荐方法所得出的模型作为后一个推荐方法的输入。

目前较充分研究过的推荐组合有如下几种。

（1）Content-based/collaborative feature augmentation hybird：这种可能是应用研究最早的，如应用在基于内容的"filterbot"系统中。

（2）Collaborative/content-based meta-level hybird：用协同的信息去生成全面用户评价数据集，然后用这个数据集比较不同的项目。

（3）Collaborative/demographic augmentation hybird：协同技术分辨出其邻居用户，用这个信息作为用户的一个基本人口统计信息。

从这些组合研究的研究现状可以看出，对协同过滤和基于内容的技术组合研究是比较多的。之所以如此，其中一个重要原因是评价数据很容易得到，比如可以使用著名的 EachMovie 数据库，该数据库提供了约 250 个用户对电影作出的 45000 个评价。其他的混合推荐研究的要少一些，尤其是基于用户人口统计信息的推荐，由于存在在线数据保密性问题，在 25 种可能的组合种，只有 4 种得到过研究。

此外，在采用组合推荐技术的时候，必须注意组合策略。这些策略与被组合的推荐技术有关。例如，对于基于人口统计信息，基于内容的和协同过滤技术来说，必须考虑历史数据库的数量和质量，对于基于知识的推荐来说，必须考虑有哪些可用的知识库。

随着在线商品和服务资源的迅猛扩展、智能技术的逐步普及，服务的智能化和个性化已成为电子商务发展的根本趋势。现代电子商务服务发展呈现出两个鲜明的特征：一方面，用户需求越来越复杂，如何准确描述和有效获取用户的个性化复杂需求，根据用户需求向其推荐服务资源及组合成为难题；另一方面，各电子商务运营平台服务资源规模越来越大，如何有效整合多源海量服务资源并支持高效和精准检索，充分挖掘服务资源组合的价值成为难题。传统个性化服务技术已无法支撑现代电子商务的发展。本书以本体技术为基础，借鉴服务理论的最新研究成果，研究电子商务语义基础技术（中文电子商务语义词典、中文本体映射与集成技术、中文本体管理技术），面向用户复杂需求的服务资源智能聚合与推荐应用技术（用户复杂需求语义建模与获取技术、服务资源智能发现与聚合技术、满足用户复杂需求的服务资源组合推荐技术），为电子商务个性化智能服务的发展提供理论参考。

参 考 文 献

[1] Aktas, M S; Pierce, M.; Fox, G C; Leake, D. A Web based Conversational Case-Based Recommender System for Ontology aided Metadata Discovery. In: Proceedings of Fifth IEEE/ACM International Workshop on Grid Computing, 8 Nov. 2004: 69-75.

[2] Alexander Maedche, Steffen Staab. Comparing Ontologies-Similarity Measures and a Comparison Study. Institute AIFB，University of Karlsruhe，Internal Report, 2001.

[3] Azene Zenebe, LinaZhou and Anthony F. Norcio. User preferences discovery using fuzzy models[J]. Fuzzy Sets and Systems, 2010(161):3044-3063.

[4] Artzai Picón, Sergio Rodríguez-Vaamonde, Javier Jaén, and et al. A statistical recommendation model of mobile services based on contextual evidences[J]. Expert Systems with Applications, 2012(39):647-653.

[5] A. Maedche, S. Staab, Ontology learning, in: S. Staab, R. Studer(Eds.), Handbook on Ontologies[J]. International Handbooks on Information Systems, Springer- Verlag, 2004: 173-190.

[6] Avigdor G, Giovanni M, Hasan J. OntoBuilder: Fully automatic extraction and consolidation of ontologies from Web sources[C]. In: Proc. of the ICDE 2004. Boston: IEEE Computer Society, 2004:853-853.

[7] A Zenebe, A F Norcio. Representation, similarity measures and aggregation methods using fuzzy sets for content-based recommender systems [J]. Fuzzy Sets and Systems, 2009, 160(1): 76-94.

[8] Arocena G O, Mendelzon A O. WebOQL: Restructuring documents, databases and Webs[C]. Data Engineering, 1998. Proceedings., 14th International Conference on. IEEE, 1998: 24-33.

[9] Antoniou G, van Harmelen F. Web ontology language: OWL[M].Handbook on ontologies. Springer Berlin Heidelberg, 2009: 91-110.

[10] Badrul Munir Sarwar. Sparsity, Scalability, and Distribution in Recommender Systems: [Doctor Thesis]. Twin Cities:University of Minnesota, 2001.

[11] Baumgartner R, Flesca S, Gottlob G. Visual web information extraction with lixto[C]. VLDB. 2001, 1: 119-128.

[12] Beeferman D.Lexical discovery with an enriched semantic network[J]. Proc- eedings of the COLING/ACL Workshop on Usage of WordNet in Natural Lang- uage Processing Systems,1998.

[13] Buitelaar P, Olejnik D, Sintek M. A protégé plug-in for ontology extraction from text based on linguistic analysis[M]. The Semantic Web: Research and Applications. Springer Berlin Heidelberg, 2004: 31-44.

[14] Baumgartner R, Flesca S, Gottlob G. Visual web information extraction with lixto[C]. VLDB. 2001, 1: 119-128.

[15] Borst W N. Construction of engineering ontologies for knowledge sharing and reuse[M]. Universiteit Twente, 1997.

[16] Brunner, J.-S.Explorations in the use of semantic Web technologies for product information management[C]. 16th International World Wide Web Conference, WWW, 2007:747-756.

[17] Budan I A, Graeme H. Evaluating WordNet-Based Measures of Semantic Distance[J]. Comutational Linguistics, 2006, 32(1): 13-47.

[18] Burke, R. Hybrid Recommender Systems: Survey and Experiments[J]. User Modeling and User-Adapted Interaction, 2002, 12(4):331-370.

[19] Byeong Man Kim, Qing Li. Probabilistic Model Estimation for Collaborative Filtering Based on Items Attributes. In: Proceedings of IEEE/WIC/ACM Intern- ational Conference on Web Intelligence, 20-24 Sept. 2004: 185-191.

[20] Cali M E. Relational learning techniques for natural language information extraction[D]. PhD thesis, Tech. Rept. AI98-276, Artificial Intelligence Labor- atory, The University of Texas at Austin, 1998.

[21] Chang C H, Lui S C. IEPAD: information extraction based on pattern disco- very[C]. Proceedings of the 10th international conference on World Wide Web. ACM, 2001: 681-688.

[22] Ching-Fu Chen and Tsai-Fang Wu. Exploring passenger preferences in airline service attributes: A note[J]. Journal of Air Transport Management, 2009 (15):52-53.

[23] Christakou C, Vrettos S, Stafylopatis A. A hybrid movie recommender system based on neural networks[J]. International Journal on Artificial Intelligence Tools, 2007, 16(5): 771-792.

[24] Corcho O, Gómez-Pérez A. Solving integration problems of e-commerce standards and initiatives through ontological mappings[J]. 2001.

[25] Crescenzi V, Mecca G, Merialdo P. Roadrunner: Towards automatic data extrac- tion from large web sites[C]. VLDB. 2001, 1: 109-118.

[26] Dass R, Mahanti A. An efficient real-time frequent pattern mining technique using diff-sets[M].Computational Science-ICCS 2005. Springer Berlin Heidel- berg, 2005: 818-821.

[27] Dmitry Pavlov, Eren Manavoglu, C. Lee Giles, David M. Pennock. Collaborative Filtering with Maximum Entropy. In: Proceedings of IEEE/WIC International Conference on Web Intelligence, 2003. 168-174.

[28] Doorenbos R B, Etzioni O, Weld D S. A scalable comparison-shopping agent for the world-wide web[C].Proceedings of the first international conference on Autonomous agents. ACM, 1997: 39-48.

[29] Fabiana Lorenzi and Francesco Ricci. Case-Based Recommender Systems- A Unifying View. In: B. Mobasher and S.S. Anand (Eds.): ITWP 2003, LNAI 3169, 2003. 89-113.

[30] Felfernig, A. Koba4MS: Selling Complex Products and Services using Knowledge-based Recommender Technologies. In: Proceedings of seventh IEEE International Conference on E-Commerce Technology, 19-22 July 2005: 92-100.

[31] Gruber T R. Towards Principles for the Design of Ontologies Used forKnowledge Sharing[J]. International Journal of Human-Computer Studies, 1995(43): 907- 928.

[32] Gruber T R. A Translation Approach to Portable Ontology Specifications[J]. Knowledge Acquisition, 1993(5): 199-220.

[33] G Adomavicius, A Tuzhilin. Toward the next generation of recommender systems: a survey of the state-of-the-art and possible extensions[J]. IEEE Transactions on Knowledge and Data Engineering, 2005,17(6): 734-749.

[34] Gomez-Perez A benjamins.Ooverview of knowledge sharing and reuse components: Ontologies and problem solving methods[C].Proeeedings of IJCA199's Workshop on Ontologies and Problem Solving Methods.Lessons Learned and FutureTrends. San Franciseo: Morgan Kaufmann, 1999:65-78.

[35] Haas L M. et a1. Transforming Heterogeneous Data with Database Midd- leware[C]. IEEE Transaction on Data Engineering, 1999,22(1)：31-37.

[36] Hepp, Martin.GenTax: A generic methodology for deriving OWL and RDF-S ontologies from hierarchical classifications, thesauri, and inconsistent taxonomies Semantic Web: Research and Applications[C].Proceedings 4th European Semantic Web Conference, ESWC 2007:129-144.

[37] Heitmann B, Hayes C. Report on evaluation of recommendations generated by spreading activation[J]. 2013.

[38] H.Lee and J.Shim. Product Ontology and OWL Correspondence[J]. Studies in Computational Intelligence, 2008(110) :1-14.

[39] Hsin-Hui (Sunny) Hua, Jay Kandampully and Thanika Devi Juwaheer. Relation- ships and impacts of service quality, perceived value, customer satisfaction and image-an empirical

study[J].The Service Industries Journal, 2009, 29(2): 111-125.

[40] Ick-Hyun Kwon,Chang Ouk Kim. Recommendation of e-commerce sites by matching category-based buyer query and product e-catalogs[J].Computers in Industry,2008(59): 380-394.

[41] Ing-Xiang Chen,Jui-Chi Ho,Cheng-Zen Yang. On Hierarchical Web Catalog Integration with Conceptual Relationships in Thesaurus[C].Proceedings of the 29th Annual International ACM SIGIR Conference on Research and Development in Information Retrieval.2006: 635-636.

[42] In-Gook Chun, In-Sik Hong. The implementation of knowledge-based recom- mender system for electronic commerce using Java expert system library. In: Proceedings of IEEE International Symposium on Industrial Electronics, Vol. 3, 12-16 June 2001: 1766-1770.

[43] Joshua Zhexue Huang,Feilong Tang.Ontology Based E-Catalog Matching for Integration of GDSN and EPC global Network[C].ICEBE .2005:212-215.

[44] James J.H. Liou, Leon Yen and Gwo-Hshiung Tzeng. Using decision rules to achieve mass customization of airline services[J]. European Journal of Oper- ational Research, 2010(205):680-686.

[45] J.Guo, C.Sun. Collaborative product representation for emergent electronic marketplace[C]. Proceedings of the 16th Bled e-Commerce Conference e- Transformation, 2003(16): 847-859.

[46] Ji J, Sha Z, Liu C, et al. Online recommendation based on customer shopping model in e-commerce[C].Web Intelligence, 2003. WI 2003. Proceedings. IEEE/WIC International Conference on. IEEE, 2003: 68-74.

[47] Jae-won Lee,Taehee Lee. Massive Catalog Index based Search for e-Catalog Matching[C]. The 9th IEEE International Conference on E-Commerce Technology. 2007.

[48] Junzhong Ji, Zhiqiang Sha, Chunnian Liu. Online Recommendation Based on Customer Shopping Model in E-Commerce[C]. Proceedings of IEEE/WIC International Conference on Web Intelligence, 13-17 Oct. 2003.68-74.

[49] J B Schafer, J A Konstan, J Riedl. E-commerce recommendation applications [J].Data Mining and Knowledge Discovery,2001, 5(1-2); 115-153.

[50] Jung K Y, Rim K W, Lee J H. Automatic preference mining through learning user profile with extracted information[M].Structural, Syntactic, and Statistical Pattern Recognition. Springer Berlin Heidelberg, 2004: 815-823.

[51] K. Honda, N. Sugiura, H. Ichihashi and S. Araki. Collaborative filtering using principal component analysis and fuzzy clustering. Research and Development, Lecture Notes in

Artificial Intelligence 2198, Springer, 2001: 394-402.

[52] Kai Yu, et al. Probabilistic Memory-Based Collaborative Filtering[J]. IEEE Trans- actions on Knowledge and Data Engineering, 2004,16(1):56-69.

[53] Kai Yu, Zhong Wen, Martin Ester, Xiaowei Xu. Feature Weighting and Instance Selection for Collaborative Filtering. In: Proceedings of 12th International Workshop on Database and Expert Systems Applications, 2001: 285-290.

[54] Karypis G. Evaluation of item-based top-n recommendation algorithms[C]. Proceedings of the tenth international conference on Information and knowledge management. ACM, 2001: 247-254.

[55] Kim D, Kim J, Lee S. Catalog integration for electronic commerce through category-hierarchy merging technique[C]. Research Issues in Data Engineering: Engineering E-Commerce/E-Business Systems, 2002. RIDE-2EC 2002. Proce- edings. Twelfth International Workshop on. IEEE, 2002: 28-33.

[56] Kwok-Wai Cheung, James T. Kwok, Martin H. Law and Kwok-Ching Tsui. Mining customer product ratings for personalized marketing[J]. Decision Support Systems, 2003, 35(2):231-243.

[57] Lee,Taehee Lee,Ig-Hoon Lee,Suekyung. Building an operational product ontology system[J]. Electronic Commerce Research and Applications, 2006, 5(1):16-28.

[58] Mark Claypool. Implicit Interest Indicator. In: IUI'01,January 14-17, 2001: 33-40.

[59] Maynard D, Peters W, Li Y. Metrics for evaluation of ontology-based information extraction[C]. International World Wide Web Conference. 2006: 1-8.

[60] McDowell L K, Cafarella M. Ontology-driven information extraction with ontosyphon[M]. Springer Berlin Heidelberg, 2006.

[61] Mihalcea R. F., Mihalcea S. L. Word semantics for information retrieval：moving one step closer to the Semantic Web[J]. Proceedings of the 13th International Conference on Tools with Artificial Intelligence,2001： 280-287.

[62] Mu-Hsing Kuo, Liang-Chu Chen and Chien-Wen Liang. Building and evaluating a location-based service recommendation system with a preference adjustment mechanism[J]. Expert Systems with Applications, 2009(36):3543-3554.

[63] Martin Hepp,Joerg Leukel,Volker Schmitz. A quantitative analysis of product categorization standards:content, coverage, and maintenance of eCl@ss, UNSPSC, eOTD, and the RosettaNet Technical Dictionary[J].Knowledge and Information Systems. 2007(13): 77-114.

[64] Marek Hatala, Ron Wakkar, Ontology-Based User Modeling in an Augmented Audio

Reality System for Museums[J]. User Modeling and User-Adapted Interaction, 2005(15): 339-380.

[65] Neches R, Fikes R E, Finin T, et al. Enabling technology for knowledge sharing[J]. AI magazine, 1991, 12(3): 36.

[66] Maedche A, Pekar V, Staab S. Ontology learning part one—on discovering taxonomic relations from the web[C].Web Intelligence. Springer Berlin Heidelberg, 2003: 301-319.

[67] Manolis G. Vozalis and Konstantinos G. Margaritis. Applying SVD on Item- based Filtering[J]. Information Retrieval, 2001, 4(2):133-151.

[68] Miao C, Yang Q, Fang H, et al. Fuzzy cognitive agents for personalized recomm-endation[C]. Web Information Systems Engineering, 2002. WISE 2002. Proceedings of the Third International Conference on. IEEE, 2002: 362-371.

[69] Meng X, Lu H, Wang H, et al. SG-WRAP: a schema-guided wrapper gener- ator[C]. Data Engineering, 2002. Proceedings. 18th International Conference on. IEEE, 2002: 331-332.

[70] Paul de Vrieze, Lai Xua, Athman Bouguettaya, Jian Yang, and et al. Building enterprise mashups[J]. Future Generation Computer Systems, 2011(27):637-642.

[71] P Resnick, H R Varian. Recommender systems [J]. Communications of the ACM, 1997, 40(3): 56-58.

[72] Qingliang Miao, Qiudan Li and Ruwei Dai. AMAZING: A sentiment mining and retrieval system[J]. Expert Systems with Applications, 2009(36):7192-7198.

[73] P. W. Foltz. Using latent semantic indexing for information filtering. In: Proce- edings of the ACM SIGOIS and IEEE CS TC-OA conference on Office information systems, 1990: 40-47.

[74] R. Navigli, P. Velardi, Learning domain ontologies from document warehouses and dedicated Websites[J]. Comput. Linguist. 2004,30(2):151-179.

[75] Sager N. Natural language information processing[M]. Addison-Wesley Publi- shing Company, Advanced Book Program, 1981.

[76] Salamó M, Reilly J, McGinty L, et al. Knowledge discovery from user preferences in conversational recommendation[M].Knowledge Discovery in Databases: PKDD 2005. Springer Berlin Heidelberg, 2005: 228-239.

[77] Shim,Junho.Shim,Simon S.Y.Ontology-based e-Catalog in e-commerce[J]. Elect- ronic Commerce Research and Applications, 2006, 5(1):1-3.

[78] Soe-Tsyr Yuan and Chiahsin Cheng. Ontology-based personalized couple clustering for heterogeneous product recommendation in mobile marketing[J]. Expert Systems with Applications, 2004, 26(4):461-476.

[79] Stefan Decker, Sergey Melnik, Frank van Harmelen, Dieter Fensel, Michel Klein, Jeen Broekstra, Michael Erdmann and Ian Horrocks. The Semantic Web: The Roles of XML and RDF[C]. IEEE Interact Computing,2000,4(5):63-74.

[80] Stephen L. Vargo, Robert F. Lusch.From goods to service(s): Divergences and convergences of logics[J]. Industrial Marketing Management, 2008(37):254-259.

[81] Stuart E. Middleton, Nigel R. Shadbolt, David C. DE Roure. Ontological User Profiling in Recommender Systems[C]. ACM Transactions on Information Systems, 2004, 22(1): 54-88.

[82] Su-Heong Ko. Prediction of Preferences through Optimizing Users and Reducing Dimension in Collaborative Filtering System. In: Proceedings of the 17th international conference on Innovations in applied artificial intelligence. Ottawa, Canada, 2004: 1259-1268.

[83] T.R.Gruber, A Translation Approach to Portable Ontology Speeifieations[J]. Knowledge Acquisitions, 1993:199-221.

[84] Tang X, Zhang M, Yang C . Leveraging User Interest to Improve Thread Recommendation in Online Forum[C].Social Intelligence and Technology (SOCIETY), 2013 International Conference on. IEEE, 2013: 11-19.

[85] Tsai C F, Hung C. Cluster ensembles in collaborative filtering recommendation[J]. Applied Soft Computing, 2012, 12(4): 1417-1425.

[86] Vargas-Vera M, Motta E, Domingue J, et al. MnM: Ontology driven semi-automatic and automatic support for semantic markup[M]. Knowledge Engineering and Knowledge Management: Ontologies and the Semantic Web, 2002: 379-391.

[87] Wang J, Lochovsky F H. Data extraction and label assignment for web databases[C]. Proceedings of the 12th international conference on World Wide Web. ACM, 2003: 187-196.

[88] Weiyang Lin, Sergio A. Alvarez and Carolina Ruiz. Efficient Adaptive-Support Association Rule Mining for Recommender Systems[J]. Data Mining and Knowledge Discovery, 2002, 6(1):83-105.

[89] Wu Q, Tang F, Li L, et al. Recommendation of more interests based on Collaborative Filtering[C]Advanced Information Networking and Applications (AINA), 2012 IEEE 26th International Conference on. IEEE, 2012: 191-198.

[90] Xiao L, Zhang L, Huang G A, et al. Automatic mapping from XML documents to ontologies[C]. Computer and Information Technology, 2004. CIT'04. The Fourth International Conference on. IEEE, 2004: 321-325.

[91] Yan Liua, Xin Liang, Lingzhi Xu, and et al. Composing enterprise mashup components

and services using architecture integration patterns[J]. The Journal of Systems and Software, 2011(84):1436-1446.

[92] Yang D, Miao R, Wu H, et al. Product configuration knowledge modeling using ontology web language[J]. Expert Systems with Applications, 2009, 36(3): 4399- 4411.

[93] Yi YU, Junwei YAN. Semantic Mapping in Product Design and Catalog Integration[C]. 2008 International Conference on Network and Parallel Com- puting, 2008: 493-498.

[94] Yoon Ho Cho, Jae Kyeong Kim and Soung Hie Kim. A personalized recommender system based on web usage mining and decision tree induction[J]. Expert Systems with Applications, 2002, 23(3):329-342.

[95] Yong Soo Kim, et al. Development of a recommender system based on navigati- onal an behavioral patterns of customers in e-commerce sites[J]. Expert System with Applications, 2005(28):381-393.

[96] Yu J, Shen Y, Xie J. Mining user interest and its evolution for recommendation on the micro-blogging system[M].Web-Age Information Management, 2013: 679- 690.

[97] Yoon Ho Cho and Jae Kyeong Kim. Application of Web usage mining and product taxonomy to collaborative recommendations in e-commerce[J]. Expert Systems with Applications, 2004,26(2): 233-246.

[98] Yong Soo Kim, et al. Development of a recommender system based on navigational an behavioral patterns of customers in e-commerce sites[J]. Expert System with Applications, 2005(28):381-393.

[99] Zeng W, Chen L. Recommending Interest Groups to Social Media Users by Incorporating Heterogeneous Resources[M].Recent Trends in Applied Artificial Intelligence, 2013: 361-371.

[100] Z Cui. An ontology-based approach to eCatalogue Management[J]. BT Technology Journal, 2003,21(4):76-83.

[101] Zhai Y, Liu B. Web data extraction based on partial tree alignment[C]. Proceedings of the 14th international conference on World Wide Web. ACM, 2005: 76-85.

[102] Zhou B, Hui S C, Chang K. An intelligent recommender system using sequential web access patterns[C].Cybernetics and Intelligent Systems, 2004 IEEE Confer- ence on. IEEE, 2004, 1: 393-398.

[103] 边振兴. WordNet 中概念语义相似度 IC 参数模型研究[J]. 计算机工程与应用, 2011, 47(19): 128-131.

[104] 陈冬林, 聂规划. 基于商品属性隐性评分的协同过滤算法研究[J]. 计算机应用, 2006, 26(4): 966-968.

[105] 邓爱林，朱扬勇，施伯乐. 基于项目评分预测的协同过滤推荐算法[J]. 软件学报, 2003, 14(9): 1621-1628.

[106] 杜小勇，李曼，王珊. 木体学习研究综述[J]. 软件学报, 2006, 17(9): 1837- 1847.

[107] 范玉全，陈跃新. 基于本体的用户兴趣模型的更新方法[J]. 计算机光盘软件与应用, 2013, 16(7): 22-23.

[108] 龚璇. 基于关系数据库半自动生成局部本体的方法研究[D]. 武汉理工大学硕士学位论文, 2008.

[109] 高军，王腾蛟，杨冬青，等. 基于 Ontology 的 Web 内容二阶段半自动提取方法[J]. 计算机学报,2004, 27(3): 218-310.

[110] 郭鸣，李善平等. 基于本体论及语义 Web 的产品信息模型研究[J]. 浙江大学学报(工学版), 2004, 38(1): 22-28.

[111] 何静，潘善亮，韩露. 基于双边兴趣的社交网络好友推荐方法研究[J]. 计算机工程与应用，2013.

[112] 林晓瑞等. 人工智能导论[M]. 北京：清华大学出版社, 1996.

[113] 李聪. 电子商务推荐系统中协同过滤瓶颈问题研究[D]. 合肥工业大学博士学位论文, 2009.

[114] 李树青. 基于加权 XML 模型的个性化产品推荐方法[J]. 现代图书情报技术, 2009 (4): 64-69.

[115] 南智敏. 基于网页兴趣度的用户兴趣模型体系研究[D]. 复旦大学硕士学位论文, 2012.

[116] 彭石. 基于用户兴趣和项目特性的协同过滤推荐算法研究[D]. 中南大学硕士学位论文, 2012.

[117] 阮备军，朱扬勇. 基于商品分类信息的关联规则聚类[J]. 计算机研究与发展, 2004, 41(2): 352-360.

[118] 唐海英，王体春. 基于本体的个性化协同推荐[J]. 计算机与网络，2011，37 (16): 56-58.

[119] 唐杰，梁邦勇，李涓子，等. 语义 Web 中的本体自动映射[J]. 计算学报, 2006, 29(11): 1956-1976.

[120] 王放，顾宁，吴国文. 基于本体的 Web 表格信息抽取[J]. 小型微型计算机系统, 2003, 24(12): 2142-2146.

[121] 徐新卫，周良，徐晓明，等. Web 主动服务中基于混合挖掘的用户意图辨识[J]. 吉林大学学报（工学版）, 2007, 37(2): 419-423.

[122] 夏培勇. 个性化推荐技术中的协同过滤算法研究[D]. 中国海洋大学博士学位论文, 2011.

[123] 杨卓俊. 基于语义词典的电子商务商品推荐系统研究 [D]. 浙江工业大学硕士学位论文, 2012.

[124] 杨秋芬, 陈跃新. Ontology 方法学综述[J]. 计算机应用与研究, 2002(4): 5-7.

[125] 余玲莉, 孙林夫.电子商务中产品信息规范化技术研究[J]. 中国制造业信息化, 2004, 33(2): 106-108.

[126] 姚顺天, 等. 自然语言理解——一种让机器懂得人类语言的研究[M]. 北京：清华大学出版社, 1995.

[127] 张锋, 常会友. 使用 BP 神经网络缓解协同过滤推荐算法的稀疏性问题[J]. 计算机研究与发展, 2006, 43(4): 667-672.

[128] 左秀然. 基于概念相似度的本体映射系统研究[D]. 武汉理工大学硕士学位论文, 2008.

[129] 邹文科, 孟祥武. 基于语义 Web 的商品语义检索系统[J]. 计算机科学, 2006, 33(8): 240-242.

[130] 曾淑琴, 吴扬扬. 基于HowNet的词语相关度计算模型[J]. 微型机与应用, 2012, 31(8): 77-80.

第 2 章　电子商务语义基础技术

2.1　电子商务中文语义词典构建

电子商务中文语义词典的设计目标是建立一个收录电子商务领域专业词汇，并将专业词汇按照语义词典的结构进行组织，建立起词汇间概念和属性的语义关系网络，解决不同电子商务企业之间的信息语义异构问题，为不同企业的专业词汇的不同表述提供一个语义解析和语义映射平台。基于电子商务网站、企业产品数据库，ecl@ss 和 UNSPSC 国际分类标准等信息源，参考 WordNet 语义词典，分析中文环境下电子商务术语之间的语义关联关系，设计词典的结构、术语获取与填充算法，面向可扩展的词典管理功能、查询功能和语义相似度计算接口，最终构建电子商务语义词典。

电子商务领域语义词典主要实现以下几个目标：

（1）涵盖电子商务领域的专业词汇。

（2）收录商品名称目录和商品属性的描述词汇。

（3）建立起领域语义词典的语义分类，形成专业词汇的语义关系网络。

（4）为专业词汇间语义相似度的计算提供基础。

2.1.1　中文语义词典系统体系结构

中文语义词典系统实际上是建立在中文语义词典数据库上的。该系统通过对数据库中概念、属性或实例的操作，来实现语义词典的功能，如图 2-1 所示。中文语义词典包括以下 3 个模块。

1．语义词典编纂模块

该模块的功能主要是对待录入词汇进行分类，语义关系确定，添加、修改和删除语义词典数据库中的记录。该模块的输入为外部待录入的领域词汇（包括专业术语、服务资源目录等），输出为语义词典中的记录，存储在语义词典数据库中。数据库采用 SQL Server。

2．语义词典管理模块

该模块主要负责语义词典数据库的维护，表关系、字段属性的确定，以及基本语义类的建立。该模块设计为向用户隐藏，主要供词典维护人员使用。

3．语义词典查询模块

该模块的目的是为用户提供图形化查询界面，查询词汇在词典中所在层次、相关概念、同义词汇。该模块输入为用户输入的待查询词汇，输出为字典返回的查询结果。

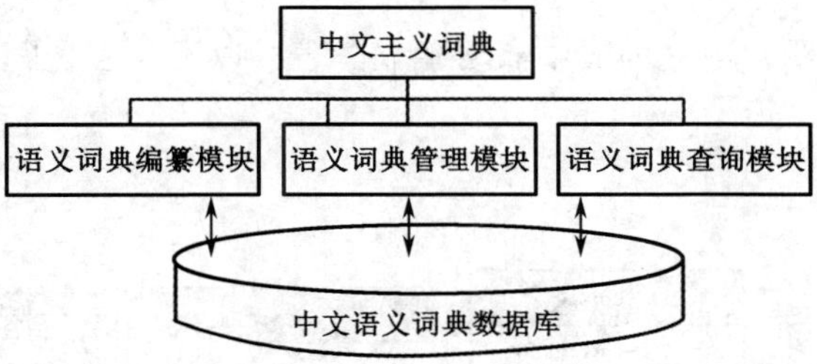

图 2-1　中文语义词典体系结构

2.1.2　中文语义词典的词典结构

中文语义词典中收录主要用于描述产品的词汇，包括产品名称、定义、功能、功能属性等相关的词汇。同时还收录商务、物流领域专业词汇。经过对这些词汇的考查，发现大部分词汇的词性为名词。

本技术词典包含 4 种基本语义关系：同义、上下位、属性和组成。由此 4 种基本语义关系，可描述一个商品概念的属性、部件及产品别名，为行业数据交换的提供语义支持。

中文语义词典采用 SQL Server 数据库进行存储。经过对词典结构的分析，总结出语义词典数据库中存在以下几种实体：词汇、概念、语义关系、同义词集合、词汇不规则形式及语义类，其关系用 E-R 图表示如图 2-2 所示。由于实体的属性比较多，图 2-2 中未列出实体所具有的属性。

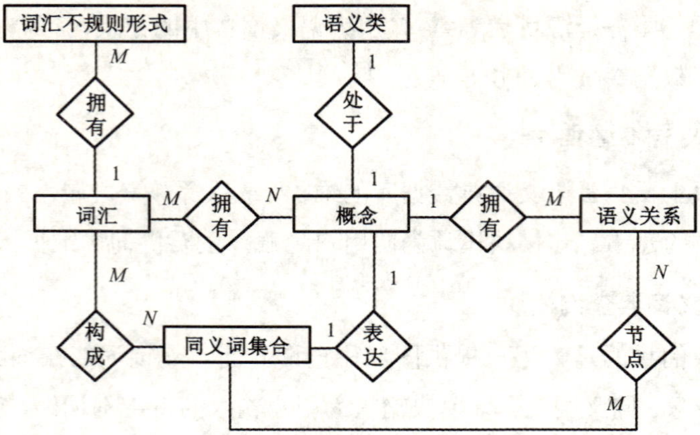

图 2-2　中文语义词典数据 E-R 图

基于 E-R 图，语义词典中需要建立的表，以及各表之间的关系如图 2-3 所示。

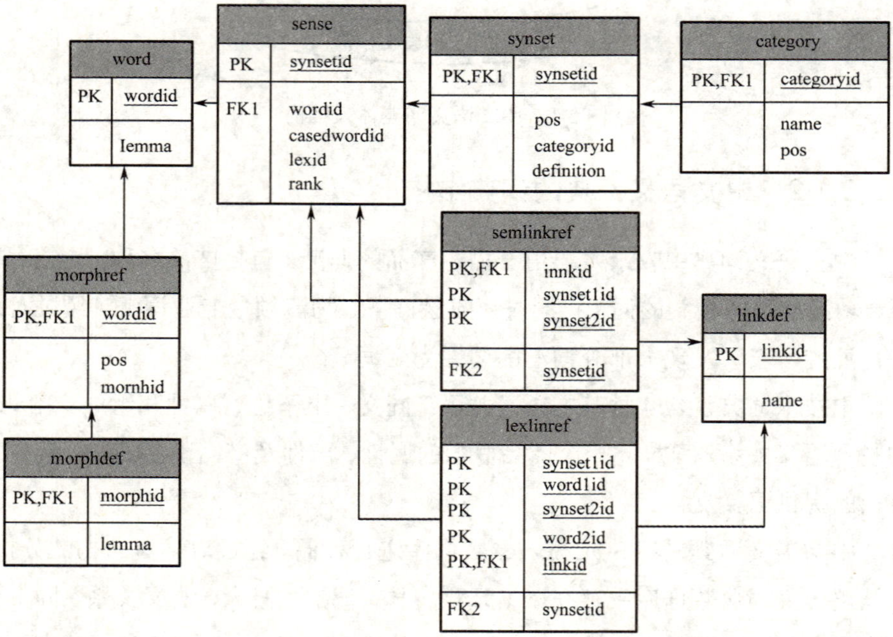

图 2-3　关系图

2.1.3　中文语义词典语义相似度计算

1. 模块结构图

语义相似度计算模块在整个系统的地位，以及该模块结构如图 2-4 所示，它的功能主要是计算两个概念间的匹配程度。该模块又分为两个子模块：基于 EC 语义词典（或 WordNet）的概念语义关系的矩阵形成模块和语义相似度算法函数模块。

基于 EC 语义词典（或 WordNet）的概念语义关系的矩阵形成模块主要分为将 EC 语义词典（或 WordNet）中的数据读入 MATLAB、获取概念的语义信息、将概念的语义信息组织形成为矩阵结构 3 个部分；语义相似度量化模块主要通过 4 种语义相似度算法计算概念的相似度，即 H first-St-Onge 算法、Wu-Palmer 算法、Resnik 算法和 Jiang-Conrath 算法。前两种属于纯语义距离的语义相似度算法，后两种算法属于基于信息容量的语义相似度算法。基于 EC 语义词典（或 WordNet）的概念语义关系的矩阵是使用 MATLAB 工具实现语义相似度计算的基础。概念的相似度计算是在获取概念的语义信息基础上进行的工作。语义相似度矩阵通过语义相似度量化模块获得，可将其转换为文本文件或表输出。

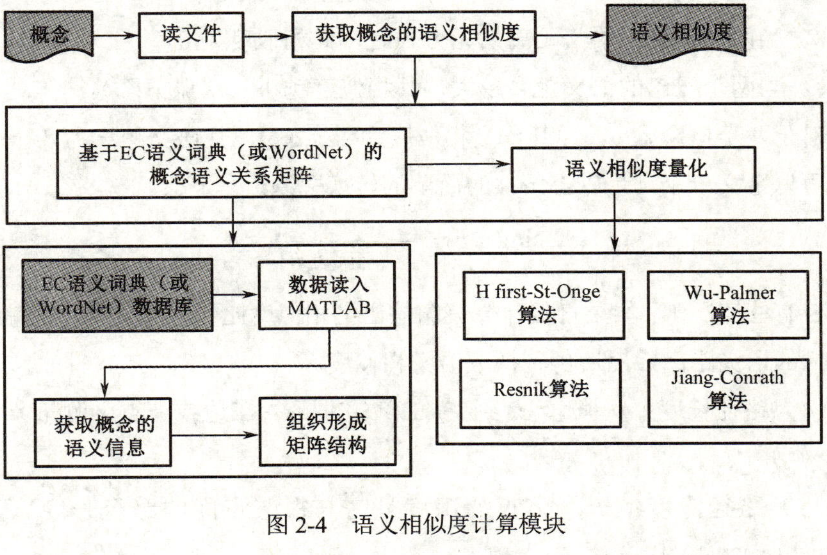

图 2-4　语义相似度计算模块

2．语义相似度算法

1）基本概念

（1）“**语义相似度**（Semantic Similarity）”是指词的可替换度和词义的符合程度，如 Computer 与 Calculator 的相似度就比较大。语义相似度有两个相关的概念，分别是“语义相关性（Semantic Relativity）”和“语义距离（Semantic Distance）”。

（2）**语义相关度**是指词之间的关联程度，如 Computer 与 Software 的相似度很小，但是相关度很大。一般来讲，如果两个词语的相似度非常大，那么这两个词语的相关性也会比较大。语义相关度的使用非常普遍，如整体部分关系（car-wheel）、反义关系（hot-cold）等。

两个概念间的语义相关度 $\text{rel}(c_1,c_2)$和两个词之间的语义相关度 $\text{rel}(w_1,w_2)$之间的关系如下：

$$\text{rel}(w_1,w_2)=\max_{c_1\in s(w_1),c_2\in s(w_2)}[\text{rel}(c_1,c_2)]$$

（3）**语义距离**是指词之间在语义树上的路径长度，是衡量语义相似度的一种有效手段，通常距离和相似度成反比，二者之间可以建立一种简单的对应关系，这种对应关系需要满足以下几个条件：

① 当两个概念的语义距离为 0 时，其相似度为 1。

② 当两个概念的语义距离为无穷大时，其相似度为 0。

③ 当两个概念的语义距离越大，其相似度越小（单调下降）。

对于两个概念 a, b，记其语义相似度为 $\text{sim}(a,b)$，其语义距离为 $\text{dis}(a,b)$，那么可以定义一个满足以上条件的简单的转换关系：

$$\text{sim}(a,b)=\frac{\alpha}{\alpha+\text{dis}(a,b)}$$

在有些情况下，如果直接计算概念的语义相似度比较困难，则可以考虑计算它们的语义距离，然后再转换成语义相似度。

（4）**路径长度**：从概念 c_1 到 c_2 的最短路径（在边或节点上测量）记为 $\text{len}(c_1,c_2)$。

（5）**路径深度**：一个节点的深度是它与根节点间的路径长度，记为 $\text{depth}(c_i)=\text{len}(\text{root},c_i)$。

2）传统语义相似度算法

语义相似度的量化计算主要有两种途径：

其一是基于语义距离的模型，即基于本体库。利用同义词词典等计算相似度。WordNet 就是一部树状的英语语义字典，树状图上两片树叶之间的距离，就是这两个概念的语义距离，由语义距离可进一步得出语义相似度。

其二是基于信息的模型，即基于大规模的本体库统计信息，利用词语的相关性来计算相似度。通常选取一组特征词，利用在实际大规模本体库中上下文的出现频率得到相关性的特征向量，用向量的夹角余弦来计算相似度（考虑两个概念共享信息的程度，基于信息理论定义相似度计算方法）。

基于语义距离的模型是根据概念在层次结构树（如图 2-5 所示）中的位置来计算语义相似度的。该类方法中具有代表性的算法主要有 H first—St—Onge 语义相关度算法、Leacock—Chodoraw 语义相似度算法和 Wu—Palmer 语义相似度算法。H first—St—Onge 语义相关度算法的基本假设是：当两个词在

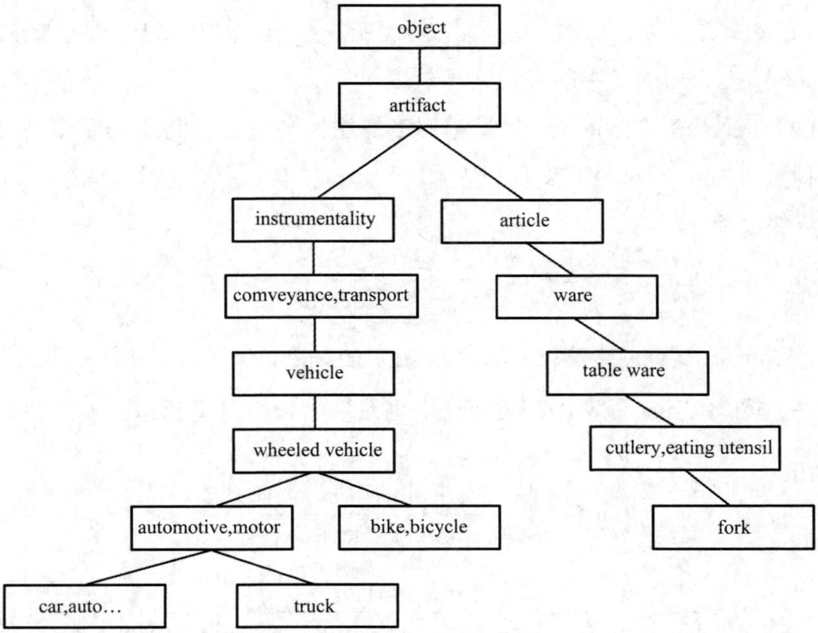

图 2-5　概念层次结构树

WordNet 同义词集中有一条较短的路径相连时，在语义上就具有相对较大的语义相关度，而语义相似度和语义相关度成正比关系。Leacock—Chodoraw 算法和 Wu—Palmer 算法考虑到当路径长度相同时，越靠近根节点语义相似度越小，因此，引入了深度的制约条件。

Rada 认为，对于只有 IS-A 关系的概念层次结构，语义关系和语义距离是等价的，因此，可以用语义距离来计算语义关系。在概念层次树中，任何两个节点之间有且只有一条最短路径，于是，这条路径的长度就可以作为这两个概念的语义距离的一种度量。

（1）**H first-St-Onge 语义相关度算法**。基本假设是：当两个词在 WordNet 同义词集（Synset）中有一条较短的路径相连时，在语义上就具有相对较大的语义相关度，而语义相似度和语义相关度成正比关系（当此路径不存在时，$\mathrm{Rel}(c_1, c_2)$为 0）。

$$\mathrm{rel}(c_1,c_2)=C-\mathrm{len}(c_1,c_2)-k\times \mathrm{turns}(c_1,c_2) \tag{2-1}$$

式中，C 和 k 是两个常参数，$\mathrm{turns}(c_1,c_2)$代表在 Synset 中的转向次数，$\mathrm{len}(c_1, c_2)$ 是 c_1 和 c_2 在 WordNet 中的最短路径长度。

（2）**Leacock-Chodoraw 语义相似度算法**。考虑到当路径长度相同时，越靠近树根（Top Root）语义相似度越小，于是引入了深度的制约条件（用于 ISA 层级关系）。

$$\mathrm{sim}(c_1,c_2)=-\log\frac{\mathrm{len}(c_1,c_2)}{2\times \max\limits_{c\in \mathrm{WordNet}}(\mathrm{depth}(c))} \tag{2-2}$$

式中，$\mathrm{depth}(c)$ 是词 c 在 WordNet 语义树中的深度，$\mathrm{len}(c_1, c_2)$的含义同式(2-1)。

（3）**Wu-Palmer 语义相似度算法**。也是基于长度定义相似度（用于 ISA 层级关系）。

$$\mathrm{sim}(c_1,c_2)=\frac{2\times \mathrm{depth}(\mathrm{lso}(c_1,c_2))}{\mathrm{depth}(c_1)+\mathrm{depth}(c_2)} \tag{2-3}$$

$$\mathrm{sim}(c_1,c_2)=\frac{2\times \mathrm{depth}(\mathrm{lso}(c_1,c_2))}{\mathrm{len}(c_1,\mathrm{lso}(c_1,c_2))+\mathrm{len}(c_2,\mathrm{lso}(c_1,c_2))+2\times \mathrm{depth}(\mathrm{lso}(c_1,c_2))} \tag{2-4}$$

式中，$\mathrm{lso}(c_1,c_2)$ 是 c_1 和 c_2 的最近共有祖先，len 和 depth 的含义同式（2-2）。

（4）Resnik 语义相似度算法。基于信息理论的方法首先由 Resnik 提出，其基本原理是两个概念共享信息越多，语义上越接近，语义相似度越大。一个概念的信息内容取决于在语料库中该概念及其子概念出现得频率。本体中每个概念都是从其祖先节点细化得到的，该概念包含其祖先节点的所有信息内容。如果两个概念同时共同拥有一个祖先节点，它们就共同拥有该祖先节点的所有信息内容。该类方法中具有代表性的算法主要有 Resnik 语义相似度算法、Jiang-Conrath 语义距离算法和 Lin 语义相似度算法。Resnik 算法的基本假设如下：两个概念的语义相似度，由它们共同拥有的那部分概念所决定。根据两个概念的公共祖先节点的最大信息量来衡量两个概念的语义相似度。Jiang-Conrath 语义距离算法相当于给定了共有祖先后，利用子节点的条件概念来计算语义距离。

概念信息容量的计算可以通过统计的方法，准备足够量的领域资料，一个概念在该特定领域的文集中出现的概率越大，说明该概念越抽象，它所携带的信息容量就越少；反之，就越多。如图 2-6 所示的概念信息容量的一个示例。

两个概念之间的语义相似度可以用下述公式来计算：

$$\mathrm{sim}(c_1,c_2)=-\log p(\mathrm{lso}(c_1,c_2)) \tag{2-5}$$

式中，$\mathrm{lso}(c_1,c_2)$ 的含义同式（2-3），$p(c)$是 c 在特定本体库中出现的概率。

（5）J iang-Conrath 语义距离算法。这种算法相当于给定了共有祖先后，利用子节点的条件概率来计算语义距离，而语义相语义相似度和语义距离成反比。

$$\mathrm{dist}(c,\mathrm{par}(c))=-\log p(c\,|\,\mathrm{par}(c)) \tag{2-6}$$

$$\mathrm{dist}(c_1,c_2)=2\log p(\mathrm{lso}(c_1,c_2))-(\log p(c_1)+\log p(c_2)) \tag{2-7}$$

式中，lso 和 p 的含义同式（2-5），$\mathrm{par}(c)$是 c 的祖先节点。

（6）Lin 语义相似度算法。该算法以三个方面的直觉知识作为基础：

① 两对象之间的相似度与它们之间的共性有关。

② 两对象之间的相似度与它们之间的差异有关。

③ 当两个对象同一时，它们之间的相似度最大。

$$\mathrm{sim}(c_1,c_2)=-\log\frac{2\times\log p(\mathrm{lso}(c_1,c_2))}{(\log p(c_1)+\log p(c_2))} \tag{2-8}$$

式中，lso 和 p 的含义同式（2-5）。

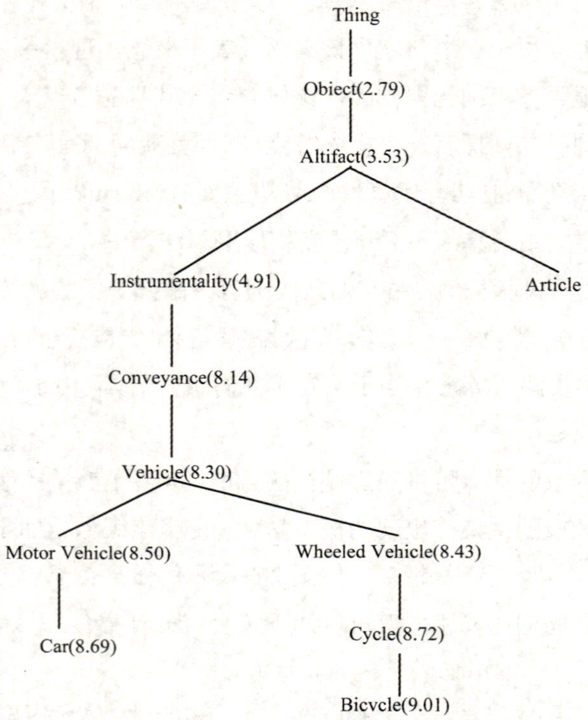

图 2-6　概念信息容量示意图

3）改进的语义相似度算法

概念相似度计算是领域本体映射中的一个“瓶颈”问题，本书提出了一个领域本体中基于多维特征的语义相似度算法，该算法综合了本体概念的语义距离特征、本体概念的语义信息内容特征和概念的属性特征，并且本体概念语义特征的结合采用了非线性的组合方式。将该算法应用于已建立的电子商务本体和物流本体的映射系统中，取得了较好的概念匹配结果。

在不同领域中概念可能使用不同的术语。当两个本体需要交流或交换信息时，它们必须事先达成一致，也就是必须在两个不同领域的本体间实现映射。例如，在电子商务与现代物流系统的集成中，信息资源之间存在着语义的区别，两个异构的电子商务本体和物流本体之间概念的映射就显得非常重要。本体间的语义映射过程实际上是将一个本体中的概念、属性和关系映射为另一本体中的概念、属性和关系的过程，是本体间概念和关系取得一致性的一个规范说明。本体映射算法以两个本体作为输入，然后为这两个本体的各个元素（概念、属性或者关系）建立相应的语义关系。相似性提取是本体映射的一个重要步骤，它主要是进行概念相似度的计算，并产生一个概念的相似矩阵。当其相似度大于某个阈值时，就认为这两个概念之间存在一定的映射关系。

（1）融合语义距离和语义信息的概念相似度算法。从传统的语义相似度算法中分析可知，概念间的语义相似度不仅由概念间的路径长度确定，而且也应由概念的深度和概念的信息量确定。基于语义距离的方法仅考虑了路径长度的概念深度特征，而基于信息容量的方法仅利用了来自语料库的信息，考虑了概念的局部信息密度。

因为语义相似度受概念的路径长度、概念深度及概念信息的综合影响，本书综合考虑这些方面的因素，提出新的语义相似度算法。该算法主要分为如下部分。

① 概念的路径长度对相似度的影响。概念的语义相似度受概念的路径长度的影响，主要表现为路径长度越大，其相似度就越小；相反，路径长度越小，其相似度就越大。当路径长度为 0 时，其相似度为 1；当路径长度相当大时，其相似度为 0。研究表明，将相似度看作路径长度的非线性函数比较合理。本书将概念相似度看作路径长度的单调递减函数。

$$\mathrm{sim}(c_1,c_2)=\mathrm{e}^{-\alpha l} \tag{2-9}$$

式中，l 为两概念间的最短路径长度，α 是调节因子，指数函数的选择是确保相似度值在 0 和 1 之间。

② 概念深度及概念的信息容量对相似度的影响。在一个本体中，处于本体树中较上层的概念具有一般性的语义，概念间的相似度比较低；相反，处于较低层的概念具有比较具体的语义，概念的相似度较高。

概念信息容量的计算可以通过统计的方法，准备足够量的领域资料，一个概念在该特定领域的文集中出现的概率越大，说明该概念越抽象，它所携带的信息容量就越少；反之，信息容量就越多。

Resnik 相似度算法既考虑了概念的深度信息，也考虑了概念的信息容量。

本书中概念的深度及信息容量对相似度的影响采用 Resnik 的计算方法。

$$\mathrm{sim}(c_1,c_2)=\mathrm{IC}(\mathrm{lso}(c_1,c_2))=-\log p(\mathrm{lso}(c_1,c_2)) \quad (2\text{-}10)$$

式中，IC 指信息容量，lso 和 p 的含义同式（2-5）。

③ 基于概念语义信息的概念相似度算法。已知，概念的相似度随概念的深度和信息容量的增加而增加。因此，本书考虑将概念的深度信息和信息容量对相似度的影响采用单调递增函数来体现。由于概念的语义相似度值处于 0 和 1 之间，本书选取了指数函数。基于概念语义信息的概念相似度计算方法为

$$\mathrm{sim}(c_1,c_2)=\mathrm{e}^{-\alpha l}\mathrm{e}^{-\beta(IC_{\max}-IC(\mathrm{lso}(c_1,c_2)))} \quad (2\text{-}11)$$

式中，$\mathrm{e}^{-\alpha l}$ 代表两概念的最短路径对相似度的影响，$\mathrm{e}^{-\beta(IC_{\max}-IC(\mathrm{lso}(c_1,c_2)))}$ 代表概念的深度和信息容量对相似度的影响，β 为调节因子，$IC_{\max}$ 的选取是为了使概念相似度处于 0 和 1 之间。

（2）基于多维特征的语义相似度算法。本书中提出的基于多维特征的语义相似度算法综合考虑了概念的语义信息，如概念的深度特征、概念的长度特征、概念的信息容量特征和概念的属性特征。概念的属性对概念的描述具有十分重要的作用：如果两个概念的属性都相同，那么这两个概念是相同的；如果两个概念具有相似的属性，那么这两个概念也是相似的。

① 概念语义的初始相似度。概念语义的初始相似度是对概念相似度的一个预定值，通过概念在本体中的上下位关系信息来体现，可按式（2-11）计算。

② 概念属性的语义相似度。本体中的每个概念也可用它的属性特征描述，本体中所有概念的属性特征可以组成一个集合：$\{P_1, P_2, \cdots, P_n\}$，本体中的概念及其属性可形成一个概念-属性矩阵 $X(m,n)$。第 i 行第 j 列的元素 x_i，j 代表概念 i 的第 j 个属性。假设两个概念具有相似的属性，则这两个概念可能是相似的。考虑到概念的属性对概念的描述能力是不同的，因此，在计算两个概念的语义相似度时，分别计算这两个概念在同一个属性 P_j 上的语义相似度 S_j，然后确定 S_j 的权重 W_j。根据式（2-12）计算两个概念的语义相似度。

$$\mathrm{sim}_p(c_1,c_2)=\sum_{j=1}^{n}S_jW_j \quad (2\text{-}12)$$

式中，S_j 可根据改进的语义相似度算法来计算。

③ 综合的语义相似度算法。综合子概念的语义信息相似度和属性的语义

信息相似度，我们概念的语义相似度定义为

$$\mathrm{sim}(c_1,c_2)=k\cdot \mathrm{sim}_c(c_1,c_2)+\lambda\cdot \mathrm{sim}_p(c_1,c_2) \tag{2-13}$$

式中，k 和 λ 为权重因子，$0<k,\lambda<1$，$k+\lambda=1$，k 和 λ 具体取值由应用确定。

2.2 中文本体语义映射与集成技术

2.2.1 电子商务语义映射与集成系统框架模型

在进行企业信息系统语义集成的体系结构设计之前，首先要进行语义集成策略选择。下面先对语义集成策略选择进行分析，然后在此基础上，设计分布式环境下企业信息系统语义映射与集成查询的框架模型。

1．语义集成策略的选择

从体系结构上看，在语义集成问题中，集成策略有 3 种：单本体结构集成策略、多本体结构集成策略和混合本体结构集成策略。单本体建立在公共词汇的基础上，表达了紧密联系的语义，但面对开放的应用环境，单本体缺乏足够的灵活性，不能适应本体数据源的动态变化。多本体和混合本体正是为了适应这一变化而提出的。而混合本体相对多本体，由于有全局本体作为公共概念的参照，更容易支持本体的进化和维护。

由上面讨论的 3 种本体部署结构的优缺点对比分析，选择混合本体结构集成策略，即本体层包括了一个全局本体，各个数据库的局部本体，以此为基础实现企业信息系统的语义级别上的集成。

2．系统框架层次

基于资源本体的语义映射与集成系统框架模型结构包括 4 层，从下到上分别为资源层、知识抽取层、知识解析层和语义服务层，如图 2-7 所示。

（1）底层资源层：由领域内的分布式异构关系数据库构成，具体是各个企业内部数据信息源，是本系统的底层基础。该层用于进行半自动抽取局部资源本体，以及实现语义查询的最后针对底层数据资源的查询步骤。

（2）知识抽取层：包括对局部资源本体的半自动抽取模块，局部本体标准化生成一系列的视图数据表和基于电子商务语义词典，以及 WordNet 的全局资源本体和局部资源本体的映射模块。

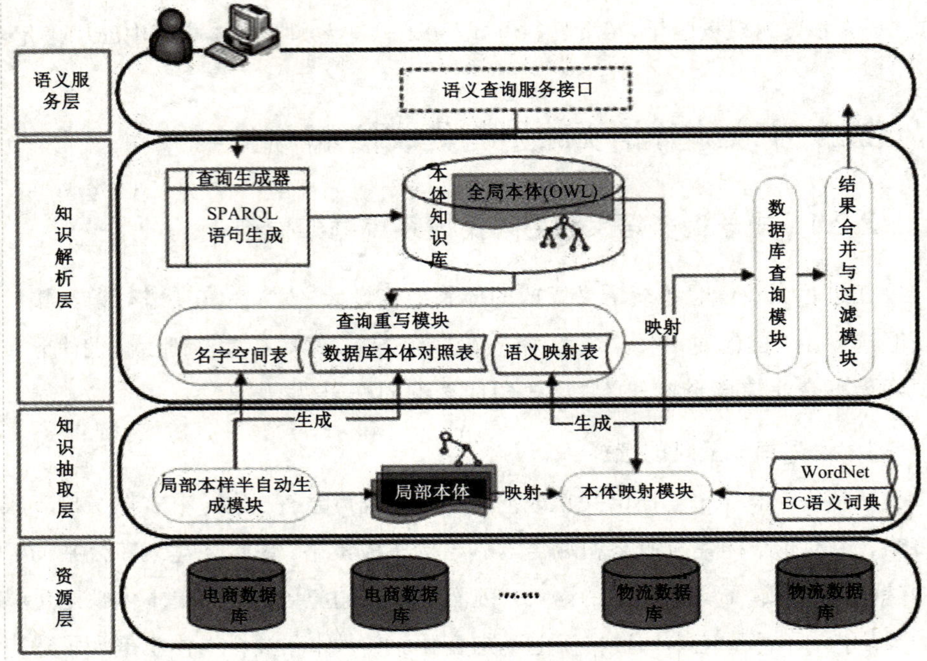

图 2-7　基于资源本体的语义查询系统架构图

（3）知识解析层：包含一系列的语义查询过程模块、对全局资源本体进行 SPARQL 查询的查询生成器，领域专家建立的领域全局本体知识库、查询重写模块、数据库查询模块和结果合并与过滤模块。语义查询模块是系统的核心部分，它一方面通过语义查询接口获取客户提交的基于本体词汇的语义查询及返回基于本体词汇的语义查询结果；另一方面进行语义查询重写，提交一系列对关系数据库的 SQL 查询给关系数据库查询引擎进行处理，以及获取关系数据库查询结果进行语义包装处理。

（4）语义服务层：是语义查询查询的接口，是与客户交互的系统界面。

3．系统的各个模块及其功能

（1）语义查询服务接口。系统的语义查询接口即为客户提交查询语句，是与语义查询系统交流的界面。界面的左边是基于本体类及其层次关系的导航子界面，它为客户提供了对本体的概念查看及查询的分类入口；右边是条件查询子界面，它在客户选择导航查询中的某个概念后，给出基于该概念的条件查询子界面，便于客户指定更加精确的查询条件。条件查询子界面包括全局本体查询、语义映射表查询和数据库查询 3 个子窗口，分别提供语义查询流程中的不同查询结果，并且供客户选择下一步查询条件。

（2）局部本体半自动生成模块。该模块通过一种经过改进的从关系型数据库中半自动抽取本体方法，从企业之间的分布式异构数据库的大量数据资源中抽取出局部资源本体，并将其进行规范化处理。本体是领域内的规范的语义参考模型，因此，这个模块是建立数据库和局部本体之间的标准化语义映射关系，即局部资源本体，建立起整个系统运行的底层本体知识库，是到整个语义查询系统的基础。

（3）本体映射模块。该模块基于 WordNet 和行业语义词典，将全局本体和各局部本体的概念和属性进行基于概念、属性及实例的语义相似度、语形相似度的综合计算。之后把生成的一系列结果数据表存在名字空间表、数据库本体对照表和语义映射表这三大系统数据表中以供查询之用。本体映射结果的精确度直接影响着语义查询的效果，是十分重要的模块。

（4）查询生成器。查询生成器负责接收客户由语义查询界面提交的概念查询请求，并根据全局本体库中全局本体定义的概念信息将客户请求实例化为内部统一的、可识别的全局 SPARQL 查询语句。这是一个重要的承接模块，一方面要对 SPARQL 进行解析，完成到全局本体库中的概念查询；另一方面要对本体树进行搜索遍历，并利用本体蕴含的语义规则获取隐含的信息，反馈给客户，以供客户选择进一步想要查询的信息。

（5）查询重写模块。查询重写模块主要负责接收查询生成器传递的全局本体的查询结果，以此为查询条件，进行语义查询重写，即分解为查询 3 个表（语义映射表 mappingresults、数据库与本体关联表 mapping、名字空间表 namespace）的查询语句。这 3 个表分别是由本体映射模块和局部本体生成模块生成的。查询重写过程如下：

① 结合语义映射表进行查询重写，调用映射规则中全局资源本体和局部资源本体的对应关系分析局部资源本体定义信息，包括局部本体和全局本体相

似度较高的概念和属性，查询一对一和一对多的情况，以及和对应的局部资源本体的名称。

② 根据关联表和名字空间表确定要查询的领域分布式数据源，以实现对分布式数据库的查询。

（6）数据库查询执行模块。数据库查询执行模块负责接收查询重写模块对系统数据库的数据表查询后得到的各异构数据库信息和查询条件，然后通过本体的语义扩展，根据 SQL 查询重写构造 SQL 子查询语句，提交 SQL 子查询到分布式关系数据库 DBMS 上完成查询，得出最终的查询结果。

（7）结果合并过滤模块。结果合并过滤模块通过包装器实现对各个异构数据库的查询访问，获取结果集。这些结果集包含分布式数据库的查询结果，由数据库中的行数据构成。本模块对查询结果集进行相似度计算，并基于相似度对查询结果消重，以实现查询结果的聚合和过滤无效结果集。

2.2.2 基于本体的语义查询流程

基于本体的语义查询在系统中起着十分重要的作用，是系统的核心部分。它一方面通过查询生成器接收客户由语义查询界面提交的概念查询请求，并根据全局本体库中全局本体定义的概念信息将客户请求实例化为内部统一的、可识别的全局 SPARQL 查询语句。另一方面通过查询分解模块接收查询生成器传递的全局本体的查询结果，以此为查询条件，进行语义查询重写，即分解为查询 3 个表（语义映射表 mappingresults、数据库与本体关联表 mapping、名字空间表 namespace）的查询语句。然后通过数据库查询执行模块接收查询重写模块对系统数据库的数据表查询后得到的各异构数据库信息和查询条件，进行本体的语义扩展，根据 SQL 查询重写构造 SQL 子查询语句，提交 SQL 子查询到分布式关系数据库 DBMS 上完成查询，并进行对查询结果集的相似度计算和过滤，得出最终的查询结果。

在上述语义查询理论和目标的基础上，考虑到语义查询重写实现的难度和复杂性，给出了以下语义查询步骤中需要用到的一些基本定义。

定义 2.1 给定数据库 D 和在数据库 D 上定义的视图集合 $V=\{V_1,V_2,\cdots,V_n\}$，对数据库 D 的查询 q，如果存在查询 q_i，其中 q_i 至少查询了视图集合 V 中的一个视图，而 q_i 的查询结果和 q 在数据库中的查询结果一致，则称 q_i 是 q 的**查询重写**。

定义 2.2　语义映射表 mappingresult 是全局本体与各局部本体进行语义映射后生成的数据表，存在于系统主数据库中，其包括的内容可以用以下元组表示：

$$T_{\text{mappingresult}} =< O_d, C_g, P_g, C_d, P_d > \quad (2\text{-}14)$$

说明：

O_d 是局部本体的名称。

C_g，P_g 是全局本体的概念和属性，是客户在全局本体查询之后所选择的变量以便进行下一轮查询。

C_d，P_d 是全局本体概念 C_g 和属性 P_g 所对应的局部本体的概念和属性。

通过对语义映射表的查询可得到结果集 $R(O_d, C_d, P_d)$。

定义 2.3　名字空间表 namespace 是在系统从数据库半自动抽取局部本体时生成的一个数据表，存在于系统主数据库中，其包括的内容可以用以下元组表示：

$$T_{\text{namespace}} =< O_d, \text{NS}_d(\text{IP}, \text{Type}, D_n) > \quad (2\text{-}15)$$

说明：

O_d 是局部本体的名称。

NS_d 是局部本体的名字空间，是系统在从数据库半自动抽取局部本体时自动生成，并分别保存在局部本体和数据库中。解析名字空间可以得到数据库的 IP、类型 Type 和数据库名 D_n。

定义 2.4　数据库与本体对应表 mapping 是在系统从数据库半自动抽取局部本体时生成的另一个数据表，存在于系统主数据库中，其包括的内容可以用以下元组表示：

$$T_{\text{mapping}} =< O_d, C_d, P_d, T, F > \quad (2\text{-}16)$$

说明：

O_d 是局部本体的名称。

C_d，P_d 是局部本体的概念和属性。

T，F 是局部本体对应的数据库的表名和字段名。

通过对 $T_{namespace}$ 和 $T_{mapping}$ 两个表的查询可得到结果集 $R(IP,Type,D_n,T,F)$。

基于以上几个定义，本节给出了基于本体的信息语义查询流程，流程分为 3 部分：第一部分是基于 SPARQL 的全局资源本体查询，即在全局资源本体中执行的查询计划；第二部分是基于本体映射的查询分解，即通过对一组数据表的查询计划提取出所需要的分布式数据库信息和查询计划；第三部分是局部查询 SQL 语句构造，即构造 SQL 查询语句。对分布式数据库进行查询之后，把所有符合客户要求的查询结果进行基于相似度的过滤和聚合，组成最后返回给客户的结果。语义查询算法需要用到本体论模型、语义映射和数据库资源等元信息。

语义查询的执行流程如图 2-8 所示。

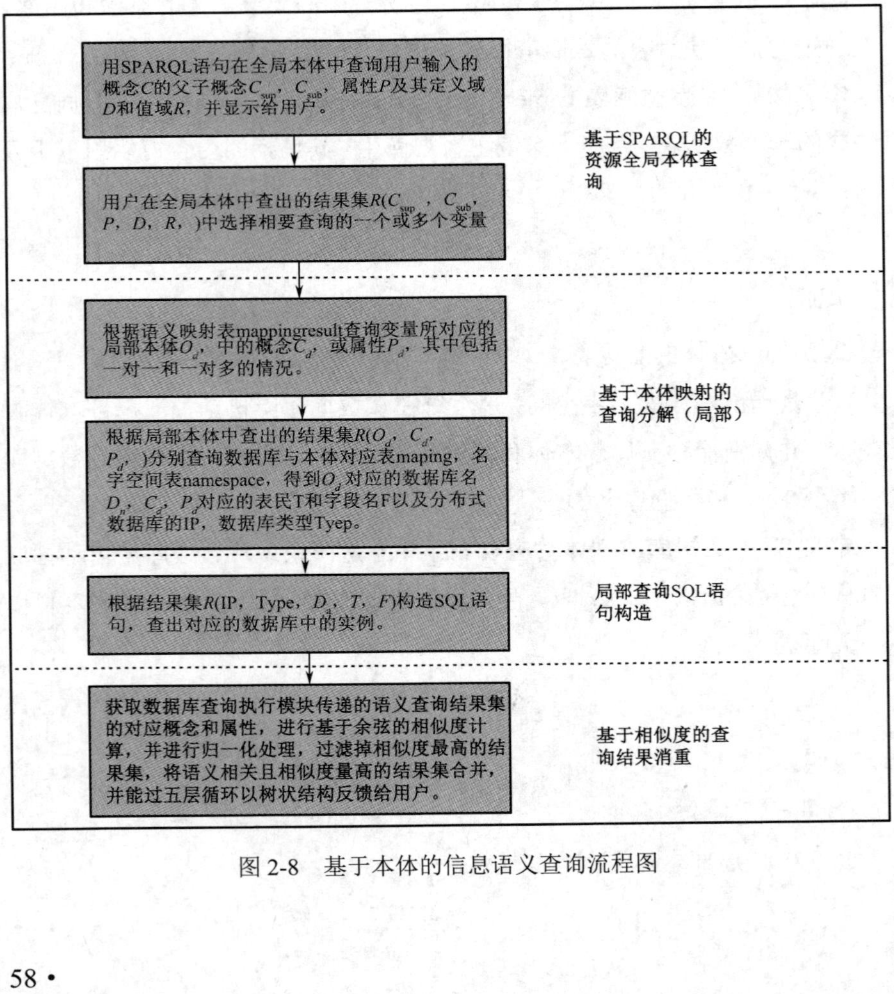

图 2-8　基于本体的信息语义查询流程图

2.2.3　语义集成查询关键技术

1．基于 Protégé 和 Jena 的本体开发技术

我们选择使用 Protégé 作为全局本体的编辑工具。Protégé 是斯坦福大学开发出的本体开发工具，是现在应用最广泛、功能最全面的一个本体编辑工具。Protégé 提供的是图形化和交互式的本体设计环境，是一个可扩展的知识模型，工程师可以按自己的需求添加适当的插件到 Protégé 插件库。在 Protégé 中，本体结构以树形层次目录结构显示，客户可以通过单击相应的项目来增加或编辑概念、子概念、属性、实例等。Protégé 支持多重继承，并对新数据进行一致性检查，具有很强的可扩展性。使用 Protégé 建立的全局本体的界面如图 2-9 所示。

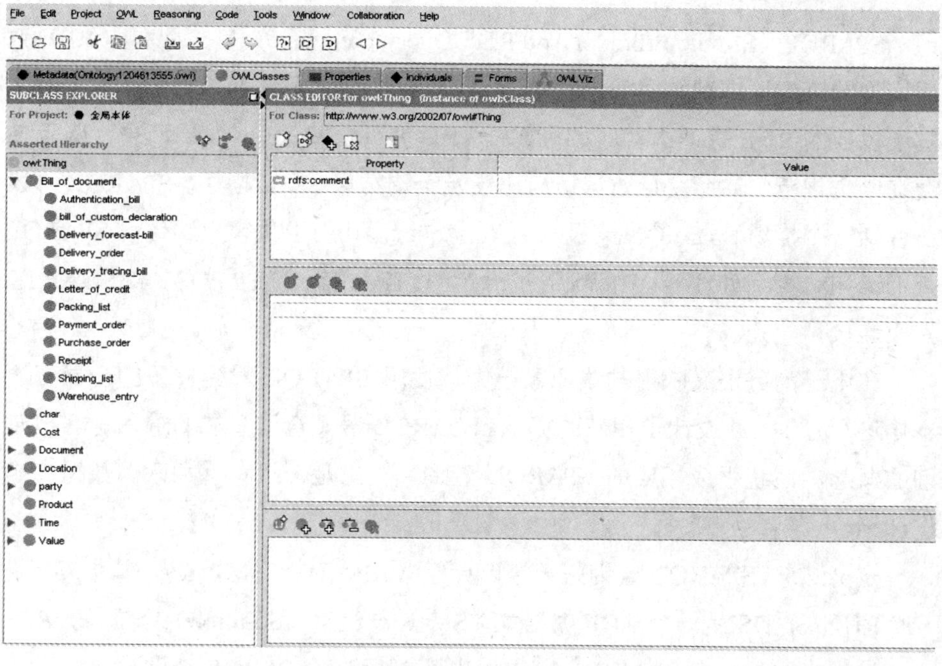

图 2-9　基于资源本体的语义查询系统架构图

2．基于 Jena API 的本体集成

Jena 是由惠普实验室语义 Web 小组以 Java 语言开发的一个开源的用来构建语义网应用的 Java 框架。它为 RDF、RDFS、OWL 和 SPARQL 等多种本体语言提供了编程环境，并且包含一个基于规则的推理机。目前大多数 RDF/S、

OWL 编辑器都使用 Jena 作为分析器，这使得 Jena 成为语义应用程序开发领域应用最多的 API。Jena 对应用程序就像 Protégé 对程序员，程序员使用 Protégé 操作本体，应用程序则是使用 Jena 来做同样的工作。

对 OWL 本体，Jena 提供了统一的编程接口，扩展了 RDF 的 Model 类成为 OntModel 类，但其原理和 Model 类还是一样的，模型中存储的都是 RDF 图。

Ontology Model 是 Ontology 子系统处理的基本对象，通过 Ontology Model 可以读取以各种结构存储的 Ontology 数据，并可以对 Ontology 的类、属性、实例等元素进行操作、处理和一致性检查。

3. 基于 SPARQL 和本体映射的语义查询技术

1）基于 SPARQL 的全局本体查询

SPARQL（Simple Protocol And RDF Query Language）是一种面向 RDF 数据模型的查询语言和数据访问协议，是 W3C 指定的候选推荐标准。SPARQL 基于以前的 RDF 查询语言（如 rdfDB、RDQL 和 SeRQL）发展而来，其包括查询语言规范、SPARQL 数据访问协议及查询结果 XML 格式。SPARQL 协议还包括一个接口 SparqlQuery 及唯一操作 query，其用于从客户端传送 SPARQL 查询语句给查询处理器，中间则通过绑定 HTTP GET、HTTP POST 和 SOAP 1.2 完成连接。

在电子商务语义映射与集成系统中，使用 SPARQL 对建立好的全局资源本体进行查询，并设计了相应的算法。SPARQL 语义查询算法的输入是客户查询的概念，系统生成相应的 SPARQL 查询，输出是一组相互关联的数据库操作计划。

定义 2.5　SPARQL 查询是一个四元组（GP，DS，SM，R），其中 GP 是一个图模式，DS 是一个 RDF 数据集，SM 是一组解（Solution）修饰符，*R* 是一个结果格式，一个 SPARQL 查询的图模式被称为 SPARQL 查询模式。

基于 SPARQL 的全局本体查询是将客户从语义查询接口提交的原始查询概念写入 SPARQL 语句对系统中的全局本体进行查询。在 SPARQL 查询重写过程中，需要在原始查询的基础上添加一些新的查询信息，以供客户选择与欲查询概念相关的父子概念或属性，并支持后面的跨库查询优化。

SPARQL 查询本质上是一个图的查询，只是采用了三元组的表达形式：(*S*，*P*，*O*)。*S* 是主语，*P* 是谓词，*O* 是宾语，且 *S*、*O* 这两个部分可以用变量代替。SPARQL 查询 RDF 数据时，主要通过基于三元组的匹配来进行，在匹配的过程中确定查询变量的值。从表现形式来看，客户提交的查询条件多种多样，但从其查询本质来看，客户查询条件可以归类为系统所预定义的几类查询模式。

SPARQL 本体查询中有两种类型的三元组：一种是（子概念 rdfs：subClassOf 父概念），它表达了父子概念之间的关系；第二种是（本体属性 rdfs：domain 本体概念）和（本体属性 rdfs：range 本体概念），它表达了对本体属性值、属性的定义域值域的查询。在 SPARQL 查询重写中，正是利用这两种类型的三元组来确定所有的本体变量的。与 SQL 类似，SPARQL 查询的结果变量都放在 select 子句中，必须保存这些变量并显示给客户，被客户选择的变量将参与下一步查询。

基于 SPARQL 的全局本体查询重写算法如下。

输入：客户提交的语义查询 *Q*

输出：全局本体查询结果集 $R(C_{sup},C_{sub},P,D,R)$

Begin

Step1：获取客户提交的语义查询 *Q*，初始化一个语义查询实例；

Step2：从 *Q* 中获取客户所要查询的类 *C*，并将其作为查询对象加入到基于中 SPARQL 的全局本体查询中；

Step3：用系统构造的 SPARQL 语句对该全局本体中的所有的三元组进行查询；

Step4：查出该概念 *C* 所有的父概念 C_{sup}、子概念 C_{sub}，以及所有相关的属性 *P* 及属性的值域 *R*，定义域 *D*；

Step5：把查询结果集 $R(C_{sup},C_{sub},P,D,R)$显示在系统界面上，供客户选择下一步查询目标，以便生成下一步查询计划。

End

2）基于本体映射的查询分解

查询分解即语义查询重写，是将前一阶段生成的 SPARQL 查询转换为一系列的 SQL 语句和数据库事务。基于本体映射的查询分解，则是根据本体映射模块生成的语义映射表 mappingresult 进行的查询重写。

Ehrig 给出了本体映射的定义：本体映射是指有两个本体 A、B，对于 A 中的每个概念（属性），程序员试图在本体 B 中为它找到一个语义相同或相近的对应概念（属性），即建立本体 A、B 中概念（属性）的语义关联，对于概念 B 中的每个概念或节点也是如此。

Ehrig 也给出了一个形式化的本体映射函数 $\text{map}: O_{i1} \to O_{i2}$：

$\text{map}(e_{i1j1}) = e_{i2j2}$，如果 $\text{sim}(e_{i1j1}, e_{i2j2}) > t$

说明：

$\text{sim}(e_{i1j1}, e_{i2j2})$ 是实体 e_{i1j1} 和 e_{i2j2} 的相似度，t 是阈值，表示将本体 O_{i1} 中的实体 e_{i1j1} 映射到本体 O_{i2} 中的实体 e_{i2j2}，二者在语义上是等价的。

本体映射功能模块就是为了实现这样的功能。本体映射功能模块是语义集成系统的一部分，在一定的映射策略和匹配方法的基础上建立两个本体概念（属性）之间的语义关联，从而实现语义集成。

在本系统中，本体的映射包括全局-局部映射、局部-局部映射，其中全局-局部映射实现全局本体与各局部本体概念（属性）的匹配，局部-局部映射实现各局部本体之间概念（属性）的匹配。

在进行语义映射时，系统生成语义映射表并存储列系统主数据库中。表 2-1 所示是系统主数据库中语义映射表 mappingresult 的结构，其中 GlobalOnto 行存储全局本体中的概念(属性)；C_1、C_2、C_3 行存储某一局部本体中与 GlobalOnto 行的概念相匹配的概念（属性），如果 C_2、C_3 不为空，则表示是一对多关系，即全局本体中的属性匹配这个局部本体中的多个属性；Category 列表示映射的种类，C 表示概念间的映射，P 表示属性间的映射；LocalOntoName 存储局部本体的名称。

表 2-1　语义映射表 mappingresult 的结构

字 段 名	别　　名	类型（长度）	取值范围与含义	键字否	可空否
id	编号	Int(10)	自增长的标识	是	否
GlobalOnto	全局本体名	*Vc*(100)	包括名字空间的全局本体名		否

（续表）

字段名	别　名	类型（长度）	取值范围与含义	键字否	可空否
C_1	局部本体概念 1	$Vc(100)$	局部本体与全局本体概念 1 相似度较高的概念 1		否
C_2	局部本体概念 2	$Vc(100)$	局部本体与全局本体概念 1 相似度较高的概念 2		
C_3	局部本体概念 3	$Vc(100)$	局部本体与全局本体概念 1 相似度较高的概念 3		
Category	类别	$Vc(200)$	区分概念和属性的字段		否
LocalOntoName	局部本体名	$Vc(10)$	与全局本体进行映射的局部本体名		否

下面给出基于本体映射的查询分解算法。

输入：客户在结果集 $R(C_{\sup}, C_{sub}, P, D, R)$ 选择一个或多个变量，

输出：查询结果集 $R(\text{IP},\text{Type},D_n,T_n,T,F)$。

Begin

Step1：客户将所需查询的分布式数据库的 IP 和数据库名等信息输入局部本体半自动生成系统，系统将抽取出局部本体 O_d，并生成名字空间表 namespace，其中保存了局部本体的名字空间和对应数据库的信息；

Step2：系统同时生成数据库与本体对应表 mapping，其中保存了局部本体的概念和属性与分布式数据库的表名和字段一一对应的信息；

Step3：客户选择全局本体 O_g 和需要映射的局部本体 O_d，在语义映射系统中进行映射操作，分别进行概念的映射和属性映射，最好将映射结果保存在语义映射表 mappingresult 中；

Step4：客户在进行基于 SPARQL 的全局本体查询后，选择所需查询的变量值，进行下一步查询；

Step5：系统根据语义映射表 mappingresult 查询客户指定的变量，得出局部本体 O_d 与全局本体匹配的概念 C_d 或属性 P_d，其中包括一对一映射和一对多映射的情况；

Step6：根据局部本体中查出的结果集 $R(O_d, C_d, P_d)$ 分别查询数据库与本体

对应表 mapping，名字空间表 namespace，得到 O_d 对应的数据库名 D_n，C_d，P_d 对应的表名 T 和字段名 F，以及分布式数据库的 IP，数据库类型 Type。

Step7：最后得到结果集 $R(\mathrm{IP},\mathrm{Type},D_n,T_n,T,F)$，系统将结果集的值显示在界面上，供客户选择所需查询的值，以便进行下一轮查询。

End

在这个算法中，Step1 和 Step2 是本体半自动生成时要完成的一个步骤，Step3 是语义映射时要完成的步骤，这 3 步都是基于本体映射的查询分解的基础。后面的几个步骤是针对前 3 步生成的 3 个系统表的查询，并将得到的结果集传递给客户。

3）局部查询 SQL 语句构造

SPARQL 语句不能直接从关系表中查询得到数据，而 SQL 语句可以。实现对分布式数据库的查询，应当充分利用关系数据库已经非常成熟的查询处理功能，即 SQL 语言。但是半结构化的本体与结构化的关系数据有着极大的差别，因此，我们使用一系列查询分解和查询重写的方法实现对全局本体和 3 个系统数据表的查询，随后系统将进行局部查询的 SQL 语句构造，提交 SQL 到分布式关系数据库 DBMS 上完成查询，得出最终的查询结果。

在进行局部查询的 SQL 语句构造时，需要满足如下要求：

（1）查询转换的正确性。对于一个语义查询和已转换后生成的 SQL 查询，应该实现相同的功能，SQL 所得到的查询结果正是语义查询所期望的。

（2）查询转换完全性。要求所有的语义功能都由对应的 SQL 语句来实现。

（3）查询效率。查询效率有两方面的因素要考虑：一是局部查询构造 SQL 的转换效率，与转换方法本身的复杂度直接相关；二是转换生成的 SQL 语句的查询执行效率，与转换方法和映射方法都相关，这是因为关系表的物理存储结构直接影响到 SQL 查询操作的执行过程，其中所涉及的 SQL 连接操作数量是一个尤其重要的因素。

（4）对关系查询引擎的利用程度。局部查询 SQL 语句构造的目的之一就是要将语义查询处理的功能分解，充分利用关系数据库成熟的查询引擎功能，达到降低问题难度及提高处理效率的效果。最理想的情况是将语义查询功能都由 SQL 查询实现，那么需要另行处理的工作就极少了。

基于以上要求，我们提出局部查询 SQL 语句构造算法如下。

输入：客户从结果集 R(IP,Type,D_n,T_n,T,F)选择需要进一步查询的变量。

输出：分布式数据库的最终查询结果。

Begin

Step1：根据前文基于本体映射的查询分解得到的结果集 R(IP,Type,D_n,T_n,T,F)，编写 Java 程序取出分布式数据库的 IP，数据库的类型 Type、数据库名 D_n、数据表名 T、字段名 F。

Step2：在 eclipse 中的项目源程序下构造实体 DBEntity，将 Step1 得到的各变量存入实体。

Step3：构造 5 个实体类：DbipNode、DbnameNode、DbtableNode、DbcolumeNode、DbdataNode，分别代表数据库的 IP、数据库名、数据库表名、字段名和数据。

Step4：构造循环从实体 DBEntity 中依次取出 IP、Type、D_n、T_n、T，F，各变量存入 Step3 建立的各个实体类中，通过 IP，Type，D_n 连接到制定的分布式数据库上，再依次取出构造成 TreeViewer 的各层节点。

Step5：最后一层数据节点即构造 SQL 语句 select F from T。由此就完成了对数据库实例的查询。

End

以上算法流程查出对应的数据库中的实例，进行结果的聚合，并通过 5 层循环以树状结构反馈给客户。

4）基于相似度的查询结果计算

项目组通过 3 部分查询重写实现语义查询的功能，最后得到的结果集是分散在各分布式数据库中的，这就需要对分散的实例进行分析、过滤、聚合和消重。

一种简单的办法就是把各个数据源的结果集传输到某个数据源，然后再进行一次联结操作。

另一种方法是把查询的结果看成一个被纵向切片的分布式数据表，每一个数据源上的结果集只包含整个结果集的若干列。利用主键表，关键是当主键表被传回到各个数据源与原来的单表进行联结操作的时候，必须是外连接而且保证结果集的顺序与主键表原来的顺序是一致的。这样分布在各个数据源的部分结果集的记录顺序也是一致的，当调用者需要获取整个结果集的第 N 条记录时，到各个数据源分别获取第 N 条记录合并。

第一种方法的弊端是十分明显的，把分布在各个数据源的结果集进行二次传输必然导致巨大的网络流量开销。这样系统所造成的性能影响将很可能抵消跨库查询优化所带来到的性能提高。而第二种方法算法只是进行外连接操作，没有对结果集进行分析、过滤和消重。本书提出了基于相似度计算的查询结果消重的方法。

定义 2.6 给定任意两个结果集 $R_1(r_1,r_2,\cdots,r_n)$ 和 $R_2(s_1,s_2,\cdots,s_n)$，它们中间存在着普遍相互关联的一个尺度，用 $\mathrm{sim}(R_1,R_2)$ 来表示，称之为查询结果相似度。在语义查询中，它们一般表示在分布式数据库中查询的结果集，需要进行相似度计算之后进行过滤和聚合。

在计算查询结果相似度时，项目需采用基于余弦的相似度计算和基于本体的相似度计算，下面就分别对这两种方法的相似度计算策略和相似度计算算法进行讨论。

（1）基于余弦的相似度计算。基于余弦的相似度计算方法被普遍运用于计算向量之间的相似度。用这种方法计算，把这两个结果集 R_1 和 R_2 看成结果集空间上的两个向量。相似度的计算就是计算代表这两个结果集的向量夹角的余弦。

一般，根据余弦相似性，结果集 R_1 和 R_2 相似度的计算公式为

$$\mathrm{sim}(R_1,R_2)=\cos(\overline{R_1},\overline{R_2})=\frac{\overline{R}_1\cdot\overline{R}_2}{\left|\overline{R}_1\right|\times\left|\overline{R}_2\right|} \tag{2-17}$$

式中，$\overline{R}_1\cdot\overline{R}_2$ 表示两个向量的数量积；$\left|\overline{R_1}\right|$ 和 $\left|\overline{R_2}\right|$ 分别是向量 R_1 和 R_2 的模。

（2）基于本体的相似度计算。由于这些结果集是属于各分布式数据源的，

而这些数据源被抽取成了局部本体。局部本体中的概念、属性和实例分别对应着分布式数据库的表名、字段名和结果集。因此，对于查询结果集相似度的计算可以归结为计算实例所对应的本体概念和属性的相似度。

在基于本体的相似度计算中需要考虑以下几个因素。

① 语义重合度：语义重合度是指本体内部概念之间包含相同上位概念的个数。语义重合度表明了两个概念间的相同程度。在实际计算中，可以转化为公共节点的个数。若用 $a(x)$ 代表从 x 节点上溯到根节点的节点数，则可用 $a(x)\cap a(y)$ 来表示 x，y 两个概念之间的语义重合度。随着概念的语义重合度增加，概念间的相似度也增加。两个概念之间的语义重合度越高，其相似度越大。

② 语义距离：两个概念之间的语义距离是指在本体图中连接这两个节点的通路中的最短路径所跨的边数。本书用 $\text{Distant}(R_1, R_2)$ 来表示结果集所对应概念之间的语义距离。一个词语与其本身的距离为 0。语义距离是决定相似度的一个基本因素。一般而言，两个词语的距离越大，其相似度越低；反之，两个词语的距离越小，其相似度越大。二者之间可以建立一种简单的对应关系，这种对应关系需要满足以下几个条件：①两个词语距离为 0 时，其相似度为 1；②两个词语距离为无穷大时，其相似度为 0；③两个词语的距离越大，其相似度越小（单调下降）。

③ 层次深度：同样距离的两个词语，词语相似度随着它们所处层次的总和的增加而增加，随着它们之间层次差的增加而减小。另外，计算两个不在同一深度上的概念间的相似度时，概念间的深度差可以基本上反映深度，也是一个重要因素。随着深度差的增加，概念间的相似度反而降低。

④ 调节因子：调节因子是指根据系统的需要，通过它来决定概念之间在本体图中深度与广度的影响，从而确定系统所需要的相似度。词语相似度是一个主观性相当强的概念，不同的应用词语，其相似度也不同。调节因子正是根据系统的需要来设计的，在计算概念之间的相似度时，可以调整调节因子的值来确定系统需要的相似度。

综合上述应该考虑的因素，提出相似度的计算公式如下：

$$\text{sim}'(x,y)=\frac{\alpha(x)\cap\alpha(y)}{\text{distan}t(x,y)*(\rho*|h_1-h_2|+1)} \quad (2\text{-}18)$$

式中，$\alpha(x)\cap\alpha(y)$——概念与之间语义重合度；$\text{distan}t(x,y)$——概念之间的语义距离，ρ——调节因子；h_1,h_2——概念对应的层次深度。通过式（2-18）可以得到符合前面提出的相关因素的要求，其计算结果取值范围为大于零的小数。下一步所做的工作是将计算结果进行归一化处理，即让相似度的取值范围为[0，1]。项目组提出的归一化公式如下：

$$\text{sim}_c(x,y)=1-\mu_0^{\text{sim}'(x,y)} \quad (2\text{-}19)$$

式中，μ_0——归一化因子，取值为大于 1 的正实数。μ_0 取值越大，计算结果趋近 1 的速度越快。

程序实现中，概念间相似度的计算过程如下：①初始化概念，设定调节因子；②计算概念间语义重合度、语义距离、层次深度差；③计算概念间的相似度；④归一化处理。

最后综合概念的语义相似度 sim(x,y)和属性的语义相似度 $\text{sim}_p(x,y)$，将它们的权重都设置为 0.5，得到实例 x 和 y 的综合相似度为

$$\text{sim}_i(x,y)=0.5\text{sim}_c(x,y)+0.5\text{sim}_p(x,y) \quad (2\text{-}20)$$

5）查询结果消重算法

根据上述相似度计算思想，基于相似度对查询结果进行消重的模块主要是应用两种相似度计算方法，计算出任意两个分布式结果集的相似度，并对其进行处理。滤掉相似度最高的结果集，并将语义相关且相似度较高的结果集合并。这样就能得到提高查询结果集的查全率和查准率。

下面给出基于相似度的查询结果消重算法。

输入：语义查询的分布式结果集 $R_1(r_1,r_2,\cdots,r_n)$，$R_2(s_1,s_2,\cdots,s_n)$

输出：语义查询最终结果

Begin

Step1：获取数据库查询执行模块传递的语义查询结果集 $R_1(r_1,r_2,\cdots,r_n)$，$R_1(r_1,r_2,\cdots,r_n)$，获取它们的对应概念和属性，初始化一个相似度计算实例。

Step2：使用式（2-17）对 R_1 和 R_2 进行基于余弦的相似度计算，计算结果

记录在系统中。

Step3：将第一步相似度计算得到的相似度较高的结果集用作参数，加入到基于本体的相似度计算中，计算其所对应的概念的相似度，即应用式（2-18）。

Step4：将计算结果进行归一化处理，即应用式（2-19）进行归一化处理。

Step5：接着计算 R_1 和 R_2 所对应的属性的相似度。

Step6：最后综合概念的语义相似度 $\mathrm{sim}(x,y)$ 和属性的语义相似度 $\mathrm{sim}_p(x,y)$，即应用式（2-20）进行概念语义相似度和属性的语义相似度的综合计算。

Step7：过滤掉相似度最高的结果集，将语义相关且相似度较高的结果集合并。

Step8：把最终查询结果集 R 提交给语义查询接口，完成查询。

End

2.3　中文本体管理技术

广义上，中文本体管理技术包括中文本体数据库存储技术和中文本体管理技术，其中中文本体数据库存储技术利用关系数据库存储 OWL 本体，设计关系表来描述本体特征和约束、刻画本体的层次和等价等关系。狭义的中文本体管理技术是设计中文本体管理系统，包含 Protégé 本体设计模块和 Jena 程序操作模块，实现本体浏览、本体修改与本体删除等相关操作。

1．中文本体管理系统的功能简述

（1）用户能够浏览整个全局本体的概念体系，以及概念之间的语义关系，同时也能方便了解本体中具体概念和属性的详细信息，同时支持对全局本体的扩展，即用户可以对全局本体进行各种编辑、添加、修改、删除概念、属性、实例，以集成适合自己的本体。

（2）用户能够同时对本体中的概念和数据实例进行检索，检索的方式可以是“关键词”检索，也可以是“导航式”检索。应支持应用程序的 SPARQL

检索，能够进行恰当的语义扩展，以提高查准率和查全率。

(3) 用户能够向系统提交自己的本体，系统通过解析用户提交的资源，可以帮助用户对自己上传的本体进行各种编辑。

2. 中文本体管理系统的结构图及模块

如图 2-10 所示，系统由底向上分为两个基本模块：Protégé 本体设计模块和 Jena 程序操作模块。

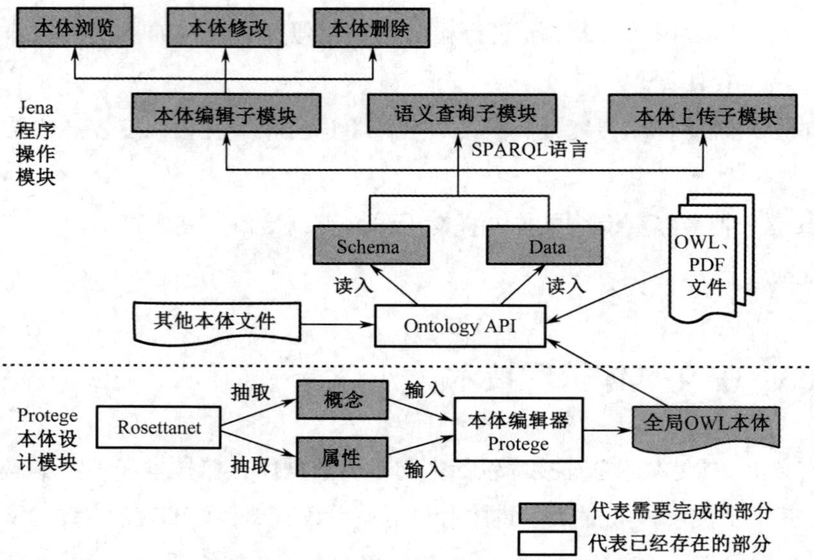

图 2-10　中文本体管理系统结构图

在 Protégé 本体设计模块中，先从 Rosettanet 标准等信息源抽取电子商务与物流交互的关键概念和对应的各种属性，然后通过手工输入本体编辑器 Protégé 中，生成全局 OWL 本体。在这个模块中，Rosettanet 标准和本体编辑器 Protégé 都有现有的工具可以直接使用，其他部分则基本需要手工抽取与输入。

在 Jena 程序操作模块中，全局 OWL 本体和其他本体文件通过 Jena 的 Ontology API 编程读入 Schema 和 Data，也就是概念、属性和实例。然后再通过 Ontology API 的各个方法，分别实现 3 个子模块：本体编辑子模块、语义查询子模块、本体上传子模块。

1）本体编辑子模块

本体上传子模块、本体编辑子模块是实现本体自定义子系统的关键，它提供了 3 种功能：本体浏览、本体修改和本体删除，使用户能够不必通过专业的本体编辑器就可以实现对全局本体进行浏览和各种编辑，如添加、修改、删除概念、属性、实例，以集成适合自己的本体。其中，本体浏览可以对符合 W3C OWL 规范的本体进行结构化、图形化显示。用户通过此功能，容易了解本体所描述领域的知识概念体系结构和具体细节内容——本体中的概念和属性，以及概念之间的关系，等等。本体修改用于用户修改自己上传的或者自己权限管理范围内的本体文件，该功能提供了对概念、属性、约束，以及实例的各方面修改，使用户能够真正实现对本体的自定义。本体删除功能则是允许用户删除自己权限管理范围内，不符合规定或者用户不满意的本体文件。

2）语义查询子模块

语义查询是数据库语义集成的最重要驱动力。用户进行数据语义查询时，不必去关注各个数据库的模式结构，只需关注所需要的数据属于哪个（些）概念，以及这些概念在本体中是怎样描述的。此系统利用本体查询语言 SPARQL 通过 Jena 的 API 编程，实现对本体的各种语义查询。SPARQL 是 W3C 推荐的语义查询语言。通过 SPARQL 语言，用户可以对所查询的数据进行非常精确的限制，从而检索结果就会越接近用户的期望。此外，检索结果是自解释的，同时也与本体的规范化描述是一致的。

3）本体上传子模块

本体上传子模块是一项扩展功能，它允许用户向系统提交自己制作的 OWL 或 RDF 本体文件，这些本体文件被上传后，又可以通过 Ontology API 的调用，实现本体编辑和语义查询等各种功能。因此，只要用户所提交的资源符合原型系统规范要求，就可以利用系统：①对自己的学科领域知识体系结构进行图形化浏览和各种编辑；②进行数据语义查询。

3. 输入与输出文件描述

如果选择用数据库输出结果，则画出其 E-R 模型及数据库结构。

Protégé 本体设计模块中，输入文件：Rosettanet 标准；输出文件：全局

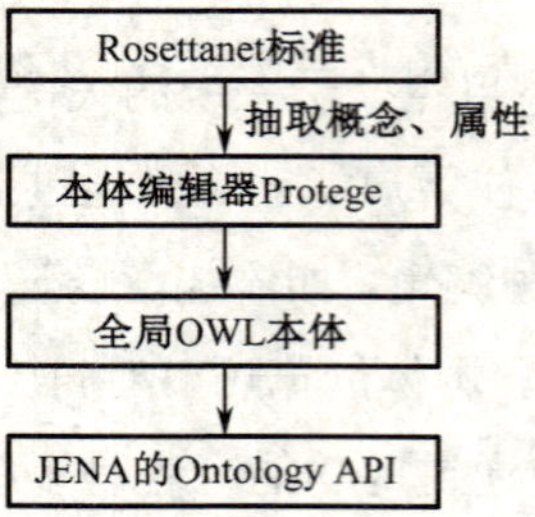

图 2-11　模块流程图

OWL 本体文件。

Jena 程序操作模块中，输入文件：全局 OWL 本体文件、其他的本体文件；输出文件：实现各种功能的 java 文件。

4. 模块流程图

如图 2-11 所示为模块流程图。

参 考 文 献

[1] Alexander Budani tsky, Graeme Hirst.Evaluating WordNet–based Measures of Lexical Seman tic Relatedness[J] .Computational Linguistics .2006 , 32(1):13-47.

[2] Liu H, Bao H, Xu D. Concept vector for semantic similarity and relatedness based on WordNet structure[J]. Journal of Systems and software, 2012, 85(2): 370-381.

[3] Mariano Fernandez lopez, Asuncion Gomez-Perez, juan Pazos Sierra, Building a Chemical Ontology Using Methontology and the Ontology Design Environment, IEEE Intelligent Systems, Jan 1999(1), 14：37-46.

[4] P Resnik. Using Inf ormation Content to Evaluat e Semant ic Similarity in a Taxonomy [C].In Proceedings of the 14th Int ernat ional Joint Conference on Arti ficial Intelligence , 1995: 448-453.

[5] T R Gruber .A Translation Approach to Portable Ontology Specifications[J]. Know- ledge Acquisition , 1993 , 5(2):199-220.

[6] 边振兴. WordNet 中概念语义相似度 IC 参数模型研究[J]. 计算机工程与应用, 2011, 47(19)：128-131.

[7] 陈杰，蒋祖华. 领域本体的概念相似度计算[J]. 计算机工程与应用，2006, 33(2): 163-166.

[8] 曹泽文, 钱杰, 张维明, 等. 一种综合的概念相似度计算方法[J]. 计算机科学, 2007, 34(3):174-175.

[9] 冯永, 张洋. 基于概念间边权重的概念相似性计算方法[J]. 计算机应用, 2012, 32(1): 202-205.

[10] 顾进广，黄屹，周毅. Mediator 模式下基于语义映射的本体融合机制研究[J]. 武汉大

学学报（理学版）, 2006, 2(1): 81-86.

[11] 黄晓涛, 李宇飞. 一种在语义网环境中的域间本体模糊映射算法[J]. 计算机工程与科学, 2006, 28(2)：77-80.

[12] 刘平峰, 朱孔真, 聂规划. 中文数字家庭语义词典的构建与应用研究[J]. 武汉理工大学学报(信息与管理工程版), 2013, 25(2): 232-235.

[13] 刘平峰, 聂规划, 陈冬林. 语义网技术在电子商务中的应用研究[J].情报杂志，2012, 31(1): 161-165.

[14] 刘平峰, 章佩璐, 陈冬林. 服务资源目录本体合并中的实例消重机制[J]. 计算机工程. 2012, 2(38): 32-35.

[15] 刘枚莲, 刘同存, 李小龙. 基于用户兴趣特征提取的推荐算法研究[J]. 计算机应用研究. 2011, 28(5): 1664-1667.

[16] 李鹏, 陶兰, 王弼佐. 一种改进的本体语义相似度计算及其应用[J]. 计算机工程与设计, 2007 , 28(1): 227-229.

[17] 李善平, 尹奇, 胡玉杰, 等. 本体论研究综述[J]. 计算机研究与发展. 2004, 41(7): l04l-1052.

[18] 聂规划, 左秀然, 陈冬林. 本体映射中一种改进的概念相似度计算方法[J]. 计算机应用, 2008，28（6）：1563-1565.

[19] 聂规划, 蒋祥杰, 陈冬林. 多源服务资源目录本体集成技术研究[J]. 武汉理工大学学报(信息与管理工程版), 2011, 33(3): 427-430.

[20] 王茜, 杨莉云, 杨德礼. 面向用户偏好的属性值评分分布协同过滤算法[J]. 系统工程学报, 2010, 25(4): 561-568.

[21] 王惠敏, 聂规划, 付魁. 领域本体中基于多维特征的语义相似度算法研究[J]. 情报杂志, 2008(10): 28-30.

[22] 王莉, 基于 Protege 的本体建模方法研究——以学位论文服务系统为例[J]. 现代图书情报技术, 2006, 10:55-59.

[23] 徐德智, 肖文芳, 王怀民. 本体映射过程中的概念相似度计算[J]. 计算机工程与应用, 2007, 43(9): 167-169.

[24] 赵英，袁莉. 基于内部网络结构的知识推荐系统设计研究[J]. 情报杂志，2012, 31(1): 161-165.

[25] 曾淑琴, 吴扬扬. 基于 HowNet 的词语相关度计算模型[J]. 微型机与应用，2012, 31(8): 77-80.

[26] 左秀然. 基于概念相似度的本体映射系统研究[D].武汉理工大学硕士学位论文, 2008.

第 3 章　用户需求语义建模与智能获取技术

3.1　用户需求语义建模

3.1.1　用户需求本体模型

用户需求具有复杂性，该复杂性的根源来自如下 3 个方面：

（1）用户对需求的表述存在着语义歧义，这种语义歧义表现在两个方面：一是用户本身对自己的需求描述不清，不知道采用什么词汇描述合适；二是词汇本身存在语义歧义，如苹果既可以指水果，也可以指苹果公司的产品品牌。

（2）用户需要的既可能是单个服务资源，也可能是多个服务资源的有序组合。比如用户在订购旅游产品时，可能只需要食宿的酒店服务，也可能是交通、住宿和景点的组合服务。

（3）用户需求在服务资源功能、属性和质量多个层次有硬约束和软约束。服务资源的描述内容包括其功能、功能属性和质量属性（具体描述模型见第 4 章），如酒店功能是住宿，其功能属性包括价格、地点、星级、设施等；质量属性包括舒适性、方便性等。用户需求的硬性约束是指用户明确指出了属性的取值范围，是服务资源必须满足的约束条件；软约束是指用户在属性取值方面的个人偏好，是用于优选服务资源的条件。

基于用户需求的复杂性，采用本体对用户的复杂需求进行建模，将用户需求表示为三元组模型<目标，约束，偏好>，其中目标的描述支持简单目标和复杂目标，简单目标与服务资源本体概念相关联，复杂目标由多个简单目标构成；约束和偏好均与服务资源本体属性相关联。该模型可以非常方便地映射为多目标规划模型，利于优化求解，其中约束为硬约束条件，偏好为软约束条件；同时也可以非常方便地将该模型和服务资源本体实例进行匹配，基于语义相似度和相关度为用户推荐更为精准的服务资源，满足用户的需求。

用户需求本体描述模型如图 3-1 所示，将用户需求表示为三元组<Goal，Constraint，Preference >，其中：

Goal 即目标，表示用户想要搜索的目标。Goal 分为两类：简单目标（SimpleGoal）和复合目标（CompositeGoal）。SimpleGoal 是不可再分的原子目标，比如一本书。CompositeGoal 用来表示用户一次需要搜寻多个目标或对某些目标有多层次均衡需求。CompositeGoal 使用 GoalConstruct 对多个目标的结构进行描述，共分为 4 类结构：其一是“And”结构，表示两个或两个以上的所有目标必须同时满足；其二是“Or”结构，表示目标之一满足就行；其三是“Sequence”结构，表示目标必须按其出现在目标列表中的顺序一个一个地实现直到全部实现或某一个目标失败为止；其四是“Prefer”结构，表示若最偏好的目标不能实现，次之的目标也可。

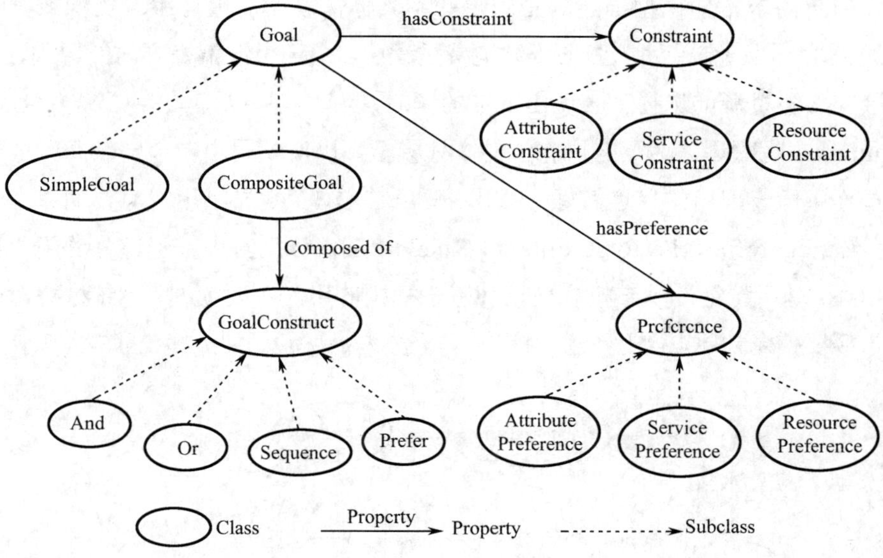

图 3-1　用户需求本体描述模型

Constraint 即约束，指明了用户要求目标必须满足的条件。约束分为 3 类：属性约束、服务约束和资源约束。属性约束表明了用户对服务资源内在属性的要求，如要求计算机内存 1GB 以上。服务约束表明了用户对服务提供商所提供的服务的要求，如要求产品必须3天内送到等。资源约束表明了用户自身在获取商品过程中所能耗费资源的限制，如讨价还价的时间，要求消费总额在2万元以内等。

Preference 即偏好，表明了用户对于目标有某些维度上的偏好。获取用户偏好后可以使用多属性效用理论来计算推荐服务资源对于用户的效用，从而帮助优化推荐结果。与约束相同，偏好也分为3类：属性偏好、服务偏好和资源偏好。属性偏好表明用户对于服务资源内在属性的偏好，比如希望计算机 CPU 速度越快越好。服务偏好表明用户对于服务提供商所提供的服务在某些维度上的偏好，比如希望送货时间越短越好。资源偏好表明用户对于获取商品过程中资源消耗的偏好，比如用户在急需得到某产品时希望讨价还价的时间短一些。

3.1.2 用户概要本体模型

用户需求本体模型描述的是用户在某具体情境中对具体服务资源或其组合的需求。用户在持续的服务资源消费过程中，由于个人偏好方面的原因，往往会在服务资源的选择上表现出一定的倾向，因此，有必要建立用户概要（User Profile，也有人译之为用户画像）的本体模型，以反映用户在一定时间段内消费过程中所表现出的兴趣偏好。利用本体语言 OWL 定义了用户概要的3个子类：RatingProfile、FeatureProfile 和 RuleProfile，分别对应基于评分的用户概要模型、基于特征的用户概要模型和基于规则的用户概要模型，系统挖掘出的用户概要信息根据其类别分别由这3个子类来描述（如图 3-2 和图 3-3 所示）。

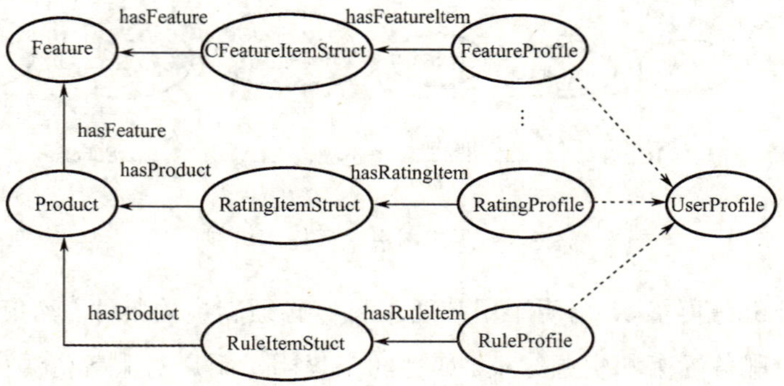

图 3-2　用户概要本体模型示意图

```
<?xml version="1.0" ?>
<rdf:RDF xmlns=http://www.whut.edu.cn/RecommendOnto.owl#
  xmlns:rdf=http://www.w3.org/1999/02/22-rdf-syntax-ns#
  xmlns:xsd=http://www.w3.org/2001/XMLSchema#
  xmlns:rdfs=http://www.w3.org/2000/01/rdf-schema#
  xmlns:owl=http://www.w3.org/2002/07/owl#
  xml:base="http://www.whut.edu.cn/RecommendOnto.owl">
    <owl:Class rdf:about="#UserSubDoamin">
    <rdfs:subClassOf rdf:resource="#RecommendDomain"/>
    </owl:Class>
    <owl:Class rdf:ID="User">
    <rdfs:subClassOf> <owl:Class rdf:about="#UserSubDoamin"/></rdfs:subClassOf>
    </owl:Class>
    <owl:Class rdf:ID="UserContext">
        <rdfs:subClassOf rdf:resource="#UserSubDoamin"/>
        <owl:disjointWith> <owl:Class rdf:about="#UserProfile"/> </owl:disjointWith>
    </owl:Class>
    <owl:Class rdf:about="#UserProfile">
    <owl:disjointWith> <rdf:resource="#UserContext"/> </owl:disjointWith>
        <rdfs:subClassOf rdf:resource="#UserSubDoamin"/>
    </owl:Class>
    <owl:ObjectProperty rdf:ID="hasProfile">
        <rdfs:domain rdf:resource="#User"/>
        <rdfs:range rdf:resource="#UserProfile"/>
    </owl:ObjectProperty>
    <owl:ObjectProperty rdf:ID="hasContext">
        <rdfs:domain rdf:resource="#User"/>
        <rdfs:range rdf:resource="#UserContext"/>
    </owl:ObjectProperty>
   <owl:Class rdf:ID="FeatureProfile">
    <owl:disjointWith> <owl:Class rdf:ID="RatingProfile"/> </owl:disjointWith>
       <rdfs:subClassOf> <owl:Class rdf:ID="UserProfile"/> </rdfs:subClassOf>
       <owl:disjointWith owl:Class rdf:ID="RuleProfile"/>
   </owl:Class>
   <owl:Class rdf:about="#RatingProfile">
       <owl:disjointWith> <owl:Class rdf:about="#RuleProfile"/> </owl:disjointWith>
       <rdfs:subClassOf> <owl:Class rdf:about="#UserProfile"/> </rdfs:subClassOf>
       <owl:disjointWith rdf:resource="#FeatureProfile"/>
   </owl:Class>
   <owl:Class rdf:about="#RuleProfile">
       <owl:disjointWith rdf:resource="#FeatureProfile"/>
       <owl:disjointWith rdf:resource="#RatingProfile"/>
       <rdfs:subClassOf> <owl:Class rdf:about="#UserProfile"/> </rdfs:subClassOf>
```

图 3-3　用户概要本体模型部分 OWL 定义

```
    </owl:Class>
    <owl:Class rdf:ID="FeatureItemStruct">
        <rdfs:subClassOf> <owl:Class rdf:ID="UserSubDoamin"/> </rdfs:subClassOf>
        <owl:disjointWith> <owl:Class rdf:ID="RuleItemStruct"/> </owl:disjointWith>
        <owl:disjointWith> <owl:Class rdf:ID="RatingItemStruct"/> </owl:disjointWith>
     </owl:Class>
    <owl:Class rdf:about="#RuleItemStruct">
      <rdfs:subClassOf rdf:resource="#UserSubDoamin"/>
      <owl:disjointWith> <owl:Class rdf:about="#RatingItemStruct"/> </owl:disjointWith>
        <owl:disjointWith rdf:resource="#FeatureItemStruct"/>
    </owl:Class>
    <owl:Class rdf:about="#RatingItemStruct">
        <owl:disjointWith rdf:resource="#FeatureItemStruct"/>
        <rdfs:subClassOf rdf:resource="#UserSubDoamin"/>
        <owl:disjointWith rdf:resource="#RuleItemStruct"/>
    </owl:Class>
    <owl:ObjectProperty rdf:ID="hasFeatureItem">
        <rdfs:range rdf:resource="#FeatureItemStruct"/>
        <rdfs:domain rdf:resource="#FeatureProfile"/>
    </owl:ObjectProperty>
    <owl:ObjectProperty rdf:ID="hasRuleItem">
        <rdfs:domain rdf:resource="#RuleProfile"/>
        <rdfs:range rdf:resource="#RuleItemStruct"/>
    </owl:ObjectProperty>
    <owl:ObjectProperty rdf:ID="hasRatingItem">
        <rdfs:domain rdf:resource="#RatingProfile"/>
        <rdfs:range rdf:resource="#RatingItemStruct"/>
    </owl:ObjectProperty>
    <!-- 其他定义略-->
</rdf:RDF>
```

图 3-3 用户概要本体模型部分 OWL 定义（续）

（1）在 RatingProfile 中，用户对每项服务资源的评分用 RatingItemStruct 类定义，该类包含的属性组为<服务资源项，评分>。

（2）在 FetureProfile 中，用户对服务资源的每种特征的偏好用 FeatureItemStruct 类定义，该类包含的属性组为<服务资源特征，属性值偏好，权重>（即用户在第 t 类服务资源上的偏好表示为 $< a_i, v_i, w_i >$），其中权重取值区间为[0,1]，默认取值为中值 0.5。

（3）在 RuleProfile 中，用户的行为规则用 RuleItemStruct 类定义，该类含

的属性组为<前项，后项，支持度，可信度>，前项与后项均为服务资源项或服务资源类别或具有某特征的服务资源的集合，支持度和可信度分别为该条规则的支持度和可信度。

3.2 用户需求语义解析与规范化

用户需求的语义解析与规范化是研究解析用户需求、消除语义歧义，并采用电子商务本体（服务资源本体）进行规范化表达的方法。

获取用户需求是系统向用户推荐服务资源的前提，但若要求用户自己输入需求语义模型中的信息，用户将会觉得非常不便和困惑。为了解决这个问题，采用用户代理（User Agent）和用户进行交互获取用户的复杂需求。此外，用户对需求的描述可能存在着语义歧义，如何获取用户真正的需求且规范化表示，成为亟待解决的问题。

用户代理的功能实现需要利用语义词典和电子商务本体来帮助进行概念区分、本体构建和推理，在英文环境中语义词典采用 WordNet，在中文环境中语义词典采用 HowNet。包括用户复杂需求知识获取的整个系统推荐过程如图 3-4 所示，包括以下步骤：

步骤 1：目标查询。用户首先以关键词或术语的方式将目标查询提交给用户代理。

步骤 2：语义解析。用户代理分析该目标查询，若查询关键词存在多义性，则启动语义解析过程以清除关键词在语义上的模糊性。具体地，用户代理首先查询语义词典，将与目标关键词相关的不同概念显示给用户，让用户选择其中恰当的一个。然后用户代理在服务资源本体库中查询与用户目标相对应的本体，结果得到一个没有歧义的目标。

步骤 3：服务分解过程。用户代理根据电子商务本体判断无歧义目标是否为原子服务，依具体情况分别处理如下：

① 若目标服务为原子服务，不能够分解，则用户代理直接通过本体映射获取目标服务本体的概念和属性，并根据用户的约束和偏好优化生成用户需求本体。

② 若目标服务不是原子服务，则用户代理需要查询服务资源目录，对目标服务进行分解，直至全部服务为原子服务。然后再通过本体映射获取各个子目标服务本体的概念和属性，根据用户的约束和偏好优化生成用户需求本体。

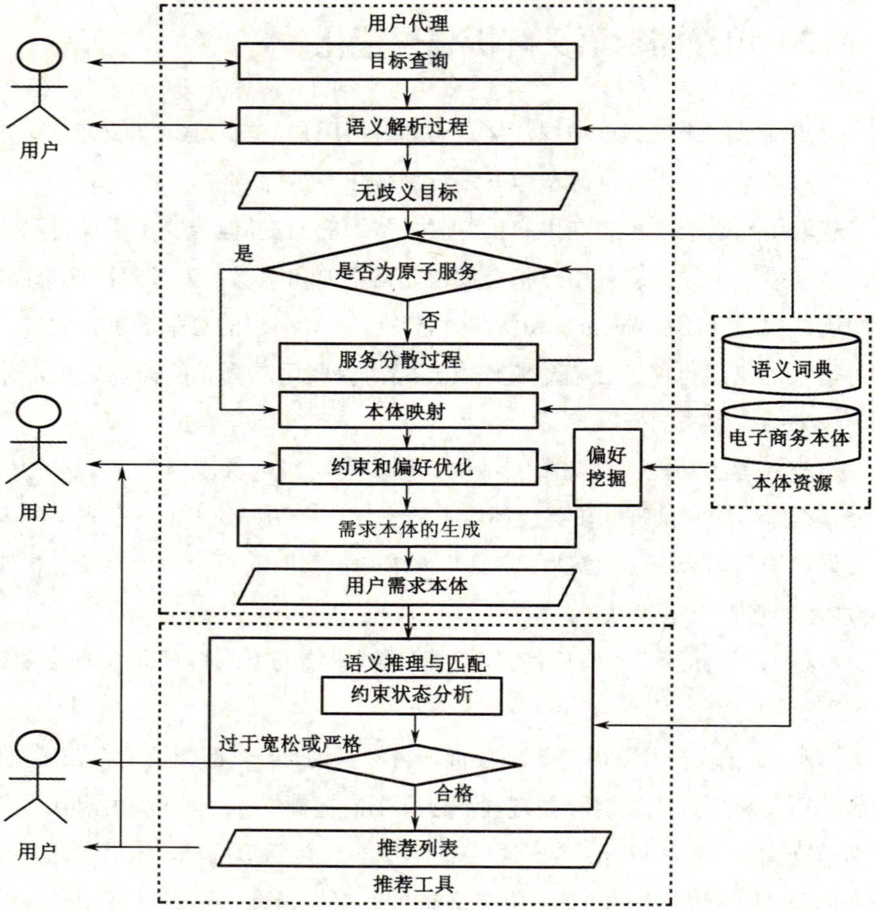

图 3-4　包括用户需求知识获取的整个系统推荐过程

步骤 4：约束与偏好优化。用户代理将目标本体通过语义浏览器显示给用户，同时也显示用户需求本体，用户可借助语义浏览器的功能来表达其在目标属性、服务和资源方面的约束和偏好。在显示用户需求本体时用户代理会检查用户以前的历史行为，若有，则调用偏好挖掘工具进行挖掘，挖掘结果能在语义浏览器中设置为用户需求本体属性的默认值。

步骤 5：用户需求本体实例生成。用户代理根据用户的选择与输入生成用户需求本体实例，该本体实例被提交给推荐工具。

步骤 6：推荐工具进行语义推理与匹配。分析用户约束状态的合理性，若约束条件过于宽松，则将产生过于庞大的推荐列表；若约束条件过于严格，则将无解，也就是推荐列表为空，这两种情况都不是用户想要的。这时推荐工具向用户说明约束状态，用户要么作出约束与偏好的优化后再提交给推荐工具进行推荐，要么要求系统基于语义相似性提供尽可能匹配的结果。在采用约束满足求解时，若约束条件合适，推荐工具则生成推荐列表，并显示给用户。若用户对推荐结果不满意，可返回到第 4 步继续对其约束与偏好进行优化，启动新的语义推理以获得满意的推荐结果。在采用基于语义相似度的匹配时，系统计算用户需求与商品之间的语义相似度，并按语义相似度从大到小排序，选择前 N 个结果返回给用户。基于语义的服务资源推荐算法详见第 6 章。

3.3　用户偏好获取技术

在用户需求的语义解析与规范化过程中，代理基于对话引导用户明确需求，在交互过程中依据用户的历史行为挖掘出用户对服务属性的偏好，该偏好体现在基于特征的用户概要模型中。除了基于对话引导的推荐技术外，很多推荐技术在推荐过程中不需要用户的交互，而是挖掘用户的兴趣偏好后直接向用户进行推荐。

用户偏好获取的关键问题是用户概要的学习与更新。用户定制是自动化程度较低的一种方式，其更新需要用户自己维护，主要适用于信息过滤的场合。现在很多推荐技术采用数据挖掘和机器学习技术，从用户交易、Web 行为和评价反馈信息学习用户偏好，这种方式不需要用户显式地输入自己的偏好信息，是一种自动化程度较高的方式。用户概要的更新方法需要支持用户兴趣变化、多兴趣和长期兴趣，解决这一问题的基本思路是在不同的商品类别区域内采用渐忘函数和定性归纳相结合的方法，该方法主要针对基于特征的用户概要。基于评分的用户概要是通过用户评分数据库反映的，用户对商品项的评分越多，协同过滤算法的推荐质量就越高，所以，对于基于评分的用户概要的更新是直接将用户对商品项的评分存入用户评分数据库。基于规则的用户概要是通过挖掘用户所有的历史行为得出的，故采取以最新的规则替换旧规则的策略。下面主要讨论基于特征的用户概要的学习与更新技术。

3.3.1 基于综合反馈的用户偏好获取技术

为了解决传统的用户偏好建模方案的不足，提出了根据用户网络使用行为和评价反馈来获取偏好信息，对用户服务偏好进行建模的方案。同时由于用户对服务的偏好不是一成不变的，所以，有必要对用户偏好模型进行适时更新，对用户偏好的权重进行适当调整，以反映随着时间的流逝和环境的变化，用户对服务偏好的变化，从而更加准确地获取用户偏好。

采用反馈学习的方法来更新用户偏好模型。首先根据面向服务的网络购物行为（网络使用行为）抽取用户的服务资源属性偏好信息，建立基于服务资源属性的用户服务偏好模型。然后在用户对所购商品进行评价反馈后，对反馈信息进行偏好分析，形成基于评价反馈的用户服务偏好模型。将基于评价反馈的用户服务偏好模型与基于服务资源属性的用户服务偏好模型相结合，得出用户综合服务偏好模型。如图 3-5 所示，根据用户网络使用行为得出的用户偏好是属性权重的取值范围，评价反馈的偏好分析得出的商品偏好是基于属性权重的线性约束，与之前得出的属性权重的取值范围取交集，就得到新的用户偏好范围。

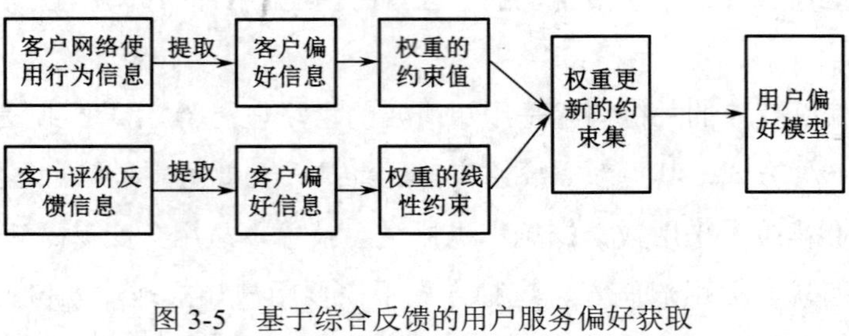

图 3-5　基于综合反馈的用户服务偏好获取

1. 用户行为偏好挖掘技术

用户行为偏好挖掘方法基于用户的实时的网络使用行为，包括浏览、购物车放置和购买的服务资源［本节以有形服务资源（商品）为例］。挖掘过程包括两个阶段：基于用户行为获取商品排名阶段和基于逆向加权法的偏好挖掘阶段。

1）基于用户行为获取商品排序

为了得到用户偏好，对用户行为有以下3个假设：相比点击浏览的商品，用户更加偏好放入购物车的商品；在用户放入购物车的商品中，用户偏好最终购买的商品；对于用户放入购物车的商品和只点击的商品，查看时间越长，用户越偏好该商品。

为了更好地描述该方法，进行以下定义：

$B=\{p,q,\cdots,k,l\}$ 表示 M 个同样类型的商品集；

p_t 表示最近浏览的第 t 个页面；

$t(p_t)$ 表示浏览页面 p_t 所有时间；

$B(p_t)\in B$ 表示页面 p_t 所显示的商品；

$P_T=\{p_t|t=1,\cdots,T\}$ 表示最近浏览的 T 个商品信息页面的集合；

$P_T^x=\{p_t\mid p_t\in P_T,B(p_t)=x\}$ 表示浏览商品 x 的全部页面集合，同时是 P_T 的一个子集；

$\beta(x)$ 表示商品 x 放入购物车的情况，$\beta(x)=1$ 表示在；$\beta(x)=0$ 表示不在。

$\text{buy}(x)$ 表示商品 x 购买情况，$\text{buy}(x)=1$ 表示用户购买了商品 x；$\text{buy}(x)=0$ 表示没有。

根据用户行为获取商品排名过程如图3-6所示，具体步骤如下：

步骤一：在网络使用行为数据库中搜集近期浏览的商品，生成近期浏览商品集合 S_T。$S_T=\{B(p_t)\mid t=1,\cdots,T\}$ 表示用户近期的 T 次浏览网页中，页面信息所显示的商品的集合。这里需要说明的是 S_T 是 B 的子集，并且由于一些商品信息页面被点击浏览不止一次，所以，S_T 中元素的数量 $n(S_T)$ 小于或等于 T。

步骤二：查看 S_T 中每个商品 x 的 $\beta(x)$ 值，如果 $\beta(x)=1$，把该商品放入购物车商品集合 S_c，那么 $S_c=\{x\mid\beta(x)=1,x\in S_T\}$；如果 $\beta(x)=0$，把该商品放入非购物车商品集合 S_t，那么 $S_t=\{x\mid\beta(x)=0,x\in S_T\}$。

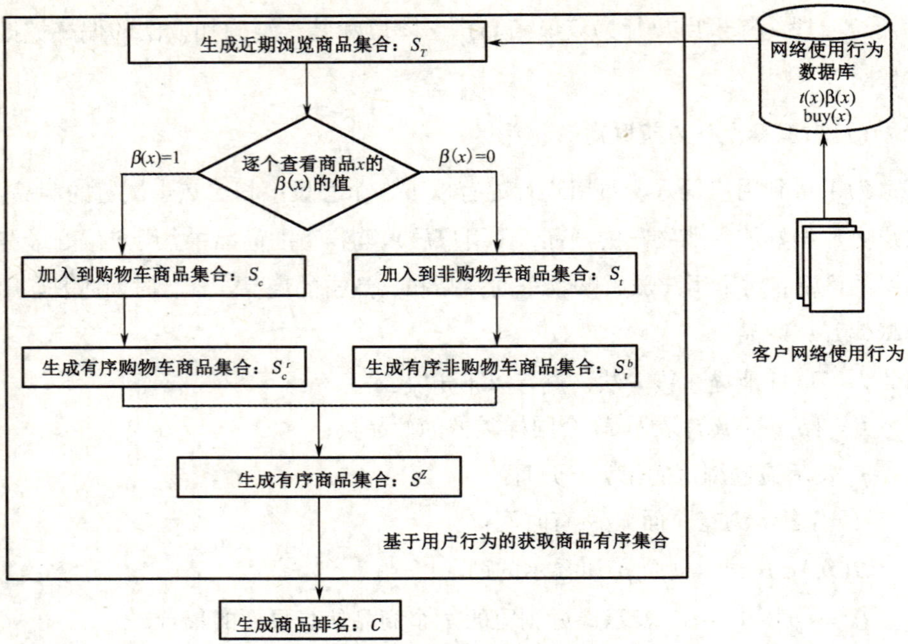

图 3-6　根据用户行为获取商品排名过程

步骤三：得到 S_c 集合中用户对每个商品的兴趣度，并根据兴趣度生成有序购物车商品集合 S_c^r，S_c^r 中有 r 个商品。①计算用户在 S_c 中每个商品的浏览总时间，它是花费在每一个关于商品 x 的页面的时间的总和，即 $t(x)=\sum_{p_t\in P_T^x} t(p_t)$。②设 r=1。③在 S_c 中选出花费时间最长的商品，$S_c^{r+1}=\{x\,|\,\max_l t(x), x\in S_c\}$。④如果 $S_c - S_c^{r+1}$ 不是空集，那么设 r=r+1，继续③；如果是空集，进行⑤。⑤查看 S_c^r 中商品的 $\text{buy}(x)$ 值，把 $\text{buy}(x)=1$ 的商品调到最前面。

步骤四：得到 S_t 集合中用户对每个商品的兴趣度，并根据兴趣度生成有序购物车商品集合 S_t^b，S_t^b 中有 b 个商品。①计算用户在 S_t 中每个商品的浏览总时间，它是花费在每一个关于商品 x 的页面的时间的总和，即 $t(x)=\sum_{p_t\in P_T^x} t(p_t)$。②设 b=1。③在 S_t 中选出花费时间最长的商品，$S_t^{b+1}=\{x\,|\,\max_l t(x), x\in S_t\}$。④如果 $S_t - S_t^{b+1}$ 不是空集，那么设 b=b+1，继续③；如果是空集，继续下面的步骤。

步骤五：将步骤三和步骤四得到的有序集合 S_c^r 和 S_t^b 合并成一个有序集合

S^z，z=r+b，S_c^r 中的元素商品全部排在 S_t^b 中元素商品的前面。

步骤六：将 S^z 中商品生成商品排名 C。

通过以上步骤获得用户对商品的排名，将排名第一的商品属性值视为用户对商品属性值的偏好。

2）基于逆向加权法的偏好挖掘方法

从用户网络使用行为中得到的商品排序为 $p>q>w>\cdots>k>l$，设候选商品的数目为 m，此类商品有 n 个属性。按照逆向加权法的基本思想，设计权重计算方法如下：

（1）按照商品的排名构建标准化矩阵。明确这类商品的属性有哪些并且收集每个商品各个属性的属性值，所有属性值构成初始矩阵。然后将定性属性量化，将效益型属性和成本型属性标准化，将初始矩阵变成标准化矩阵。

$$D=\begin{bmatrix} v_{11} & v_{12} & \cdots & v_{1n} \\ v_{21} & v_{22} & \cdots & v_{2n} \\ \vdots & \vdots & \ddots & \vdots \\ v_{m1} & v_{m2} & \cdots & v_{mn} \end{bmatrix}$$

商品定量属性一般分为成本型属性和效益型属性。成本型属性值越小，人们的好评越多；效益型属性值越大，人们的好评越多。对于计算机的属性中，计算机价格属性相对于成本型属性，计算机响应速度属性相当于效益型属性。两种属性值的标准化公式为

成本型属性值：

$$v_{ij}=1-\frac{x_{ij}}{\max x_{ij}} \tag{3-1}$$

效益型属性值：

$$v_{ij}=\frac{x_{ij}}{\max x_{ij}} \tag{3-2}$$

（2）构建支持矩阵。支持矩阵是对称矩阵，用 $D_{xy|j}$ 表示，$D_{xy|j}$ 中的元素是 $d_{xy|j}$，$d_{xy|j}=v_{xj}-v_{yj}$，是商品 x 的属性 j 的属性值与商品 y 的属性 j 的属性值之差。

$$D_{xy|j}=\begin{bmatrix} v_{1j}-v_{1j} & v_{1j}-v_{2j} & \dots & v_{1j}-v_{1n} \\ v_{2j}-v_{1j} & v_{2j}-v_{2j} & \dots & v_{2j}-v_{1n} \\ \vdots & \vdots & \ddots & \vdots \\ v_{nj}-v_{1j} & v_{nj}-v_{2j} & \dots & v_{nj}-v_{1n} \end{bmatrix}$$

（3）确定商品排序支持率。属性的权重表示为$W\left(w_1,w_2,\cdots,w_n\right)$。用户对商品 k 的偏好优于对商品 l 的偏好的支持率用 Z_{kl} 表示：

$$Z_{kl}=\sum_{j=1}^{n} d_{kl|j}\cdot w_j \tag{3-3}$$

排序支持率是商品支持率之和用 Z 表示：

$$Z=Z_{pq}+Z_{qw}+\cdots+Z_{kl} \tag{3-4}$$

（4）确定商品属性权重$W\left(w_1,w_2,\cdots,w_n\right)$。

$$Z=Z_{pq}+Z_{qw}+\cdots+Z_{kl}\quad \max$$

$$\text{s.t.}\begin{cases} \sum_{j=1}^{n} v_{pj}\cdot w_j > \sum_{j=1}^{n} v_{qj}\cdot w_j & (S_p > S_q) \\ \sum_{j=1}^{n} v_{qj}\cdot w_j > \sum_{j=1}^{n} v_{wj}\cdot w_j & (S_q > S_w) \\ \qquad\vdots \\ \sum_{j=1}^{n} v_{kj}\cdot w_j > \sum_{j=1}^{n} v_{lj}\cdot w_j & (S_k > S_l) \\ w_1+w_2+\cdots+w_n=1 \end{cases} \tag{3-5}$$

式（3-5）是线性规划求解问题，求出来的解即为用户对服务属性偏好的权重。

2．用户评价反馈偏好挖掘方法

商品评价反馈分为评分反馈和文本内容的评论反馈。从用户评分反馈信息可以得出用户对所评价商品的总的观点，这个分数就是观点的极性值，由于每个购物网站对商品的评分的范围设置不同，所以，统一把商品评分规范化至[−1,1]。观点词的极性分析后得到属性权重的线性约束，用下式表示：

$$O\left(a_1\right)w_1+O\left(a_2\right)w_2+\cdots+O\left(a_n\right)w_n=f \tag{3-6}$$

式中，f 表示用户评分，$O\left(a_i\right)$ 表示属性 i 对应的观点词 a_i 的极性值。将式（3-6）

与式（3-5）联立求解即可得出新的属性权重，该属性权重是综合考虑用户行为和评价反馈后的用户偏好，依此原理进行用户模型的更新。

1）传统基于HowNet的极性分析算法

一般基于 HowNet 的极性判别方法是利用语义相似度来判断一个词语的语义是消极还是积极。除了那些在不同语言环境中有着不同语义的词语，通常认为词语的语义越相似，表达的感情也越相似，进而词语的极性也越接近。反之，词语的语义越相悖，表达的感情也越相反，进而词语的极性也越远离。所以，可以利用这个原理来计算词语的极性。

经典的算法是利用观点词 a 与积极消极词语集合的语义相似度之差来计算观点词 a 的极性。首先，选取一组消极词词语集合和一组积极词词语集合；其次，计算观点词分别与这两组集合的词语相似度；最后，将计算出的两组相似度做差，结果就是该观点词的极性。一般观点词的极性在-1 到 1 之间，值在-1 到 0 之间，说明该观点词偏向消极；值在 0 到 1 之间，说明该观点词偏向积极，计算公式为

$$\text{Orientation}(a)=\sum_{i=1}^{k}\text{sim}\left(\text{key}_{-p_i},a\right)-\sum_{j=1}^{k}\text{sim}\left(\text{key}_{-n_j},a\right) \tag{3-7}$$

式中，k 表示积极词词语集合和消极词词语集合的大小。key_{-p_i} 表示积极词词语集合中第 i 个积极种子词，key_{-n_j} 表示消极词词语集合中第 j 个消极种子词，$\text{sim}\left(\text{key}_{-p_i},a\right)$ 和 $\text{sim}\left(\text{key}_{-n_j},a\right)$ 表示观点词 a 与积极种子词和消极种子词的相似度。

观点词与种子词的语义相似度相当于两个词语的语义相似度的计算。由于一个词语可能不止一个概念，那么两个词语的相似度取两个词的概念中相似度最大的两个概念的相似度来计算，计算公式为

$$\text{sim}(a_1,a_2)=\max_{i=1,\cdots,n,j-1,\cdots,m}\text{sim}\left(s_{1i},s_{2j}\right) \tag{3-8}$$

式中，词语 a_1 有 n 个概念，词语 a_2 有 m 个概念，s_{1i} 是词语 a_1 的第 i 个概念，s_{2j} 是词语 a_2 的第 j 个概念。

两个概念的语义相似度计算可以根据 HowNet 中对概念进行描述的义原来计算，计算公式为

$$\mathrm{sim}(s_1,s_2)=\sum_{i=1}^{4}\beta_i\prod_{j=1}^{i}\mathrm{sim}_j(s_1,s_2) \tag{3-9}$$

式中，$\mathrm{sim}_j(s_1,s_2)$表示概念s_1和概念s_2在 HowNet 中对应的前 4 个义原的相似度计算。β_i是对应各个义原相似度的权重。

两个义原的相似度计算可以用两个义原在 HowNet 中的距离来计算。s_1和s_2是两个概念，那么p_{1j}和p_{2j}分别是这两个概念的第 j 个义原，计算两个义原相似度的公式为

$$\mathrm{sim}_j(s_1,s_2)=\mathrm{sim}(p_{1j},p_{2j})=\frac{\alpha}{d+\alpha} \tag{3-10}$$

可以通过以上过程得到观点词的极性。但是基于 HowNet 的语义相似度计算观点词的极性也存着不足。HowNet 中存在着一个重要的义原，这个义原称为极性义原，它的表达式是“desired|良”或者“undesired|莠”。一方面，在传统的语义相似度算法中大部分没有考虑到这个义原，即使有些相似度算法考虑到了这个义原，也没有考虑到极性义原的权重问题。另一方面，上述计算方法存在极性相同的词语计算出的相似度较低，而极性相反的词语计算出的相似度反而较高的问题，导致词语极性计算不准确的问题。针对上述两个方面的不足，提出了基于 HowNet 的极性分析改进算法。

2）基于 HowNet 的极性分析改进算法

根据传统基于 HowNet 语义相似度算法的不足，将极性义原相似度算法加入到观点词语义相似度算法中，把极性义原与概念的基本义原相结合，赋予相同的权重。将式（3-9）改进为式（3-11）。这种方法既满足了极性义原的参与重要性，也满足了词语的基本义原的参与重要性。改进的公式为

$$\mathrm{sim}(s_1,s_2)=\beta_1\left[\frac{\mathrm{sim}_1(s_1,s_2)+\mathrm{sim}_5(s_1,s_2)}{2}\right]+\sum_{i=2}^{4}\beta_i\mathrm{sim}_i(s_1,s_2) \tag{3-11}$$

式中，β_i是对应各个义原相似度的权重，$\mathrm{sim}_i(s_1,s_2)$表示概念s_1和概念s_2在 HowNet 中对应的前 4 个义原的相似度计算，$\mathrm{sim}_5(s_1,s_2)$表示极性义原的相似度计算。极性义原相似度计算公式如下：

$$\mathrm{sim}_5(s_1,s_2)=\begin{cases}1 & \text{如果有相同的极性义原}\\ 0 & \text{如果没有相同的极性义原}\end{cases} \tag{3-12}$$

3. 实例分析

下面通过一个真实的案例验证本书提出的用户偏好挖掘方法的可行性，按照用户在网上购物的顺序来进行案例分析。首先，根据用户网络使用行为进行偏好的挖掘，将得到的偏好数据建立初始化偏好模型；其次，根据用户购买后的商品评论反馈信息挖掘用户偏好，得到的偏好数据进行偏好模型的更新。

可以通过用户的 IP 地址或手机号来确定当前用户。用户浏览的是特定商品分类的有限个数量的商品的页面信息。用户行为设定为用户浏览和使用这些页面的行为。因此，本书对某些特定商品分类的商品为研究对象，以计算机为例，其属性有效益型属性也有成本型属性，为了简单说明，只考虑计算机的 6 个属性，这 6 个属性分别是速度、内存、硬盘、价格、显卡、稳定性。某个购物网站显示它有 10 种计算机出售，分别是 l,k,j,h,z,y,x,r,q,p。根据网上数据显示这 10 个商品的 6 个属性值，如表 3-1 所示。

表 3-1 计算机属性表

商 品	属 性					
	速 度（GHz）	内 存（GB）	硬 盘（G）	价格（元）	显卡档次	稳 定 性
l	2.8	4.5	800	7500	高	很高
k	2.0	4	750	5500	高	高
j	2.8	4.5	800	7000	中	高
h	1.8	3	600	4000	低	低
z	2.0	3	750	5500	中	很高
y	2.5	4.5	730	6500	低	中
x	1.8	4	760	4500	高	高
r	2.8	4.5	800	7000	中	高
q	2.2	3.5	750	5000	中	中
p	1.8	4	600	4500	低	中

表 3-2 显示了用户浏览商品时用户对网页的使用行为。

表 3-2 用户浏览商品时用户对网页的使用行为

用户点击顺序	网页对应商品	浏览时间	是否放入购物车	是否购买商品
1	$B(p_6)=z$	3	0	0
2	$B(p_5)=y$	7	0	0

（续表）

用户点击顺序	网页对应商品	浏览时间	是否放入购物车	是否购买商品
3	$B(p_4)=z$	2	0	0
4	$B(p_3)=q$	10	0	0
5	$B(p_2)=z$	9	0	0
6	$B(p_1)=x$	7	1	1

用户购买产品后，购物网站会要求用户对所购商品作出评论和评分反馈。用户对商品的评论是“速度不错，稳定性也挺好的，价格很划算”，评分是 0.5 分。

1）获取商品排名

从表 3-2 中可以看出，用户在浏览该购物网站时页面信息点击了 6 次，这 6 次页面信息包含 4 个商品，分别是 x，z，q，y，其中商品 z 的页面信息被浏览了 3 次。用户将商品 x 放入购物车中，最后购买了商品 x。

首先从用户在网络使用行为数据库中搜集近期浏览的商品，生成近期浏览商品集合 S_T，$S_T=\{x,z,q,y\}$。查看 S_T 中每个商品 x 的 $\beta(x)$ 值，如果 $\beta(x)=1$，把该商品放入购物车商品集合 S_c，那么 $S_c=\{x\}$；如果 $\beta(x)=0$，把该商品放入非购物车商品集合 S_t，那么 $S_t=\{z,q,y\}$。由于 S_c 只有一个商品，所以，$S_c^1=\{x\}$。S_t 中有 3 个商品，其中 $t(z)=14$，$t(q)=10$，$t(y)=7$，那么 $S_c^3=\{z,q,y\}$。最后将有序集合 S_c^1 和 S_t^3，合并成一个有序集合 S^4，$S^4=\{x,z,q,y\}$。生成商品排序为 $x>z>q>y$。

获得用户对商品的排名后，将排名第一的商品 x 属性值视为用户对商品属性值的偏好。

2）属性权重分析

获取了商品排名之后，列出这 4 个候选商品的 6 个属性值，如表 3-3 所示。

表 3-3 候选商品属性表

候选商品	属性					
	速度（GHz）	内存（GB）	硬盘（G）	价格（元）	显卡档次	稳定性
z	2.0	3	750	5500	中	很高
y	2.5	4.5	730	6500	低	中
z	1.8	4	760	4500	高	高
q	2.2	3.5	750	5000	中	中

（1）使用决策初始矩阵将信息矩阵完全数量化，得到矩阵 U 为

$$U=\begin{bmatrix} 2.0 & 3 & 750 & 5500 & 4.5 & 8 \\ 2.5 & 4.5 & 730 & 6500 & 3.5 & 4.5 \\ 1.8 & 4 & 760 & 4500 & 6.24 & 6.24 \\ 2.2 & 3.5 & 750 & 5000 & 4.5 & 4.5 \end{bmatrix}$$

（2）将效益型属性及成本型属性按照式（3-1）、式（3-2）进行标准化处理，得到标准化矩阵 D 为

$$D=\begin{bmatrix} 0.80 & 0.56 & 0.95 & 0.82 & 0.71 & 1 \\ 1 & 1 & 0.86 & 0.69 & 0.43 & 0.56 \\ 0.72 & 0.74 & 1 & 1 & 1 & 0.78 \\ 0.74 & 0.67 & 0.95 & 0.9 & 0.71 & 0.56 \end{bmatrix}$$

（3）按照商品偏好 $x>z>q>y$，计算支持矩阵 $D_{xy|j}$（$D_{xy|j}$ 是支持矩阵的表示符号，其中的符号 xy 与案例中的商品 x 商品 y 无关），其矩阵如下。

属性 1（速度）的支持矩阵如下：

$$D_{xy|1}=\begin{bmatrix} 0 & -0.20 & 0.08 & 0.06 \\ 0.20 & 0 & 0.26 & 0.16 \\ -0.08 & -0.18 & 0 & -0.02 \\ -0.06 & -0.16 & 0.02 & 0 \end{bmatrix}$$

属性 2（内存）的支持矩阵如下：

$$D_{xy|2}=\begin{bmatrix} 0 & -0.44 & -0.18 & -0.11 \\ 0.44 & 0 & 0.26 & 0.33 \\ 0.18 & -0.26 & 0 & 0.07 \\ 0.11 & -0.33 & -0.07 & 0 \end{bmatrix}$$

属性 3（硬盘）的支持矩阵如下：

$$D_{xy|3}=\begin{bmatrix} 0 & 0.09 & -0.05 & 0 \\ -0.09 & 0 & -0.14 & -0.09 \\ 0.05 & 0.14 & 0 & 0.05 \\ 0 & 0.09 & -0.05 & 0 \end{bmatrix}$$

属性 4（价格）的支持矩阵如下：

$$D_{xy|4}=\begin{bmatrix}0 & 0.13 & -0.18 & -0.08\\ -0.13 & 0 & -0.31 & -0.21\\ 0.18 & 0.31 & 0 & 0.1\\ 0.08 & 0.21 & -0.1 & 0\end{bmatrix}$$

属性 5（显卡）的支持矩阵如下：

$$D_{xy|5}=\begin{bmatrix}0 & 0.28 & -0.29 & 0\\ -0.28 & 0 & -0.57 & -0.28\\ 0.29 & 0.57 & 0 & 0.29\\ 0 & 0.28 & -0.29 & 0\end{bmatrix}$$

属性 6（稳定性）的支持矩阵如下：

$$D_{xy|6}=\begin{bmatrix}0 & 0.44 & 0.22 & 0.44\\ -0.44 & 0 & -0.22 & 0\\ -0.22 & 0.22 & 0 & 0.22\\ -0.44 & 0 & -0.22 & 0\end{bmatrix}$$

（4）按照式（3-4）和式（3-5）得到如下规划问题，确定属性的权重。

$$Z=-0.28w_1-0.26w_2+0.14w_3+0.31w_4+0.57w_5+0.22w_6$$

$$\text{s.t}\begin{cases}-0.08w_1+0.18w_2+0.05w_3+0.18w_4+0.29w_5-0.22w_6>0\\ -0.08w_1-0.11w_2-0.08w_4+0.44w_6>0\\ -0.12w_1-0.33w_2+0.09w_3+0.21w_4+0.28w_5>0\\ w_1+w_2+w_3+w_4+w_5+w_6=1\\ w_1,w_2,w_3,w_4,w_5,w_6\geqslant 0.1\end{cases} \tag{3-13}$$

这里要说明的是，为了实现这些属性对商品排序的实际意义，把每个 w_i 设置为大于等于 0.1。

利用 Matlab 求解线性规划模型，求出的解就是各个属性的权重，如表 3-4 所示。

表 3-4 各属性的权重

	属性	速度	内存	硬盘	价格	显卡	稳定性
Z_{max}	权重	0.33	0.1	0.1	0.1	0.27	0.1
Z_{min}	权重	0.1	0.1	0.1	0.1	0.5	0.1

根据用户在购物网站上浏览计算机这类商品的的网络使用行为，可以得到该用户对计算机这类商品的偏好。同时，如果用户在购物网站上浏览了其他类型的商品，也可以得到用户对其他类型商品的偏好，比如用户对牛仔裤偏好、用户对手机的偏好。将得到的偏好信息输入到第 2 章基于层次空间向量的用户服务偏好模型中，得到初始化的偏好模型，如图 3-7 所示。

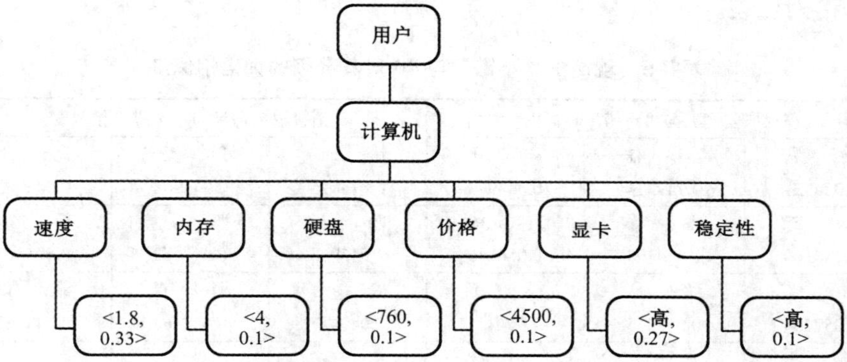

图 3-7　初始用户 Web 服务偏好模型

3）基于商品评价反馈的偏好挖掘

购买产品后，用户对商品的评论反馈是“速度不错，稳定性也挺好的，价格很划算”，评分反馈是 0.5 分。

将评论句用中国科学院计算技术研究所研制出了汉语语法分析系统 ICTCLAS 进行分词和词性标注处理，处理过程如图 3-8 所示。

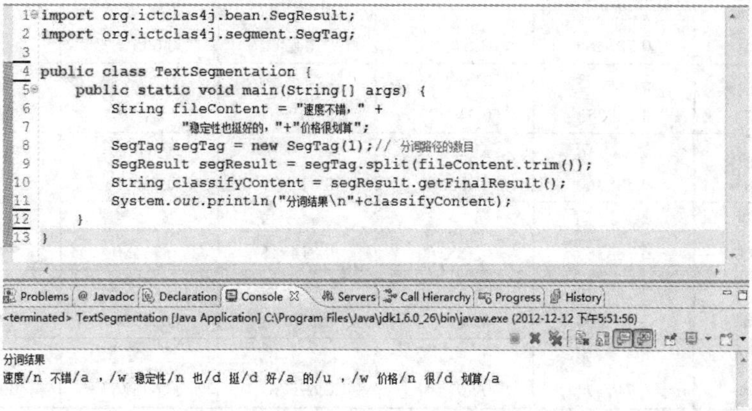

图 3-8　ICTCLAS 分词和词性标注处理过程

得到“速度/n 不错/a，/w 稳定性/n 也/d 挺/d 好/a 的/u ，/w 价格/n 很/d 划算/a”。将属性词和观点词方法情感评价单元，得到< CPU 速度,不错>< 价格,划算><稳定性,好>。

再使用本文改进的基于 HowNet 的极性分析方法对观点词进行分析。表 3-5～表 3-7 所示分别是观点词“不错”“划算”“好”与 40 对基准词的词语相似度对比表。

表 3-5　观点词“不错”与 40 对基准词的词语相似度

积极取向词汇与“不错”相似度			消极取向词汇与“不错”相似度		
收获 0.054321	幸福 0.749373	喜讯 0.044968	错误 0.814815	折磨 0.045908	仇恨 0.045908
善意 0.788360	杰作 0.064198	英雄 0.056146	耻辱 0.045908	恶意 0.047462	暴力 0.695767
精英 0.057204	爱心 0.052766	模范 0.054321	隐患 0.049417	阴谋 0.047462	流氓 0.047462
毅力 0.058397			色情 0.695767		
遵循 0.044444	得到 0.044444	增多 0.044444	背叛 0.044444	失去 0.044444	减少 0.044444
喜欢 0.453459	节省 0.775828	夸奖 0.044444	厌恶 0.044444	浪费 0.683236	谴责 0.044444
揭露 0.044444	成功 0.044444	享受 0.044444	藏匿 0.044444	失败 0.695767	遭遇
喜悦 0.844544			悲哀 0.044444		
尽可能 0.788360	老老实实 0.788360		无敌 0.788360	徒劳 0.695767	
安全 0.749373	幸运 0.749373	快乐 0.749373	迟钝 0.695767	虚假 0.695767	丑陋 0.656781
顺利 0.753086	热情 0.788360	整齐 0.788360	虚弱 0.672449	凄凉 0.656781	讨厌 0.734609
文明 0.788360	聪明 0.788360	真实 0.788360	有害 0.814815	腐败 0.734609	肤浅 0.695767
漂亮 1.000000	不错 1.000000	健康 0.765042	不幸 0.656781	艰难 0.695767	危险 0.656781
简单 0.788360	热闹 0.749373	可爱 0.907407	狡猾 0.695767	消极 0.695767	自卑 0.695767

表 3-6　观点词“划算”与 40 对基准词的词语相似度

积极取向词汇与“划算”相似度			消极取向词汇与“划算”相似度		
收获 0.064321	幸福 0.549363	喜讯 0.044968	错误 0.314815	折磨 0.045908	仇恨 0.045908
善意 0.688360	杰作 0.064198	英雄 0.056146	耻辱 0.045908	恶意 0.047462	暴力 0.795767
精英 0.047504	爱心 0.152766	模范 0.054321	隐患 0.049417	阴谋 0.047462	流氓 0.047462
毅力 0.158397			色情 0.596767		
遵循 0.137931	得到 0.242424	增多 0.166667	背叛 0.150943	失去 0.242424	减少 0.044444
喜欢 0.166667	节省 0.775828	夸奖 0.150943	厌恶 0.166667	浪费 0.683236	谴责 0.166667
揭露 0.137931	成功 0.186047	享受 0.166667	藏匿 0.150943	失败 0.695767	遭遇
喜悦 0.844544			悲哀 0.044444		
尽可能 0.888360	老老实实 0.788360		无敌 0.788360	徒劳 0.695767	
安全 0.759373	幸运 0.759373	快乐 0.759373	迟钝 0.675767	虚假 0.695767	丑陋 0.656781
顺利 0.763086	热情 0.788360	整齐 0.788360	虚弱 0.682449	凄凉 0.656781	讨厌 0.734609
文明 0.788360	聪明 0.757375	真实 0.798460	有害 0.814815	腐败 0.734609	肤浅 0.695767
漂亮 0.044444	不错 0.044444	健康 0.765042	不幸 0.656781	艰难 0.682449	危险 0.656781
简单 0.044444	热闹 0.798460	可爱 0.907407	狡猾 0.695767	消极 0.685434	自卑 0.682449

表 3-7　观点词“好”与 40 对基准词的词语相似度

积极取向词汇与“好”相似度			消极取向词汇与“好”相似度		
收获 0.070588	幸福 0.775828	喜讯 0.046269	错误 0.695767	折磨 0.109589	仇恨 0.045908
善意 0.788360	杰作 0.064198	英雄 0.056146	耻辱 0.045908	恶意 0.047462	暴力 0.695767

（续表）

积极取向词汇与“好”相似度			消极取向词汇与“好”相似度		
精英 0.057204	爱心 0.052766	模范 0.054321	隐患 0.049417	阴谋 0.047462	流氓 0.047462
毅力 0.058397			色情 0.695767		
遵循 0.126984	得到 0.615385	增多 0.242424	背叛 0.102564	失去 0.347826	减少 0.126984
喜欢 1.000000	节省 0.775828	夸奖 0.102564	厌恶 0.285714	浪费 0.775828	谴责 0.044444
揭露 0.109589	成功 0.444444	享受 0.444444	藏匿 0.044444	失败 0.695767	遭遇
喜悦 0.844544			悲哀 0.044444		
尽可能 0.788360	老老实实 0.788360		无敌 0.788360	徒劳 0.695767	
安全 0.749373	幸运 0.749373	快乐 0.749373	迟钝 0.695767	虚假 0.695767	丑陋 0.656781
顺利 0.753086	热情 0.788360	整齐 0.788360	虚弱 0.672449	凄凉 0.656781	讨厌 0.734609
文明 0.788360	聪明 0.788360	真实 0.788360	有害 0.814815	腐败 0.734609	肤浅 0.695767
漂亮 1.000000	不错 1.000000	健康 1.000000	不幸 0.683236	艰难 0.695767	危险 0.656781
简单 0.788360	热闹 0.775828	可爱 0.907407	狡猾 0.695767	消极 0.695767	自卑 0.683236

根据表 3-5～表 3-7 三个表的数据，运用式（3-7）计算 3 个观点词的极性分别是 0.806579、0.612798、0.999899，为了计算方便，把观点词的极性简化为小数点后 1 位的数字，因此，得到“不错”的极性是 0.8，“划算”的极性是 0.6，“好”的极性是 1。

用户对商品评论之后对商品作一个总的评分是 0.5，把这个评分视为用户对所评价商品的总的观点，这个分数就是观点的极性值。由式（3-6）得到下式：

$$0.8w_1 + 0.6w_4 + w_6 = 0.5 \tag{3-14}$$

服务对商品属性的偏好表示为基于属性权重的线性约束。

4）用户偏好的更新

将式（3-14）与用户网络使用行为得到的属性权重线性约束式（3-13）相结合，得到如式（3-15）所示的线性规划问题，求解该问题得到新的用户偏好范围，从而实现用户模型的更新。

$$\max Z = -0.28w_1 - 0.26w_2 + 0.14w_3 + 0.31w_4 + 0.57w_5 + 0.22w_6$$

$$\text{s.t}\begin{cases} -0.08w_1 + 0.18w_2 + 0.05w_3 + 0.18w_4 + 0.29w_5 - 0.22w_6 > 0 \\ -0.08w_1 - 0.11w_2 - 0.08w_4 + 0.44w_6 > 0 \\ -0.12w_1 - 0.33w_2 + 0.09w_3 + 0.21w_4 + 0.28w_5 > 0 \\ 0.8w_1 + 0.6w_4 + w_6 = 0.5 \\ w_1 + w_2 + w_3 + w_4 + w_5 + w_6 = 1 \\ w_1, w_2, w_3, w_4, w_5, w_6 \geqslant 0.1 \end{cases} \tag{3-15}$$

利用 Matlab 求解，得到各个属性权重，如表 3-8 所示，从而得到用户对商品属性的偏好权重。

表 3-8　各属性的权重

	属性	速度	内存	硬盘	价格	显卡	稳定性
Z_{max}	权重	0.3582	0.1000	0.1653	0.1577	0.1000	0.1188

将得到的偏好信息输入到基于层次空间向量的用户服务偏好模型中，得到更新后的偏好模型，如图 3-9 所示。

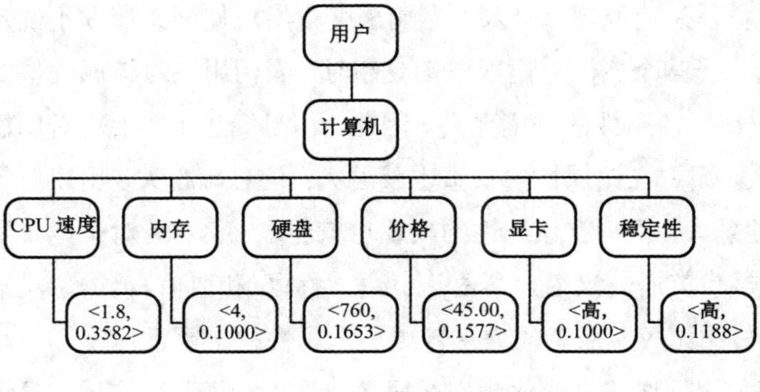

图 3-9　更新后的用户服务偏好模型

3.3.2 基于最大熵模型的用户偏好获取技术

1. 基本原理

用户偏好挖掘注重实时分析，根据用户的每次操作和新的数据导入提供最新的推荐。随着时间变化，用户的兴趣偏好是不断变化的，需要及时、合理更新，这样才能保证用户消费偏好模型的准确性。

基于内容过滤的推荐技术对用户偏好的学习主要依赖于用户 Web 使用行为，并引入遗忘因子对用户偏好进行更新。如朱国玮等基于遗忘函数建立用户兴趣模型，即引入遗忘系数θ对用户的历史商品评分进行非线性遗忘处理，该方法忽略了用户对属性的偏好，当某商品具有某个属性时，属性偏好值调整系数取 1，否则取 0，即认为商品的所有属性同等重要。针对该问题，引入遗忘因子θ根据属性取值变化调整属性权重，但该方法也存在一定的局限：仅仅依据属性取值变化对属性权重进行调节，未考虑用户不同时间所消费资源属性取值的分布对属性权重的影响，在属性值偏好的获取上未考虑用户的评分反馈。为此，进一步提出使用信息熵和相邻属性变化频率计算属性偏好，结合属性值概率分布、用户评分和遗忘因子计算属性值偏好，建立和更新用户概要模型。

1）属性权重获取的基本原理

用户在多大程度上偏好某属性取决于两个方面，一是用户所消费的服务资源在该属性的信息熵，二是用户所消费的服务资源在该属性取值的变化频率。获取过程分为如下 3 个步骤。

步骤 1：根据信息论原理，引入信息熵来度量用户偏好某属性不确定性的大小。一般而言，当某个属性值出现概率更高时，表明用户对该属性值的选择更加确定，用户在乎该属性的程度更高。因此，信息熵越小，用户对属性值选择的确定性越大，用户在该属性的权重也就越大；信息熵越大，用户对属性值选择的不确定性越大，用户在该属性的权重也就越小。例如，对于电影资源而言，语言属性取值{英语，汉语，英语，日语，韩语}和取值{英语，汉语，英语，英语，汉语}相比较，后者的信息熵更小，属性权重更大。

步骤 2：根据属性取值的变化频率对属性权重进行调整，信息熵只考虑了属性值概率分布而未考虑属性值变化频次的影响，属性取值变化越频繁则权重越小。例如电影资源语言属性取值{英语，汉语，英语，汉语，英语}和取值{英语，英语，英语，汉语，汉语}相比较，根据信息熵原理得到的两者属性权重相同，但实际上后者应该比前者有更高的权重，因此，根据属性取值变化频率100%和 25%分别对权重进行调整。

步骤 3：对属性权重进行归一化处理。

2）属性值偏好获取的基本原理

用户在属性取值上的偏好，根据用户历史消费记录中该属性取值的概率，以及对应的评分来确定，即某属性值被选取的次数越多，表明用户对该属性值偏好的程度越高；用户对服务资源的评分越高，表明用户越偏好该服务资源的属性值。例如，用户看过的电影中主演属性取值为{文特沃斯·厄尔·米勒三世，莱昂纳多·迪卡普里奥，文特沃斯·厄尔·米勒三世，莱昂纳多·迪卡普里奥，文特沃斯·厄尔·米勒三世}，主演属性取文特沃斯·厄尔·米勒三世的概率为 60%，取莱昂纳多·迪卡普里奥的概率为 40%，在不考虑用户评分的情况下认为用户更偏好文特沃斯·厄尔·米勒三世。但是如果用户对文特沃斯·厄尔·米勒三世主演电影的评分都很低，而对莱昂纳多·迪卡普里奥主演电影的评分都很高，则认为用户偏好文特沃斯·厄尔·米勒三世不具有足够的可信度。因此，计算属性值偏好要综合考虑属性值的概率和用户评分。

2. 用户偏好挖掘算法

输入：用户在第 t 类服务资源上的消费偏好$<a_i, v_i, w_i>$。

步骤 1：数据预处理。提取用户在第 t 类服务资源上的历史消费记录，按用户消费的时间顺序排序。对第 t 类服务资源的每一个属性 a_i，得到其取值集合 $V_i=\{v_i^1, v_i^2, \cdots, v_i^n\}$，$n$ 为用户消费第 t 类服务资源的次数。每一个属性 a_i，执行步骤 2 至步骤 4，然后转入步骤 5。

步骤 2：属性值分布概率计算。若 a_i 取值为连续值，则采用区间划分对其进行离散化，划分的区间用 b_k 表示，并将 $v_i^1, v_i^2, \cdots, v_i^n$ 映射到各有的区间；若 a_i 取值为离散值，其值用 b_k 表示。属性 a_i 取值为 b_k 的概率为 $p(b_k)=\dfrac{n_{b_k}}{n}$，其中 n_{b_k} 表示用户消费的服务资源在属性 a_i 上取值为 b_k 或位于区间 b_k 中的次数。

步骤 3：通过信息熵计算属性权重。属性 a_i 的信息熵为 $H(a_i)=-\sum_{b_k \in v_i} p(b_k)\log p(b_k)$，对信息熵进行归一化处理 $H'(a_i)=\frac{H(a_i)}{\sum_{i=1}^{m} H(a_i)}$，属性 a_i 的权重为 $w_i=1-H'(a_i)$。

步骤 4：根据属性值变化频率调整属性权重。属性值 v_i 的变化频率为 $q_i=\frac{n^*}{n-1}$（$n \geqslant 2$），其中 n^* 为相邻属性取值实际变化的次数。调整属性权重为 $w_i' = w_i \times (1-\beta \times q_i)$，$\beta$ 为调整幅度参数，β 越大，则调整幅度越大。

步骤 5：属性权重归一化。归一化公式为 $w_i'' = \frac{w_i'}{\sum_{i=1}^{m} w_i'}$。

步骤 6：属性值偏好计算。用户评分采用十分制，评分 θ 与评分系数 ξ 之间映射关系为 $\xi=\frac{\theta-\delta}{10\text{-}\delta}$，$\delta$ 为用户消费的所有服务资源中评分的最低值。数值型属性值偏好采用遗忘因子调节，遗忘因子计算公式为 $\lambda=\xi \times p(v_i^{\text{new}})$，$v_i^{\text{new}}$ 为用户最新消费的服务资源在属性 a_i 上的取值，$p(v_i^{\text{new}})$ 为属性 a_i 取 v_i^{new} 的概率，调节公式为 $v_i' = \lambda v_i^{\text{new}} + (1-\lambda) v_i$。非数值型属性值偏好集合中最多存储 l 个元素，按照先进先出原理更新偏好属性值，l 的大小取经验值 5。

输出：用户新的消费偏好 $< a_i, v_i', w_i'' >$。

3.3.3 基于粗糙集的用户偏好获取技术

1．粗糙集的基本概念

粗糙集理论是由波兰科学家 Z. Pawlak 教授在 1991 年提出研究不完整数据、不精确知识的表达、学习、归纳方法。这一理论从新的视角出发对知识进行了定义，它把知识看作关于论域的划分，并引入代数学中的等价关系来讨论知识，它为智能信息处理提供了有效的处理技术，目前已经在人工智能、知识获取、模式识别、分类等方面得到了的应用。知识约简是在保持知识库分类能力不变的前提下，删除不相关或者不重要的知识，使得在大量的数据信息中能够挖掘出简洁的、有价值的模式来辅助决策。在粗糙集理论中，知识约简和规则提取算法是 NP 问题。有效地获取较好的知识约简，成为粗糙集理论研究的重点之一。目前人们已经做了许多工作，提出了许多算法，如 A.Skowron 提出了一种用分明矩阵表示知识的方法，并用它来解释、计算数据核和约简；王国胤提出了基于可辨识矩阵和逻辑运算的约简及基于条件熵的约简算法。本书利用决策表的约简来发现用户在商品特征方面的偏好及行为规则。首先简要介绍一下什么是决策属性的约简，以及约简的规则。

定义 3.1 一个决策表信息系统 $S=<U,R,V,f>$，其中，U 是对象的集合，也称为论域，$R=C\cup D$ 是属性集合，$C\cap D=\varnothing$，$D\neq\varnothing$，子集 C 和 D 分别称为条件属性集和决策属性集，V 是属性值的集合，$f:U\times R\to V$ 是一个信息函数，它指定了中每个对象的属性值。

定义 3.2 给定决策表信息系统 $S=<U,R,V,f>$，对于每个属性子集 $B\subseteq R$，定义一个不可区分关系 IND(B)，IND(B)= $\left\{(x,y)\mid(x,y)\in U^2,\forall b\in B(b(x)=b(y))\right\}$，显然不可区分关系是一种等价关系。

定义 3.3 给定决策表信息系统 $S=<U,R,V,f>$，$R=C\cup D$，C 和 D 分别为决策表的条件属性集和决策属性集，U/IND(C)和 U/IND(D)分别为论域 U 在属性集 C 和 D 上形成的划分，U/IND(C)中的每个等价类 $E_i\in U/\mathrm{IND}(C)(i=1,\cdots,m)$，$m$ 为等价类的个数)被称为条件类；U/IND(D)中的每个等价类被称为决策类。

定义 3.4 给定决策表信息系统 $S=<U,R,V,f>$，$R=C\cup D$，C 和 D 分别为决策表的条件属性集和决策属性集，对任意的一个条件分类 $E_i\in U/IND(C)$，如果属于它的所有记录都有相同的决策值，则称 E_i 为一致的，否则称 E_i 为不一致的。

定义 3.5 给定决策表信息系统 $S=<U,R,V,f>$，如果它所有的条件分类都是一致的，则称 S 为一致决策表，否则称 S 为不一致决策表。

定义 3.6 设 $X\subseteq U$ 且 $x\in U$，集合 X 的隶属函数定义为：$\mu_X^B(x)=\dfrac{\mathrm{card}(X\cap B(x))}{\mathrm{card}(B(x))}$，其中，$B$ 为不可区分关系，$B(x)=[x]_B=\{y\mid y\in U\wedge yBx\}$，card 为集合的基数。

定义 3.7 给定决策表信息系统 $S=<U,R,V,f>$，对于每个子集 $X\subseteq U$ 和不可区分关系 B，X 的下、上近似集分别定义为

$$B^{-}(X)=\{x \mid x\in U \wedge (\mu_X^B(x)>0)\ 和\ B_{-}(X)=\{x \mid x\in U \wedge (\mu_X^B(x)=1)$$

定义 3.8 设 U 为一个论域，P 和 Q 为定义在上的两个等价关系簇，Q 的 P 正域记为 $POS_P(Q)$，定义为 $POS_P(Q)=\bigcup_{X\in U/Q} P_{-}(X)$

定义 3.9 设 U 为一个论域，P 是定义在上的一个等价关系簇，$r\in P$，如果 IND $(P/\{r\})$=IND(P)，则称 r 在 P 中是绝对不必要的；否则，称 r 在 P 中是绝对必要的。P 中所有绝对必要的关系组成的集合称为关系簇 P 的绝对核，记为 CORE(P)。

定义 3.10 设 U 为一个论域，P 和 Q 是定义在 U 上的两个等价关系簇，若 $POS_P(Q)=POS_{P-\{r\}}(Q)$，则称 r 为 P 中相对于 Q 不必要的，否则，称 r 为 P 中相对于 Q 绝对必要的。P 中所有 Q 绝对必要的关系组成的集合称为 P 的 Q 核，记为 $CORE_Q(P)$。

定义 3.11 设 U 为一个论域，P 和 Q 是定义在 U 上的两个等价关系簇，若 P 的 Q 独立子集 $S\subset P$，有 $POS_S(Q)=POS_P(Q)$，则称 S 为 P 的约简。

2．一致决策表的约简规则

若决策表为不一致决策表，则将决策表分为两个表，其中一个为一致决策表，另一个为不一致决策表，对其中的一致决策表进行约简。

设决策表信息系统 $S=<U,R,V,f>$，其中，$U=\{x1, x2, \cdots, x_n\}$，$x_i$ 为所讨论的个体，$i=1,2,\cdots,n$，$A=\{a1, a2, \cdots, a_m\}$，$a_j$ 为个体所具有的属性，$j=1,2,\cdots,m$。

决策表的约简步骤如下。

（1）对决策表进行条件属性的约简，即从决策表中削去列。

（2）消去重复的行。

（3）消去每一决策规则中属性的冗余值。

决策表属性的约简方法如下：

（1）计算决策表信息系统 S 的分明矩阵 $B(S)=[c_{ij}]_{n\times n}$，其中矩阵项定义为

$$c_{ij}=\{a\in A \mid a(x_i)\neq a(x_j), i,j=1,\cdots,n\}$$

（2）计算与分明矩阵 $M(S)$对应的分明函数 $f_{M(S)}$，该函数是一个有 m 元变量 $a1, a2, \cdots, a_m(a_i\in A, i=1,\cdots,m)$的布尔函数，它是 $\vee c_{ij}$ 的合取，$\vee c_{ij}$ 是矩阵项 c_{ij} 中的各元素的析取，$1\leqslant j<i\leqslant n$，且 $c_{ij}\neq\varnothing$。

（3）计算分明函数 $f_{M(S)}$ 的最小析取范式，其中每个析取分量对应一个约简。

对于决策表进行属性值的约简，也就是决策规则的约简，就是利用决策逻辑消去决策算法中每个决策规则的不必要条件，需要计算某决策规则的条件属性的核值。可先把一个该行中条件属性的值从表中删去，然后看该行中剩下的条件属性的值是否唯一决定此行中的决策属性，若不是，这个值就是核值；求完某决策规则的条件属性值的核值后，再去求它的条件属性值的约简，即将一些条件属性值加入到核值中，得到的各条件属性值能保证表的一致性，并且每个条件属性值都不可省。若在决策表的约简表中出现了重复行，也应该将其删除，因为它们表示相同的决策规则。

3. 基于决策表约简的用户偏好获取

下面以一个实例来说明上述约简算法在用户概要维护中的应用。假设某用户欲购数码相机，他到网站上浏览了 5 种数码相机，分别了解了价格、像素大小、变焦倍数、相机厚度和品牌 5 个属性，最终购买了其中一种。5 种相机的属性如表 3-9 所示，其中条件属性为价格、像素大小、变焦倍数、相机厚度和品牌，分别用 a、b、c、d、e 表示，决策属性为购买情况。

表 3-9 相机的属性

属性 / 相机	价格（元）	像素大小（万）	变焦倍数	相机厚度（mm）	品牌	购买情况
相机 1	1200	500	4	26	Canon	否
相机 2	2800	600	4	12	Canon	否
相机 3	2800	800	3	12	Sony	否
相机 4	2000	600	3	15	Sony	是
相机 5	2000	600	3	15	Casio	否

决策属性的约简，设价格、像素大小、变焦倍数、相机厚度和品牌属性分别用 a、b、c、d、e 表示，分明矩阵如表 3-10 所示，很容易得到分明矩阵的核为 $\{e\}$。分明函数 $f_{M(S)}$ 为 $(a \vee b \vee c \vee d \vee e) \wedge (a \vee c \vee d \vee e) \wedge (a \vee b \vee d) \wedge e$。

表 3-10　分明矩阵

相机	相机 1	相机 2	相机 3	相机 4	相机 5
相机 1					
相机 2					
相机 3					
相机 4	*a,b,c,d,e*	*a,c,d,e*	*a,b,d*		
相机 5				*E*	

经过逻辑运算得简化式：$(a \vee b \vee d) \wedge e$，转换成析取范式得：$(a \wedge e) \vee (b \wedge e) \vee (d \wedge e)$。由此得到 3 个约简：$\{a,e\}$、$\{b,e\}$和$\{d,e\}$。这样，表 3-9 可以简化为表 3-11 至表 3-13 所示的 3 个表。这 3 个表中均没有重复行，对这 3 个表进行属性值约简，结果如表 3-14 至表 3-16 所示。

表 3-11　表 3-9 对应的一种简化决策表

相机＼属性	a	e	购买情况
相机 1	1200	Canon	否
相机 2	2800	Canon	否
相机 3	2800	Sony	否
相机 4	2000	Sony	是
相机 5	2000	Casio	否

表 3-12　表 3-9 对应的一种简化决策表

相机＼属性	b	e	购买情况
相机 1	500	Canon	否
相机 2	600	Canon	否
相机 3	800	Sony	否
相机 4	600	Sony	是
相机 5	600	Casio	否

表 3-13　表 3-9 对应的一种简化决策表

相机＼属性	d	e	购买情况
相机 1	26	Canon	否
相机 2	12	Canon	否
相机 3	12	Sony	否
相机 4	15	Sony	是
相机 5	15	Casio	否

表 3-14 表 3-11 对应的属性值约简表

相机＼属性	a	e	购买情况
相机 1	1200	×	否
相机 2	×	Canon	否
相机 3	2800	×	否
相机 4	2000	Sony	是
相机 5	×	Casio	否

表 3-15　表 3-12 对应的一种简化决策表

属性 / 相机	b	e	购买情况
相机 1	500	×	否
相机 2	×	Canon	否
相机 3	800	×	否
相机 4	600	Sony	是
相机 5	×	Casio	否

表 3-16　表 3-13 对应的属性值约简表

属性 / 相机	d	e	购买情况
相机 1	26	×	否
相机 2	×	Cannon	否
相机 3	12	×	否
相机 4	15	Sony	是
相机 5	×	Casio	否

表 3-14 对应的决策算法为：$a_{1200} \vee a_{2800} \vee e_{\text{Cannon}} \vee e_{\text{Casio}} \rightarrow$不购买，$a_{2000} \wedge e_{\text{Sony}} \rightarrow$购买。

表 3-15 对应的决策算法为：$b_{500} \vee b_{800} \vee e_{\text{Cannon}} \vee e_{\text{Casio}} \rightarrow$不购买，$b_{600} \wedge e_{\text{Sony}} \rightarrow$购买。

表 3-16 对应的决策算法为：$d_{26} \vee d_{12} \vee e_{\text{Cannon}} \vee e_{\text{Casio}} \rightarrow$不购买，$d_{15} \wedge e_{\text{Sony}} \rightarrow$购买。

从以上决策算法可以看出该用户是一个中档消费者，约简结果可以作为特征兴趣更新基于特征的用户概要，也可以作为规则更新基于规则的用户概要。在该示例中由于数据较少，决策的条件属性不一定能够准确反映用户的偏好，但随着用户 Web 使用行为数据的增加，若用户在某些属性上的偏好行为多次出现，则其准确度将会得到提高。在现实生活中用户对于同样的商品购买的次数可能有限，如 DV、汽车等商品，如何用粗糙集理论来挖掘用户在这些商品的特征上的偏好呢？这时通过引入本体技术，将这些商品的特征空间向更高层次的商品特征空间映射，即在语义层面上进行特征属性的泛化，在更抽象的商品特征空间中应用粗糙集理论进行挖掘，这样用户在这些商品特征空间中的对某些特征的偏好行为就会反复出现，从而提高挖掘的准确度。

3.3.4　基于兴趣图谱的用户偏好获取技术

1．用户兴趣图谱相关研究

不同于表示人与人之间关系的社交图谱，兴趣图谱关心的是事物而不是人，此外，社交图谱基本是静态的（除了偶尔进行结交朋友或删除朋友的操作），而兴趣图谱对单个用户是灵活、动态、易变的。兴趣图谱的含义有两点：①标识个人身份的特定、多样的兴趣；②试图基于这些兴趣将人们连接起来。

艾森哲公司认为可以通过获取用户在不同网站的兴趣来进行推荐，如知道用户爱好郊游和滑雪、偏爱劳力士手表、购买过过平板电脑，可以向用户推荐豪华带液晶屏的越野车。建立用户兴趣图谱是实现智能代理与主动服务的基础，在这之前要对用户的阅读兴趣有相当的了解，并由此建立用户的描述模型。加州大学东湾分校的 Lynne Grewe 提出了兴趣图谱构建方法，包括兴趣选择、兴趣分类、基于社交网站和其他物理数据的收集，以及兴趣集成问题。兴趣分类方法也存在多样化，一般分为“长期兴趣”和“短期兴趣”，Ricardo Kawase 则将兴趣分为一次性兴趣、长期不变兴趣、周期性兴趣、周期性瞬间兴趣、不规律性兴趣。爱尔兰国立高威大学数字企业研究中心（DERI）提出跨网站基于语义的用户兴趣图谱建模设想，它们通过将分享在私有网站的用户信息进行整合获取用户完整兴趣图谱，并采用混合链路预测和基于内容的扩散激活方法进行推荐。Berkovsky 等人提出一种“通用用户兴趣模型集成仲裁框架”，利用从其他推荐系统获取的数据构建融合的用户模型，即使某些源数据缺失，仍然可以实现较好的推荐效果。Li 等人则提出群体兴趣的概念。企业界已开始兴趣图谱的尝试，Gravity 公司通过自己开发的“兴趣图谱”技术，同时为多家网站服务，它会跟踪用户在其所有服务网站的行为，通过对阅读历史、兴趣的分析，形成一个“兴趣图谱”，向出版商（内容提供商）和广告商提供新闻个性化服务。国内的社交网站（如腾讯）也提供了兴趣图谱的开发接口（http://wiki.open.t.qq.com），对外提供多种兴趣相关信息，如一键转播热门排行、同话题热门转播排行、通过标签搜索用户等。

现有用户兴趣图谱缺乏统一标准，既包括其对产品的兴趣（如购买和浏览历史、品牌和价格等的偏好）和个人爱好（如运动、旅游），也包括其参加的社会活动。综合而言，将这些元素都视为链路预测的某个节点，不但无法进行用户之间的兴趣相似性计算，更增加了计算复杂度。此外，缺乏统一标准的用户兴趣建模带来了互操作性问题，大量的研究着重于解决用户兴趣的模型结构、语法和语义集成。兴趣图谱的另一个研究难点是从结构和非结构文本中获取基于语义的用户兴趣。

此外，用户兴趣图谱建模的质量直接关系到个性化推荐的质量，采用何种方法对用户兴趣进行建模也值得研究。用户建模研究的历史可追溯到 20 世纪 70 年代末期，以 Allen、Cohen、Perrault 和 Rich 等人的工作为代表。用户模型最初以用户属性 Profile 为主，目前基于本体的用户行为与偏好建模和推荐已经成为一种主流方式。用户的兴趣是复杂的、有层次的和具有个人偏好的，可以利用本体中的概念来描述用户兴趣，使用本体中的各种关系描述用户复杂的兴趣关系，利用属性和属性值表示用户对感兴趣的商品的特殊偏好，从而形成一个树状结构的用户兴趣本体模型。引入语义网络中的扩散激活方法来增强对本体概念相似度的测度能力，可以完成基本的概念扩展和关系识别，较好地解决推荐系统中常见的冷启动问题。Xing Jiang 进一步提出基于扩散激活理论的兴趣本体自学习方法，Mohanraj 等借鉴蜜蜂采集信息传递原理提出基于本体的自适应推荐方法。可见，兴趣图谱处于起步阶段，兴趣图谱概念混乱、缺乏统一的标准、兴趣模型和建模方法各异；为获取用户完整的兴趣图谱以实现精准的推荐、解决模型的互操作和“冷启动”问题，需要对来自不同网站的用户兴趣图谱进行集成；传统的关键词不能正确表达客户兴趣语义，兴趣图谱构建中的语义问题是另一个研究重点；兴趣图谱的动态和易变问题，是受时间、群体等变化因素影响的。

2．基于全网数据的用户兴趣图谱生成方法

1）兴趣图谱生成原理

基于全网兴趣图谱的用户-兴趣-商品三部图推荐机制（如图 3-10 所示），需要整合全网交叉领域多维数据能够跨系统、跨平台收集到全方位的用户信息，构建完整的用户兴趣图谱，从而实现更为精准的个性化推荐。兴趣图谱的自学习主要思想是基于用户和兴趣之间的初始已知链接，采用链接预测算法来发现用户和兴趣之间的未知链接，实现兴趣图谱的自学习，得到完善的用户兴趣图谱，为接下来的基于用户兴趣图谱的商品推荐提供支持。

2）兴趣图谱自学习算法（Interests Graph Self-learning Algorithm，IGSA）

（1）兴趣权重计算。在当前互联网海量数据的环境下，用户难以在动辄成千上万的商品记录中高效获取需要的有效信息，需要采用个性化推荐的方式

来解决网络信息过载问题。现有推荐算法研究大多是基于用户概要或购买记录（Transactions Logs）进行的，但事实上购买记录并不能完美地反映顾客对某件商品有偏好，他可能在购买后对这件商品给出差评。Web 2.0 技术的出现使得网络购物用户能够通过更多渠道（包括网络购物网站、博客、论坛等）得到有价值的评论信息，这些评论所表达的意见和情感，将成为潜在顾客进行购物选择时的重要参考指标。除此之外，用户在网络购物环境下的各种行为信息也会反映出其本身的个性化信息，对它进行正确的分析和有效地应对对于网络购物网站的发展具有至关重要的意义，因此，引入用户兴趣的概念进行推荐是十分必要的。

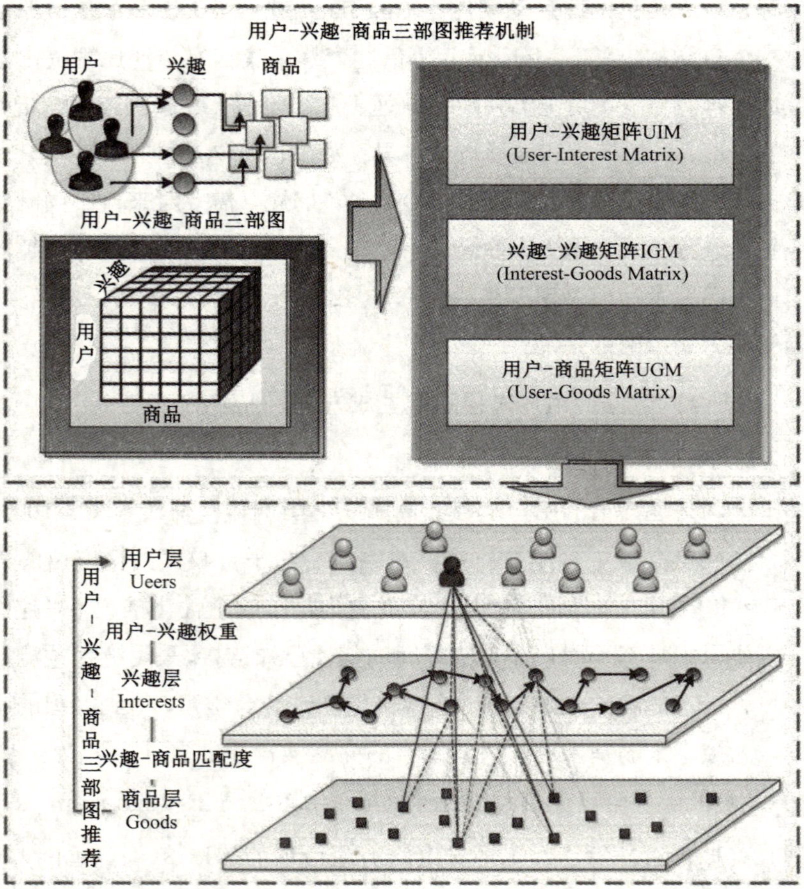

图 3-10　用户-兴趣-商品三部图推荐机制

不同用户对不同兴趣的喜好程度是有差异的。本书提出兴趣权重的概念来衡量某一用户对特定兴趣的喜好程度。兴趣权重的值越大，代表某一用户对特定兴趣的喜好程度越高。兴趣权重与两个因素有关：首先是用户与特定兴趣所对应的实例的交互次数。以电影推荐系统为例，某用户所观看的“喜剧”类别下的电影越多，代表用户对“喜剧”这一兴趣类别的喜好程度越高。其次，兴趣权重还与用户的交互频率有关。不同用户的行为习惯是不一样的，仍以电影推荐系统为例，若该系统中所有用户的平均观影数是100部，用户A只观看了50部，而用户B观看了200部，在这种情况下，即使两个用户在“喜剧”兴趣类别下都观看了25部电影，这两个用户对“喜剧”的兴趣权重也是不一样的。由于用户A所观看的电影总数较少（即交互频率相对较低），显然用户A对“喜剧”类别的兴趣权重相对较大，用户A比用户B更为喜好“喜剧”这一兴趣类别。因此，设定用户交互频率来平衡用户的行为习惯对其兴趣权重的影响。定义 $w_{u_i}^{i_j}$ 为用户 u_i 对兴趣 i_j 的兴趣权重，则 $w_{u_i}^{i_j}$ 的计算公式为

$$w_{u_i}^{i_j}=\frac{N_{u_i}^{i_j}}{F_{u_i}} \tag{3-16}$$

式中，$N_{u_i}^{i_j}$ 表示用户 u_i 与兴趣 i_j 所对应的实例的交互次数，F_{u_i} 表示用户的交互频率。F_{u_i} 的计算公式为

$$F_{u_i}=\frac{\sum N_{u_i}}{\frac{\sum N}{n}} \tag{3-17}$$

式中，$\sum N_{u_i}$ 表示用户 u_i 的交互总次数，$\frac{\sum N}{n}$ 表示平均每个用户的交互次数（$\sum N$ 代表所有用户的交互总次数，n 代表用户总数）。

因此，$w_{u_i}^{i_j}$ 的计算公式最终可以表示为

$$w_{u_i}^{i_j}=\frac{N_{u_i}^{i_j}\sum N}{n\sum N_{u_i}} \tag{3-18}$$

（2）兴趣相似度计算。基于节点相似性的链接预测方法大多是基于共同邻居的，尽管简单，却与现实中的物理过程不相关联。Tao Zhou 等人提出一种相似性算法——资源分配算法（RA 算法），从网络中资源分配机制的角度

考虑，该算法比其他算法有更高的准确率。

资源分配算法的主要思想是：假设有两个不相连但有共同邻居的节点对 x 和 y，x 可以通过共同邻居向 y 传递它的资源，y 从 x 处得到的资源越多，这对节点就越相似。最简单的情况是每一个担当“传递者”角色的共同邻居有 1 单位的资源，并将这 1 单位资源平均地分配给它的所有邻居。节点 x 和节点 y 的相似度可以被定义为节点 y 从节点 x 处获得的资源数量的多少，即

$$s_{xy} = \sum_{z \in \tau(x) \cap \tau(y)} \frac{1}{k(z)} \tag{3-19}$$

式（3-19）是简单环境下的节点相似性计算公式，比较算法适用于对称网络，即 $s_{xy} = s_{yx}$。资源分配算法还可以扩展到非对称网络。假设节点 x 拥有 1 单位资源，它将把这一单位资源平均分配给它的所有邻居，而节点 x 的所有邻居又将更进一步将从节点 x 处获得的资源平均分配给各自的所有邻居。此时，节点 y 所获得的资源可以被认为是从节点 x 的角度来看节点 y 的重要程度，即

$$s_{xy} = \frac{1}{k(x)} \sum_{z \in \tau(x) \cap \tau(y)} \frac{1}{k(z)} \tag{3-20}$$

在这种情况下，$s_{xy} \neq s_{yx}$。上述公式在二部图网络的个性化推荐中已有一定的应用，但现有的研究往往将资源分配算法用在商品推荐领域，用其预测用户与商品实例之间的链接、向用户推荐具体的商品实例，例如，采用基于加权二部图的个性化推荐算法为观影者推荐符合其偏好的电影，目前还鲜有人使用链接预测算法中的资源分配算法来计算兴趣之间的相似度并在此基础上实现兴趣图谱的自学习。

我们使用资源分配算法来计算兴趣之间的相似度。由于现实网络往往是非对称网络，因此，采用式（3-20）来衡量从兴趣节点 x 的角度来看兴趣节点 y 和它的相似度。

（3）兴趣图谱自学习算法。兴趣图谱自学习是实现用户-兴趣-商品三部图推荐的基础，因此，设计兴趣图谱自学习算法是本书的核心内容之一。

本书结合上述兴趣权重计算方法和兴趣相似度计算方法，提出兴趣图谱自学习算法（Interest Graph Self-learning Algorithm，IGSA）。

① **概念定义。**定义两个矩阵：用户-兴趣矩阵（User-Interest Matrix，UIM）和兴趣-兴趣矩阵（Interest-Interest Matrix，IIM）。

用户-兴趣矩阵（UIM）即用户兴趣图谱的一种规范化表示，记录用户 u_i 对兴趣 i_j 的兴趣权重 $w_{u_i}^{i_j}$，可以表示为三元组<User，Interest，Weight>。其中，User 表示用户的集合，Interest 表示兴趣的集合，Weight 表示用户对兴趣的喜好程度，即兴趣权重。用户-兴趣矩阵（UIM）是一个从用户和兴趣到兴趣权重的函数，即

$$\text{UIM}：\text{User}\times\text{Interest}\rightarrow\text{Weight}$$

计算公式如式（3-18）所示。

兴趣-兴趣矩阵（IIM）记录兴趣之间的相似度，可以表示为三元组<Interest，Interest，Similarity>。其中，Interest 表示兴趣的集合，Similarity 表示兴趣之间的相似度。兴趣-兴趣矩阵（IIM）是一个从兴趣和兴趣到兴趣相似度的函数，即

$$\text{IIM}：\text{Interest}\times\text{Interest}\rightarrow\text{Similarity}$$

计算公式如式（3-20）所示。

② **算法描述。**兴趣图谱自学习算法主要分以下三个步骤实现。首先，通过用户与特定兴趣所对应的实例的交互次数和用户的交互频率计算出每个用户对特定兴趣的喜好程度；其次，通过第一步中获得的用户-兴趣已知链接和资源分配算法计算出兴趣之间的相似度；最后，基于兴趣权重和兴趣相似度预测用户与兴趣之间是否存在未知链接，以及计算用户未知兴趣的兴趣权重值。

本节给出一个直观的例子直接说明兴趣图谱自学习的原理。

本例中定义用户集 User={u_1，u_2，u_3，u_4，u_5}，兴趣集 Interest={i_1，i_2，i_3，i_4，i_5}，用户 u_i 对兴趣 i_j 的兴趣权重 $w_{u_i}^{i_j}$ 以及从兴趣 i_x 的角度来看兴趣 i_y 和兴趣 i_x 的相似度 s_{xy}。

第一步，根据用户与特定兴趣所对应的实例的交互次数和用户的交互频率计算出每个用户对特定兴趣的喜好程度，即用户 u_i 对兴趣 i_j 的兴趣权重 $w_{u_i}^{i_j}$，得到初始用户-兴趣矩阵，记为 initialUIM，如表 3-17 所示。u_1 对 i_1 的兴趣权重是 50，u_2 对 i_2 的兴趣权重是 70，u_3 对 i_3 的兴趣权重是 30，以此类推，每一个数值都代表通过公式计算得到的用户对兴趣的喜好程度。在表 3-17 中，若

$w_{u_i}^{i_j}$ 已被赋值，则意味着用户与该兴趣所对应的实例已有交互，u_i 和 i_j 之间存在一条链接。相反，若 $w_{u_i}^{i_j}$ 未被赋值，则意味着用户与该兴趣所对应的实例的交互情况未知，即 u_i 和 i_j 之间的链接是未知的。兴趣图谱自学习算法就是为了预测未知链接是否存在，以及未知兴趣的兴趣权重值的大小。

表 3-17　初始用户-兴趣矩阵（initial UIM）

$w_{u_i}^{i_j}$	i_1	i_2	i_3	i_4	i_5
u_1	50	2.5			
u_2		70			
u_3	10	20	30	40	50
u_4			100	120	150
u_5	90			40	30

第二步，根据 initial UIM 中用户 u_i 和兴趣 i_j 之间的已知链接，运用资源分配算法（RA 算法）可以得到兴趣之间的相似度，记为兴趣-兴趣矩阵（IIM），如表 3-1 所示。假设兴趣 i_x 拥有的初始资源是 1，它将这一资源平均分配给兴趣图谱中它的所有邻居节点（兴趣图谱中兴趣节点的邻居节点都是用户节点），而兴趣 i_x 的邻居节点又进一步将从 i_x 处获得的资源平均分配给各自的邻居节点，此时兴趣节点 i_y 得到的所有从 i_x 处传递来的资源的多少表示从兴趣节点 i_x 的角度来看兴趣节点 i_y 与它的相似性。兴趣图谱是一个非对称网络，如表 3-18 所示，从兴趣节点 $i1$ 的角度来看，计算出的 $i1$ 和 $i3$ 的相似度是 1/15，而从兴趣节点 $i3$ 的角度来看，$i1$ 和 $i3$ 的相似度是 1/10。

表 3-18　兴趣-兴趣矩阵（IIM）

s_{xy}	i_1	i_2	i_3	i_4	i_5
i_1	1	7/30	1/15	8/45	8/45
i_2	7/30	1	1/15	1/15	1/15
i_3	1/10	1/10	1	4/15	4/15
i_4	8/45	1/15	8/45	1	13/45
i_5	8/45	1/15	8/45	13/45	1

第三步，根据 initial UIM 中的已知兴趣权重和 IIM 中的兴趣相似度预测 initial UIM 中未知兴趣的兴趣权重，记为最终用户-兴趣矩阵（final UIM）。

以计算用户 u_1 对兴趣 i_3 的兴趣权重为例。已知用户 u_1 对兴趣 i_1 的兴趣权重为 50，对兴趣 i_2 的兴趣权重为 2.5，而从兴趣节点 i_1 的角度来看兴趣节点 i_3 与它的相似度为1/15，从兴趣节点 i_2 的角度来看兴趣节点 i_3 与它的相似度也为1/15，那么预测出的用户 u_1 对兴趣 i_3 的兴趣权重就应该是 50×1/15+2.5×1/15=3.5。initialUIM 中的未知兴趣权重预测值如表 3-19 中粗斜体数值所示。可以看出，在该例中，预测出的 $w_{u_4}^{i_1}$ 、$w_{u_4}^{i_2}$ 和 $w_{u_5}^{i_2}$ 值较高，分别为 58、28 和 25.7，也就是说，用户 u_4 和兴趣 i_1、i_2，以及用户 u_5 和兴趣 i_2 之间有较大的可能存在未知链接。这一预测结果也符合现实世界的客观规律。从 initial UIM 中可以看出，用户 u_4 和 u_5 相对于用户 u_1 和 u_2 兴趣更为广泛，且兴趣权重也普遍更高，可以推测用户 u_4 和 u_5 是相对活跃的用户，因此，他们更有可能培养更多的兴趣。而将用户 u_4 和 u_5 进行比较，可以发现用户 u_4 的兴趣权重普遍比用户 u_5 高，这就涉及用户行为习惯的问题，可以理解为用户 u_4 相较于用户 u_5 能够更轻易地对事物产生浓烈的兴趣，因此，在 finalUIM 中，预测到的用户 u_4 的兴趣权重值比之预测到的用户 u_5 的兴趣权重值偏高。

表 3-19　最终用户-兴趣矩阵（final UIM）

$w_{u_i}^{i_j}$	i_1	i_2	i_3	i_4	i_5
u_1	50	2.5	***3.5***	***9.1***	***9.1***
u_2	***16.3***	70	***4.7***	***4.7***	***4.7***
u_3	10	20	30	40	50
u_4	***58***	***28***	100	120	150
u_5	90	***25.7***	***18.4***	40	30

综合以上 3 个步骤，定义 $\text{IGSA}_{u_i}^{i_j}$ 为用户 u_i 和兴趣 i_j 之间存在未知链接的可能值，则 $\text{IGSA}_{u_i}^{i_j}$ 的计算公式如下：

$$\text{IGSA}_{u_i}^{i_j} = \sum_{u_i \in \tau(i_x) \cap \tau(i_j)} w_{u_i}^{i_x} \times s_{i_x i_j} \tag{3-21}$$

3）实例分析

（1）**数据来源**。实验使用的数据集是由 GroupLens 在网站 http://www.grouplens.org 上提供的开放数据集 MovieLens（100K）。该数据集记录了在 1997 年 9 月 19 日到 1998 年 4 月 22 日 7 个月间 943 位用户对 1682

部电影的 89992 条评分记录。其中，users 文件记录了用户 ID、用户性别、用户年龄及用户职业等用户个人信息；movies 文件记录了电影 ID、电影名称及电影类别等电影属性信息；ratings 文件记录了用户 ID、电影 ID、评分值及时间戳等数据，是用户文件和电影文件的关联文件，也是本次实验所使用的核心数据文件。

（2）**数据预处理**。在实验开始前需要对所选取的数据集进行预处理，以保证实验合理有序地进行。MovieLens（100K）开放数据集记录的电影被划分为 18 个类别，分别是 Action、Adventure、Animation、Children's、Comedy、Crime、Documentary、Drama、Fantasy、Film-Noir、Horror、Musical、Mystery、Romance、Sci-Fi、Thriller、War 和 Western。在本实验中，将电影的类别视为用户潜在的兴趣类型，即若用户观看了很多 Action 类别下的电影并对其进行了评分，可以视为用户具有 Action 这一兴趣，且用户与 Action 对应的电影实例交互次数越多（观看的 Action 类别的电影数量越多），则表示该用户对 Action 兴趣的兴趣权重值越大。因此，在实验开始前需要把数据集中电影的类别转化成用户的兴趣，并通过用户在 users 文件、movies 文件和 ratings 文件中的观影信息数据构建用户初始兴趣图谱。

其次，需要将实验的数据集划分为训练集和测试集，这两个集合之间没有交集，但它们的并集包含了实验数据集中用户和兴趣的所有链接。随机选取数据集中的 50%作为训练集，剩余 50%作为测试集。

（3）**实验步骤及结果**。第一步：将 MovieLens（100K）数据集中的 18 种电影类别抽象为用户的兴趣，若用户对某一电影有评分记录，则认为用户与该电影之间存在交互，由此可以计算得出用户与特定兴趣（在实验中等同于电影类别）对应的电影的交互次数与用户的交互频率，从而依据式（3-16）计算出用户的兴趣权重，得到初始用户兴趣图谱。计算出的初始用户-兴趣链接有 14032 条。表 3-20 给出了部分初始用户兴趣图谱数据。

表 3-20　部分初始用户兴趣图谱数据

NO.	userID	interest	weight
1	5	Thriller	10.353
2	38	Film-Noir	0.905

（续表）

NO.	userID	interest	Weight
3	56	Action	36.407
4	106	Documentary	1.667
5	174	Musical	4.055
6	275	Romance	9.157
7	398	Western	4.318
8	448	Film-Noir	2.714
9	509	Film-Noir	3.167
10	637	Drama	43.093
11	733	Fantasy	1.000
12	759	Crime	10.179
13	832	Comedy	20.652
14	859	Action	5.429
15	931	Crime	5.588

第二步：依据第一步得到的用户初始兴趣图谱，基于链接预测算法中的资源分配算法（RA 算法）计算兴趣之间的相似度。表 3-21 给出了部分兴趣相似度计算结果。

表 3-21 部分兴趣相似度计算结果

NO.	interest1	interest2	similarity
1	Film-Noir	Crime	0.063
2	Crime	Mystery	0.064
3	Romance	Thriller	0.069
4	Animation	Action	0.063
5	Horror	Sci-Fi	0.064
6	Comedy	Documentary	0.022
7	unknown	Thriller	0.053
8	Mystery	Adventure	0.063
9	Western	Documentary	0.030
10	Action	Western	0.031
11	Adventure	Crime	0.065
12	Fantasy	Documentary	0.028
13	War	Fantasy	0.032
14	Children's	Comedy	0.066
15	Musical	Mystery	0.062

第三步：根据兴趣图谱自学习算法 IGSA 实现兴趣图谱的自学习，得到完整用户兴趣图谱。部分用户兴趣图谱自学习结果如表 3-22 所示。

表 3-22　部分用户兴趣图谱自学习结果

NO.	userID	interest	weight
1	35	Thriller	43.182
2	60	Drama	39.061
3	194	Drama	38.278
4	306	Comedy	47.500
5	403	Action	37.174
6	476	Comedy	78.961
7	500	Drama	45.894
8	502	Thriller	40.303
9	732	Drama	45.000
10	738	Action	40.923
11	875	Drama	53.919
12	888	Drama	42.750
13	910	Action	43.333
14	918	Drama	48.556
15	934	Comedy	37.516

结果分析：将随机划分数据集的过程进行 10 次。在指定向用户推荐兴趣长度的情况下（即指定向用户推荐 Top-N 个兴趣），采取兴趣图谱自学习算法(IGSA)预测正确的兴趣个数在这 10 次实验中的均值及其准确率进行比较，实验结果如表 3-23 所示。可以看出，兴趣图谱自学习算法（IGSA）在不同推荐长度下算法的准确率波动不大，基本处于一个稳定值 47.9%，适用于不同指定推荐长度下的兴趣推荐，能够较好地完成兴趣图谱的自学习过程。

表 3-23　不同推荐长度下预测正确的兴趣数量（均值）

推荐长度	IGSA	准确率
5	1830	47.98%
10	3659	47.96%
15	5467	47.77%
20	7315	47.94%
50	36596	47.96%
100	18260	47.86%

3. 用户兴趣图谱动态演化与反馈机制

1）用户兴趣图谱演化原理及算法

兴趣并非一成不变的，用户兴趣的演化受时间、兴趣近邻和兴趣社区的影响。首先，基于用户兴趣图谱构造用户－兴趣二部图，借鉴复杂网络图结构链路预测等方法，向用户推荐或预测新的兴趣。然后，建立定性模拟模型研究兴趣采纳过程，通过反馈机制生成用户兴趣图谱中的兴趣度权重。最后，按照用户－兴趣－商品概念三部图，提取用户对预测或推荐兴趣相关的商品的购买、浏览等行为，反映用户对预测或推荐兴趣的接纳程度，即建立用商品-兴趣-用户的二次反馈机制。

（1）个人兴趣度演变。百度近期推出的百度个人中心就根据用户利用百度搜索引擎的搜索记录建立了用户的兴趣图谱，将用户兴趣分为几种并用雷达图来表示。与此类似，用户兴趣度的变化除了基于社交网络的兴趣的扩散，以及用户兴趣图谱内部的兴趣扩散，还包括用户在电商网站的行为所反映的用户兴趣的变化。用户在电子商务网站所进行的浏览、收藏、购买、评论等行为可用于构建用户兴趣图谱，也可用于用户兴趣度变化的计算，即用户兴趣图谱的演化研究。

本书在已有的研究基础上，根据用户在电子商务网站的行为建立了用户的消费行为模型。用户兴趣图谱中兴趣度的变化可根据用户消费行为模型增量式更新相应的兴趣度，模型如表 3-24 所示。

表 3-24　用户消费行为模型

用户行为	兴趣度变化值 ΔV
购买	0.9
加入购物车	0.7
收藏	0.5
评论	0.3
浏览	0.1

在建立的用户消费行为模型的基础上，需要将用户行为与用户的兴趣概念关联起来。这里需要用到语义词典与关联开放数据集。假设用户行为中涉及的商品名称为 Cname，商品标签为 Ctag($T_1,T_2,T_3,\cdots,T_n$)。用户行为对应的兴趣概

念的获取及兴趣度的增量更新算法如下。

输入：商品名称 Cname$_i$，商品标签 Ctag$_i$（$T_{i1}, T_{i2}, T_{i3},\cdots,T_{in}$）。

输出：用户兴趣度演变的结果。

流程：

步骤 1：在 Wikipedia 中搜索商品名称，找到对应页面。根据这个页面对应的 DBpedia 概念 D_{ci}，计算该概念与用户兴趣图谱中兴趣概念 IS=(IS$_1$,IS$_2$,IS$_3$,⋯,IS$_n$)的语义相似度。语义相似度的计算采用基于语义词典 Wordnet 的 Wu-Palmer 语义相似度计算方法。

步骤 2：取相似度最高的前 k 个按相似度由大到小排列的兴趣概念的集合 kNCIS=(CIS$_{n1}$,CIS$_{n2}$,CIS$_{n3}$,⋯,CIS$_{nk}$)。

步骤 3：对商品标签 Ctag($T_1,T_2,T_3,\cdots,T_n$)找到其在 Wikipedia 中的页面，根据该页面找到对应的 DBpedia 中的概念 $D_{t1},D_{t2},D_{t3},\cdots,D_{tn}$。计算这些概念与用户兴趣图谱中兴趣概念 IS=(IS$_1$,IS$_2$,IS$_3$,⋯,IS$_n$)的语义相似度。语义相似度的计算方法同样采用基于语义词典 Wordnet 的 Wu-Palmer 语义相似度计算方法。

步骤 4：取相似度最高的前 k 个按相似度由大到小排列的兴趣概念的集合 kNTIS=(TIS$_{n1}$,TIS$_{n2}$,TIS$_{n3}$,⋯,TIS$_{nk}$)。

步骤 5：根据 kNCIS 与 kNTIS 的交集，取二者共同相似度最高的兴趣概念 IS$_i$ 作为商品对应的兴趣概念。

步骤 6：假设一个用户的某个兴趣概念 IS$_i$ 对应的商品包括 $C_i=(C_{i1}, C_{i2}, C_{i3},\cdots,C_{im})$，每个商品对应该用户的几种行为，$B_i=(B_1,B_2,B_5)$，即用户兴趣度的变化值 $\Delta V_i = \Delta V_1 + \Delta V_2 + \Delta V_5$，演变后的用户兴趣度 $IS_i' = IS_i + \Delta V_i$。

步骤 7：重复步骤 6 的计算过程，得到一个用户兴趣度的变化。

步骤 8：重复步骤 7 的计算过程，直到得到所有用户的兴趣度的演变结果。

（2）基于时间序列预测的兴趣图谱动态演化。引起用户兴趣度变化的影响因素除了用户自身的行为外，还有因时间影响用户的兴趣度发生改变。具体表现为，用户在之前某个时间点登录电商网站，发生了浏览、收藏、加入购物车等行为，然后离开网站。在很长一段时间之后用户再次登录电商网站，发生了商品的购买行为。这一过程中，长期离开电商网站的行为会引起用户的兴趣图谱中对应的商品的兴趣概念的变化。

本书在已有的研究的基础上，参考艾宾浩斯遗忘曲线的思想，用户兴趣的变化会在离开电商网站之后开始，并且这个过程不是均匀的，最初变化的速度很快，后面逐渐放缓，因此，不能直接基于时间的线性衰减的方式来衡量用户兴趣度的变化。这里采用用户兴趣的指数衰减模型。这里 T_n 表示现在时刻，用户登录电商网站的时间，T_1 表示用户上次登录电商网站的时间，用 $w(\mathrm{IS}_i)$表示这一时期内用户行为对应的兴趣概念 IS_i 的兴趣度的衰减。$w(\mathrm{IS}_i)$的计算如下：

$$w(\mathrm{IS}_i)=\mathrm{e}^{-k(\mathrm{abs}(T_n-\mathrm{T}_1)} \tag{3-22}$$

这里 k 表示的是遗忘速度，$k>0$，且 $w(\mathrm{IS}_i)$的值在 0 到 1 之间。

（3）基于网络空间的兴趣度演变。 用户兴趣度的变化除了考虑其在电商网站的行为、因时间引起的兴趣的衰减，还要考虑的因素是用户在在线社会网络中的影响力。已有的对用户在社交网络中影响力的研究采用 SNA（Social Network Analysis，社会网络分析法），计算用户在网络中的出度入度及中心度等。而在社会网络中的信息扩散的研究中，众多学者的研究发现，基于网络拓扑结构、社会网络分析的结果并不足以表示用户在社交网络中的影响力，用户所发布及传递的信息是衡量其影响力的重要标准。因此，本书在已有的研究的基础上，提出了基于网络空间的用户影响力计算方法，计算过程如下：

输入：用户 u 所在在线社会网络（SiteA,SiteB,SiteC,⋯,SiteM），用户发布或扩散的信息在其所在在线社会网络中引起的其他用户兴趣变化的权重 SiteA(w_{a1}, w_{a2}, w_{a3}, ⋯, w_{aa})，SiteB(w_{b1}, w_{b2}, w_{b3},⋯, w_{bb})，SiteC(w_{c1}, w_{c2}, w_{c3},⋯, w_{cc})⋯SiteM(w_{m1}, w_{m2}, w_{m3}, ⋯, w_{mm})，用户在每个社交网络中所花时间 T=（t_A, t_B, t_C, ⋯, t_M）。

输出：用户 u 在其所在所有社交网络中的综合权重 w_u。

流程：

步骤 1：基于社会网络分析法，利用 Ucinet 计算出用户 u 在每个社交网络中所有用户的点度中心度总和 D_{SUM}(D_{SUMA}，D_{SUMB}，D_{SUMC},⋯, D_{SUMM})，计算用户 u 在每个社交网络中的点度中心度 D_u(D_{uA}, D_{uB}, D_{uC},⋯, D_{uM})；

步骤 2：社会网络的拓扑结构所反映的用户在社交网络中的权重为 $R_{\mathrm{SNAu}}=(R_{\mathrm{SNAuA}}=D_{\mathrm{uA}}/D_{\mathrm{SUMA}}, R_{\mathrm{SNAuB}}=D_{\mathrm{uB}}/D_{\mathrm{SUMB}}, R_{\mathrm{SNAuC}}=D_{\mathrm{uC}}/D_{\mathrm{SUMC}},\cdots, R_{\mathrm{SNAuM}}=D_{\mathrm{uM}}/D_{\mathrm{SUMM}})$；

步骤 3：根据社交网络中的用户权重与用户在每个社交网络所花时间，网络拓扑结构计算所得用户的影响力为 $w_{\mathrm{SNAu}}=R_{\mathrm{SNAuA}}\times t_{\mathrm{A}}+R_{\mathrm{SNAuB}}\times t_{\mathrm{B}}+R_{\mathrm{SNAuC}}\times t_{\mathrm{C}}+R_{\mathrm{SNAuM}}\times t_{\mathrm{M}}/(t_{\mathrm{A}}+t_{\mathrm{B}}+t_{\mathrm{C}}+\cdots+t_{\mathrm{M}})$；

步骤 4：计算每个社交网络中的所有用户兴趣变化引起兴趣扩散的权重总和 $w_{\mathrm{SUM}}(w_{\mathrm{SUMA}}, w_{\mathrm{SUMB}}, w_{\mathrm{SUMC}}, \cdots, w_{\mathrm{SUMM}})$，计算用户 u 在每个社交网络中引起的其他用户的兴趣变化的权重总和 $w_{\mathrm{SUMu}}(w_{\mathrm{SUMuA}}, w_{\mathrm{SUMuB}}, w_{\mathrm{SUMuC}}, \cdots, w_{\mathrm{SUMuM}})$，则用户在每个社交网络中的兴趣扩散的占比为 $R_{\mathrm{u}}(R_{\mathrm{uA}}=w_{\mathrm{SUMuA}}/w_{\mathrm{SUMA}}, R_{\mathrm{uB}}=w_{\mathrm{SUMuB}}/w_{\mathrm{SUMB}}, R_{\mathrm{uC}}=w_{\mathrm{SUMuC}}/w_{\mathrm{SUMC}}, \cdots, R_{\mathrm{uM}}=w_{\mathrm{SUMuM}}/w_{\mathrm{SUMM}})$；

步骤 5：根据用户兴趣扩散在社交网络中的权重占比与用户在社交网络中所花时间，基于兴趣扩散所得的用户影响力为 $w_{\mathrm{ISu}}=R_{\mathrm{uA}}\times t_{\mathrm{A}}+R_{\mathrm{uB}}\times t_{\mathrm{B}}+R_{\mathrm{uC}}\times t_{\mathrm{C}}+R_{\mathrm{uM}}\times t_{\mathrm{M}}/(t_{\mathrm{A}}+t_{\mathrm{B}}+t_{\mathrm{C}}+\cdots+t_{\mathrm{M}})$；

步骤 6：最后，用户影响力的计算综合网络拓扑结构中的影响力与其兴趣扩散计算所得影响力，$w_{\mathrm{u}}=\alpha w_{\mathrm{SNAu}}+\beta w_{\mathrm{ISu}}$，其中 $0<\alpha,\beta<1$，且 $\alpha+\beta=1$；

步骤 7：重复步骤 1 到步骤 6 的过程计算得出社交网络中所有用户的网络空间影响力。

基于网络空间的兴趣度演变基于在线社会网络中的兴趣扩散，结合用户影响力权重的结果获取用户兴趣度的演变结果。将用户影响力权重赋给用户兴趣扩散的概率，从而提高用户兴趣在社交网络中扩散的精度。计算过程如下：

输入：用户 u，用户 u 所在在线社会网络（SiteA,SiteB,SiteC,⋯,SiteM），用户 u 所处所有在线社会网络中的用户 NNI。

输出：网络空间中的用户 u 的兴趣度演变结果。

流程：

步骤 1：利用 2.3 节的算法获取用户 u 的兴趣度变化值；

步骤 2：利用本节用户影响力权重计算方法获取用户 u 的影响力权值 w_u；

步骤 3：SiteA 中用户 N_1 的某个兴趣概念 IS_i 传递到用户 u 的概率为 $w_u \cdot P_{l_i}, N_{1,u}$，用户 u 在接收到用户 N_1 的扩散后所发生的行为的权重为 $W_{l_i}, N_{1,u}$；

步骤 4：计算得出用户 u 的兴趣概念 IS_i 的兴趣度值的变化为 $w_u \cdot P_{l_i}, N_{1,u} \cdot W_{l_i,N_{1,u}}$，$IS_i$ 的兴趣度值变为 $V'_{ui} = V_{ui} + w_u P_{l_i,N_{1,u}} W_{l_i,N_{1,u}}$；

步骤 5：重复步骤 1 到步骤 4 的过程计算出 SiteA 中所有用户对用户 u 扩散后用户 u 的兴趣图谱中兴趣度变化结果；

步骤 6：重复步骤 1 到步骤 5 的过程，得出用户 u 所在所有在线社会网络中的用户对其进行兴趣扩散后用户 u 的兴趣图谱中兴趣度变化值。

重复以上过程，可以获取所有用户在网络空间中的兴趣度演变结果。

（4）融合个体-时间-空间的兴趣图谱演化机制。在用户兴趣受到冲击将其扩散到社交网络中各个用户，用户兴趣图谱本体模型中某个兴趣概念节点的兴趣度发生变化引起各个层次的兴趣度发生改变的基础上，用户兴趣图谱的演化还涉及用户个体行为、时间因素、网络空间的影响与作用。本书在用户兴趣扩散激活模型的基础上，构建了融合个体-时间-空间的用户兴趣图谱演化机制，如图 3-11 所示。

用户兴趣图谱的演化包含 4 步，以用户 u 为例，其兴趣图谱演化算法过程如下。

输入：用户 u 的初始兴趣图谱，用户在电商网站的行为所涉及的商品名称 Cname(Cname1, Cname2, Cname3, …, Cname$n$)，商品 i 的标签为 $Ctag_i$(T_{i_1} , T_{i_2} , T_{i_3} , …, T_{i_n})，用户 u 所在在线社会网络(SiteA,SiteB,SiteC,…,SiteM)。

输出：演化后的兴趣图谱。

流程：

步骤 1：获取商品对应的用户的兴趣概念。

步骤 2：利用基于在线社会网络的用户兴趣扩散模型，同时考虑用户在网络空间中的影响力，给予用户的兴趣扩散概率一个权重，计算得出由用户所在每个在线社会网络中其他用户兴趣扩散所得的兴趣度变化值，从而得出所有用户的兴趣度更新结果。

步骤 3：在完成基于社交网络与电商网站的用户兴趣度的变化值的基础上，在每个用户的兴趣图谱本体内部计算某个兴趣概念节点兴趣度变化引起的各个层次各种类型（深度扩散、广度扩散、多向链接扩散）的扩散的兴趣概念的兴趣度变化值，在此基础上获取用户所有兴趣概念节点引起的兴趣扩散对其兴趣图谱本体中兴趣概念的影响水平。由此，每个用户兴趣图谱本体的兴趣度完成更新。

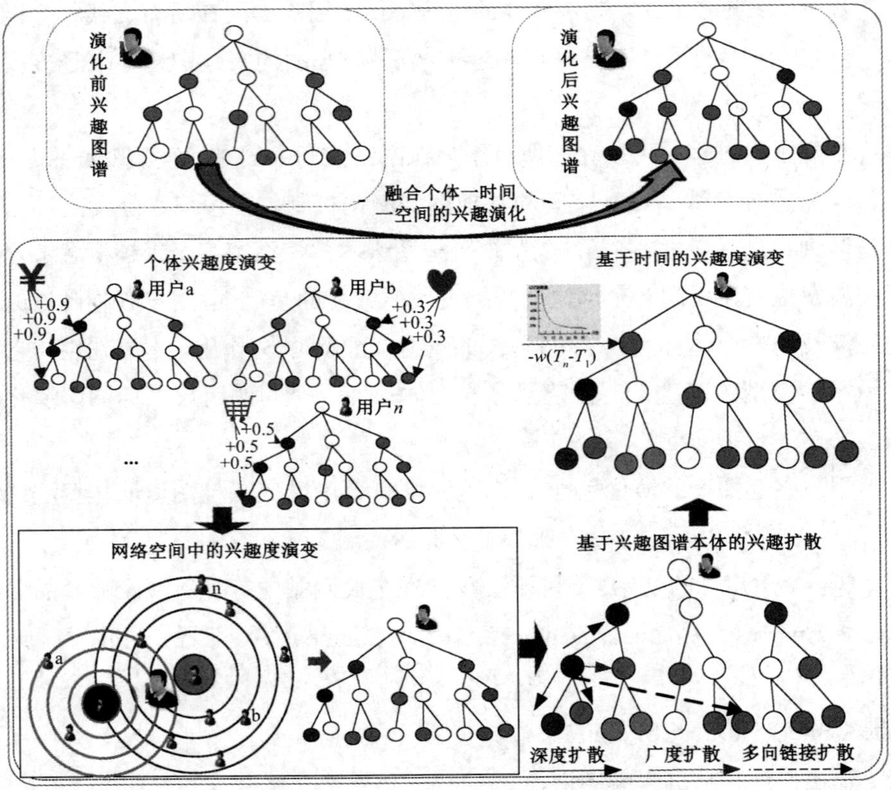

图 3-11　融合个体-时间-空间的兴趣图谱演化机制

步骤 4：用户兴趣图谱是包含个体兴趣度、时间节点、空间位置的三元组。在时间流失的过程中，用户原有的兴趣会发生一定的衰减，这里可以利用指数衰减模型设定时间间隔，定期对用户兴趣图谱进行更新。

原有兴趣图谱构建机制中忽略了用户在电商网站中的数据，或者用户在社交网络的社交关系，或者兴趣概念的设定没有参考语义词典、社会化标签与开放关联数据集，因此，构建的兴趣图谱无法科学、全面地反映用户兴趣的系统层次。本书在基于用户电商数据、在线社会网络数据，以及众多本体模型、语义词典与社会化标签的兴趣图谱的基础上，利用这些数据综合考虑用户消费行为数据、社交行为数据，以及时间因素引起的兴趣度的变化，建立了用户兴趣图谱演化机制。这一机制克服了原有用户兴趣动态更新方法没有综合电商网站数据与社交网络数据、没有完成用户兴趣“认知”到兴趣“产生”过程的问题。

参考文献

[1] Accenture interest-based Approach for Content Personalization[R]. www.accenture.com/.../Accenture-Interest-based-Approach.

[2] Barry Smyth, et al. Compound Critiques for Conversational Recommender Systems. In: Proceedings of the IEEE/WIC/ACM International Conference on Web Intelligence (WI'04), 2004: 145-151.

[3] Benjamin Heitmann.An open framework for multi-source,cross-domain person- alisation with semantic interest graphs[C].ACM Recommender Systems, Dublin, Ireland,2012: 313-316.

[4] Benjamin Heitmann,Maciej Dabrowski.Personalisation of social webservices in the enterprise using spreading activation for multi-source,cross-domain recommend- ations[C]. Association for the Advancement of Artificial Intelligence.2012:46-51.

[5] Chrysanthos Dellarocas,Guodong Gao,Ritu Narayan.Are customer more likely to contribute online reviews for hit or niche products?[J].Journal of Management Information System, 2010,27(2):127-158.

[6] Dongsheng Li,Qin Lv,Xing Xie.Interest-based real-time content recommendation in online social communities[J].Knowledge-Based Systems,2012(28):1-12.

[7] Fabrizio Orlandi.Multi-source provenance-aware user interest profiling on the social semantic web[C]. 20th International Conference on User Modeling, Adap- tation, and Personalization,LNCS 7379,2012:378-381.

[8] Francesca Carmagnola,Federica Cena,Cristina Gena.User model interoperability:a survey[J]. User Modeling and User-adapted Interaction,2011(21):285-331.

[9] Hu M,Liu B.Opinion feature extraction using class sequential rules[C].Proeeedings of the Spring Symposia on Computational Approaches to Analyzing Weblogs, 2006: 255-261.

[10] Hu M,Liu B.Mining opinion features in customer reviews[C]. 19th National Conference on Artificial Intelligence,2004:755-760.

[11] Lynne Grewe.The interest graph architecture-social modeling and information fusion[C]. Proc.of SPIE 2012,8392:1-46.

[12] Liu B,Hu M,Cheng J.Opinion observer:analyzing and comparing opinions on the web[C].14th International WWW Conference,2005:342-351.

[13] Massimiliano Albanese, Pasquale Capasso, Antonio Picariello, Antonio Maria Rinaldi. Information Retrieval from the Web: An Interactive Paradigm. In: K.S. Candan and A. Celentano (Eds.): MIS 2005, LNCS 3665, 2005: 17-32.

[14] Pang B,Lee L,Vaithyanathan S.Sentiment classification using machine learningtechniques[C]. Conference on Empirical Methods in Natural Language Processing,2002:79-86.

[15] Pedro GCampos,Fernando Díez.Time-aware recommender systems:a comprehen- sivesurvey and analysis of existing evaluation protocols[J].User Modeling and User-Adapted Interaction, 2013:1-53.

[16] Pingfeng Liu, Guihua Nie, and Dongli Chen. Towards Semantic Description of User Requiements in Recommender Systems, In: Proceedings of the Fifth Wuhan International Conference on E-Business, May 27, 2006: 509-515.

[17] Ricardo Kawase,Eelco Herder.Classification of user interest patterns using a virtual folksonomy[C].ACM/IEEE Joint Conference on Digital Libraries (JCDL'11), 2011: 105-108.

[18] Skowron A. Rough sets in KDD[R]. Special Invited Speaking. WCC 2000 in Beijing, 2000.

[19] Thomas M,Pang B,Lee L.Get out the vote:determining support or opposition from Congressional floor-debate transcripts[C].Conference on Empirical Methods in Natural Language Processing, 2006:327-335.

[20] V Mohanraja,M Chandrasekaranb,J Senthilkumara.Ontology driven bee's fora- ging approach based self-adaptive online recommendation system[J].The Journal of Systems and Software, 2012(85):2439-2450.

[21] Xin Luo, Yunni Xia, Qingsheng Zhu.Applying the learning rate adaptation to the matrix factorization based collaborative filtering [J].Knowledge-Based Systems, 2013(37): 154-164.

[22] Xing Jiang,Ah-Hwee Tan.Learning and inferencing in user ontology for person- alized semantic websearch[J].Information Sciences,2009(179):2794-2808.

[23] Y.H.Cho,J.K.Kim.Application of Web usage mining and product taxonomy to collaborative recommendations in e-commerce[J].Expert System Application, 2004(26):

223-246.

[24] Zhou T, Lü L, Zhang Y C. Predicting missing links via local information [J]. The European Physical Journal B, 2009, 71(4): 623-630.

[25] 陈媛媛. 用户兴趣图谱演化机制研究[D]. 武汉理工大学硕士学位论文, 2006.

[26] 常梨云, 王国胤, 吴渝. 一种基于 Rough Set 理论的属性约简及规则提取方法[J]. 软件学报, 1999, 10(11): 1206-1211.

[27] 刘平峰, 朱孔真, 张慧. 基于用户综合反馈的服务偏好挖掘方法[J]. 武汉理工大学学报(信息与管理工程版), 2014, 36(2): 242-245.

[28] 刘平峰, 杨柳, 朱孔真. 一种基于内容过滤的服务资源推荐新技术[J]. 武汉理工大学学报, 2014, 36(5): 668-672.

[29] 刘平峰. 基于知识网格的电子商务智能推荐理论方法研究[D]. 武汉理工大学博士学位论文, 2006.

[30] 李钝, 乔保军, 曹元大, 等. 基于语义分析的词汇倾向识别研究[J]. 模式识别与人工智能, 2008(4): 482-487.

[31] 李树青. 基于加权 XML 模型的个性化产品推荐方法[J]. 现代图书情报技术, 2009 (4):64-69.

[32] 马建国, 邢玲, 李幼平. 广播型网格的用户兴趣图谱[J].电子学报, 2005, 33(1): 142-146.

[33] 南智敏. 基于网页兴趣度的用户兴趣模型体系研究[D]. 复旦大学硕士学位论文, 2012.

[34] 聂规划, 孟洁, 陈冬林, 等. 基于内容过滤的数字家庭服务资源推荐技术[J]. 武汉理工大学学报(信息与管理工程版), 2013, 35(2): 219-222.

[35] 彭石. 基于用户兴趣和项目特性的协同过滤推荐算法研究[D]. 中南大学硕士学位论文, 2012.

[36] 王巧容, 赵海燕, 曹健. 个性化服务中的用户建模技术[J]. 小型微型计算机系统, 2011, 32(1): 39-46.

[37] 王立才, 孟祥武, 张玉洁. 上下文感知推荐系统[J]. 软件学报, 2012, 23(1): 1-20.

[38] 王国胤, 于洪, 杨大春. 基于条件信息熵的决策表约简[J]. 计算机学报, 2002, 25(7): 759-766.

[39] 赵妍妍, 秦兵, 车万翔, 等. 基于句法路径的情感评价单元识别[J]. 软件学报, 2011(3): 33-35.

[40] 朱国玮, 周利. 基于遗忘函数和领域最近邻的混合推荐研究[J]. 管理科学学报, 2011,15(5): 55-64.

[41] 张慧. 基于用户行为反馈的服务偏好挖掘方法研究[D]. 武汉理工大学硕士学位论文，2012.

第 4 章　服务资源智能发现方法

4.1　服务资源的语义建模

服务资源本体元模型，将元建模技术和本体技术相结合，分析面向用户的服务资源目录本体建模层次结构，设计面向用户的服务资源本体建模元语，通过支持已有的描述逻辑商业处理（Business Segment）和具有良好计算性质的推理系统的 OWL DL 语言描述服务资源目录本体元模型；以国际分类标准、语义词典为映射标准，引入服务资源目录本体概念、概念语义关系，扩展通用属性和商业属性，实现与国际分类标准之间的映射，最后以 Amazon. com 的 Loptop& Netbook 为实例构建服务资源目录本体。

4.1.1　服务资源语义建模需求

电子商务是在互联网开放的网络环境下，买卖双方进行的各种商贸活动，是互联网时代服务资源流通与交易的重要形式。电子商务活动中，参与交易的对象之间通过 Web 共享和交换产品与服务信息，就必须对服务资源目录有共同的理解，而实际应用中要达到每个交易对象都拥有对服务资源目录的完全信息是不可能的，因此，服务资源目录知识的重用问题成为电子商务系统互操作性提高的一个阻碍。服务资源目录本体即是一个针对产品与服务流通领域的领域本体，其构建目的是将目录领域知识从实际知识中分离，使目录领域知识明晰化并提供目录知识的共性理解，通过共享明确的、包含丰富语义信息的服务资源目录本体知识模型，以达到目录领域知识的重用与共享，解决现有服务资源目录多源异构、企业语义互操作、目录集成等问题，大大提高电子商务系统的互操作性。因此，服务资源目录本体是电子商务应用的一个不可或缺的组成部分。

给出用户对服务资源目录本体的需求及应用场景，有助于理解建设本体的动机及更好地为客户服务。下面是一些典型的应用场景。

场景一：服务提供商电子商务门户。该场景下，用户专注的是产品与服务的外观、型号、功能、分类信息，通常会包括具体的服务资源目录实例，其面向对象是批发商或最终消费者，也可能是二者兼有。

场景二：面向消费者的第三方电子市场。该场景下的用户通常对产品与服务的外观、型号、功能、评分、产品实例、供求信息，订货及确认订货，支付，确定配送方案，以及卖家身份等信息感兴趣。

场景三：企业间电子商务平台。该场景下，用户（特别是企业用户）对产品与服务的供求信息，批次，订货及确认订货，支付过程及票据的签发、传送和接收、配送方案、结算方式等信息比较关注。

场景四：消费者社区。该场景下客户寻求的是产品与服务的价格、外观、型号、功能、评分、产品实例、使用感受、产品观点等信息。

以上应用场景中需要共享和重用服务资源目录知识，这种需求激发了服务资源目录本体的构建。换言之，服务资源目录本体构建的目的即是使产品与服务知识明晰化并提供对服务资源目录知识的共性理解，以满足企业互操作和语义交换、语义查询的目的。在应用场景中，具体的对服务资源目录需求的描述可通过提出能力问卷（Competency Questions）确定，本节依据上述应用场景并结合服务资源目录国际分类标准设计满足用户具体需求的服务资源目录本体元模型，目录本体元模型应包含能够回答如下问题的逻辑。

问题 1：哪些对象需要共享产品与服务知识？

问题 2：如何找到产品与服务所属的门类？

问题 3：什么是服务资源目录的作用与功能？服务资源目录所指向的产品与服务的特性是什么样的？

问题 4：服务资源目录由什么组成？

问题 5：产品与服务的价格和结算货币是什么？

问题 6：产品与服务的量化指标是哪些？

问题 7：是否有产品与服务的替代产品？

问题 8：产品与服务是否有别名？

问题 9：使用该产品与服务的用户还使用了哪些产品与服务？

问题 10：客户的偏好如何？

与上述问题答案有关的商品知识包括：

问题 1：{交易对象｜服务资源目录持有人}

问题 2：{服务资源目录概念层次性关系}

问题 3：{服务资源目录商业属性｜服务资源目录通用属性}

问题 4：{服务资源目录的组件属性}

问题 5：{价格属性｜价格计量单位}

问题 6：{产品与服务属性｜属性计量单位}

问题 7：{服务资源目录概念间替代关系}

问题 8：{同义术语集合}

问题 9：{服务资源目录属性关联度}

问题 10：{服务资源目录属性域分布}

服务资源目录结构与基于工业分层标准的目录有很大的差别，后者从供应商的角度出发主要用于统计分析，采用简单的树形结构，而用户更多关注产品与服务的商业属性、复杂语义关系和层次结构。从用户角度的目录模型应满以下要求：

（1）“一站式”了解产品和服务及相关知识。

（2）商业属性可比性，对同样的产品和服务/实例，不同生产商、代理商提供的商业属性不一样。

（3）易用性，减少用户了解复杂产品和服务知识的难度。

（4）相关产品和服务推荐。

（5）知识化需要，产品和服务之间的规则。

大部分电子商务网站已开始从用户角度体现上述目标，如 eBay 就设计了“一站式”目录“Baby”（儿童），包括“Baby clothing（儿童衣服）、Baby books（儿童书）、Toys for Baby（儿童玩具）”等。第三方的垂直搜索网站 www.dealslist.com 将同品牌产品按不同网站提供的商业属性集中对比。Amozon 网站具有 Similar Category/Products（相似目录/产品）、Related Products /Instance（相关产品/实例）商品目录服务功能。

4.1.2　面向用户的服务资源目录本体建模层次结构

采用元模型进行本体建模时，首先必须理解元模型建模过程中的元层次。所谓“元层次”，表示的是“描述的”与“被描述的”对象间关系的层次。采用 4 层结构——元本体层、本体层、实例层和数据层来表示这种层次，如图 4-1 所示。其中，元本体层是构成本体模型建模体系结构的基础，主要定义描述元模型的语言，它的抽象级别比模型高，其主要内容包括：元概念、元属性及元关系等，因而，采用它可以对元模型层中的所有对象进行定义；本体层是元模型的实例，它主要定义描述模型的语言。模型除继承元模型外，还比元模型更加精细，如类、属性和关系等。服务资源目录本体可以通过本体学习和本体设计的方法获取；实例层是元建模技术的第 3 层，它描述的是模型的实例，也就是具体的服务资源目录描述，以本体层的概念、关系和属性定义为模板，通过文本挖掘等技术从最低的数据层提取实例。最低层为数据层，主要包括企业产品和服务数据库、电子商务网站，是产品和服务目录实例本体实例的数据源。

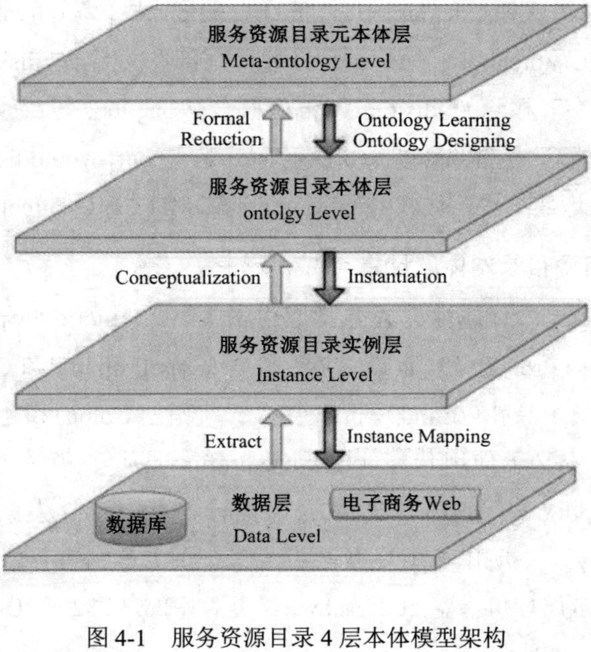

图 4-1　服务资源目录 4 层本体模型架构

从图 4-1 中可以看出，元本体模型的定义是自底向上的过程，即从 extract（数据层）→Conceptualization（实例层）→Formal Reduction（本体层）；而元本体模型的使用则是自顶向下的原则，即 Ontology Learning &Ontology Designing（元本体层）→Instantiation（本体层）→Individual Mapping（实例层）。

4.1.3 面向用户的服务资源目录本体建模元语

定义 4.1 服务资源目录本体模型 ECO（Electronic Catalog Ontology）=（C, CR , A , CA , H , I ,X）。其中，C 是服务资源目录本体概念的集合；CR 是概念语义关系集合；A 是属性的集合；CA 是概念与属性关系集；H 是表示服务资源目录本体概念层次的集合；I 是实例的集合；X 是公理的集合。

1．服务资源目录本体概念（C）及语义关系（CR）

服务资源目录本体概念主要来自电子商务商站，并按网站定义和标准分类体系（UNSPSC、ecl@ss 等）获取概念之间丰富语义关系，包括：①is a kind of 分层（hierarchy）关系，如 laptop is kind of computer；②equivalent 相同概念，如 laptop same as notebook；③part-whole 整体与部件关系，如 disk 与 computer；④intersection 交互概念；⑤disjointWith 逆概念；如 laptops 与 desktops；⑥similar to 相似产品与概念；⑦Related to 相关产品，它与 part-whole 的最大区别是前者是可选组件集/购买集，如{Digital Camera,SDMH Card, Camera Bag,Lens}。

2．服务资源目录本体属性集（A）及关系（CA）

服务资源目录本体属性集 A 包括通用属性集（Generic Propertys）和商业属性集（Business Propertys）。而 CA 主要有 DatatypeProperty 和 ObjectProperty。在元模型中定义了品牌（Brand）、价格（Price）、颜色（Color）和功能（Functions）等通用属性，定义了使用状态（new/used/refurbish）、税收（Tax）、运输（Delivery/Shipping Method）、支付方式（Pay Method）、发票（Invoice）、质保（Warranty）、折扣（Off）/优惠券（Coupon）和销售有效期（Valid）等商业属性。更多属性可借鉴 ecl@ss.owl 第五版中的 3,232 个 DatatypeProperty 和 2,293 个 ObjectProperty。

3．服务资源目录本体概念层次的集合（H-Hierarchy）

UNSPSC、eCl@ss、WordNet 和中文 EC 语义词典以不同方式描述服务资源目录本体概念层次的集合，与实际电子商务网站目录层次异构，这里在元模型定义多映射关系有利于解决语义异构问题。本体库的设计者可以参照上述标准层次集合构建 Web 服务资源目录本体概念层次集（H）。

（1）基于 eCl@ss 分级标准的服务资源目录层次。如德国学者 Hepp、Martin 设计的基于分类标准的服务资源目录本体，并提出基于树型分类层次、叙词表的目录本体模型和自学习算法 GenTax。

（2）基于 UNSPSC 分级标准的服务资源目录层次。如 Z Cui 提出的以 UNSPSC 作为共享本体实现 B2B 企业之间的产品信息交换方法，以 UNSPSC 为基础进行产品通用属性的语义扩展，设计的服务资源目录本体模型。

（3）同义词词林的 WordNet，是以同义词集合（Synset）作为基本建构单位进行组织的，同义词集合之间是以一定数量的关系类型相关联。这些关系包括上下位关系、整体部分关系、继承关系等。利用它可以获取产品和服务概念层次。WordNet 还同中文 EC 语义词典型一起满足中英文语义计算的需要。已完成 WordNet 的数据入库。

（4）中文 EC 语义词典/服务资源目录层次。本中文 EC 语义词典是建立一个收录电子商务领域专业词汇，将专业词汇按照语义词典的结构进行组织的语义关系网络。包括产品概念、关系、功能和属性等等相关语义。实现以下几个目标：①涵盖电子商务的专业词汇；②收录产品名称目录和产品属性的描述词汇；③建立起领域产品的语义分类，形成产品语义关系网络；④数据库结构上参照 WordNet 2.1，利用 WordNet 2.1 提供的语义计算接口函数 API，为中文产品和服务语义相似度的计算提供基础。

4．实例集 I 与公理集 X

实例 individual 是服务资源目录本体概念集的具体个体 owl:Individual，如 LENOVO ThinkPak X200 is a individual of Laptop，绝大多数实例在本体生成时由 Web 网站提取。这里定义了部分实例集，Individuals of conditions{new; used; refurbished}。Individuals of Pay Method{cash；MasterCard；Visa; PayPal }。

Individuals of Delivery{UPS；Store Pick Up；EMS；USPS；FedEx；DHL }。公里集 X 则可以从企业产品配置系统和电子商务网站的规则生成。

4.1.4 服务资源目录本体元模型的 OWL DL 描述

Web 本体语言 OWL 是一种定义和实例化“Web 本体”的语言，它提供了 3 种表达能力递增的子语言 OWL Lite、OWL DL 和 OWL Full。OWL DL 支持那些需要最强表达能力的推理系统的用户，且这个推理系统能够保证计算的完全性（Computational Completeness）和可判定性（Decidability）。OWL DL 旨在支持已有的描述逻辑商业处理（Business Segment）和具有良好计算性质的推理系统，目前广泛应用于服务资源目录本体表述。综合 Lee 和 Hepp 服务资源目录本体模型，细化商业属性和概念层次的集合，采用 OWL DL 设计多源产品和服务目录本体元模型如图 4-2 所示。

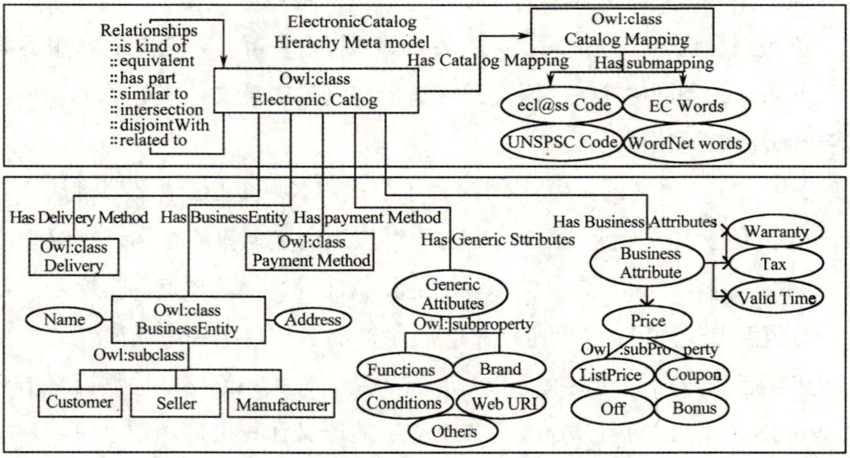

图 4-2 面向用户的服务资源目录本体元模型

在该元模型中，包括一个服务资源目录层次元模型（Electronic Catalog Hierachy Meta Model），主要包括概念及分层关系，并与服务资源目录国际分类标准及语义词典进行映射，但不包括实例、商业实体、属性等，事实上是一个元模型的简化版，适用于解决服务资源目录分层概念、分类标准之间的的语义互操作和语义集成问题。

4.2　服务资源目录本体自学习方法

4.2.1　基本原理

4.1 节建立了服务资源目录本体模型，该模型为服务资源目录本体自学习提供了框架模板。本节主要讨论基于服务资源本体框架模型学习服务资源目录本体。如图 4-3 所示为服务资源目录本体自学习原理图。服务资源目录本体自学习的具体步骤如下：

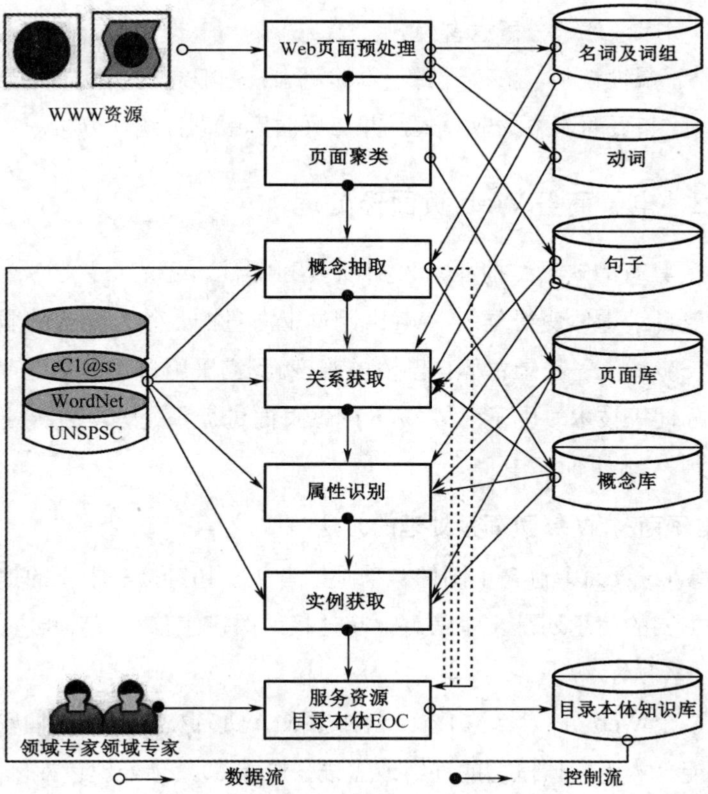

图 4-3　服务资源目录本体自学习原理图

步骤 1：Web 页面预处理。以电子商务 Web 网站作为目录本体的学习源，首先需要对 Web 页面进行预处理，以减小网站所特有的数据无结构性、动态性，以及数据源的不可靠性和视觉表达所带来的噪声等问题，预处理的结果为名词及词组、动词、句子等，为模式抽取做准备。

步骤 2：页面聚类。按领域进行页面聚类，得到页面库，是计算目录本体属性评分和目录本体实例获取的依据。

步骤 3：概念抽取。分析领域页面的特征和目录网站层次结构，并以预处理的名词及词组库为依据，获取目录本体概念，是进行关系、属性和实例学习的基础。

步骤 4：关系获取。目录本体关系学习需要用到名词及词组、动词和句子库，便于分析语言模式。

步骤 5：属性识别。依存于目录本体概念，是概念的属性，主要是从句子和页面库中抽取模式，并在页面库中进行统计分析。

4.2.2 电子商务 Web 页面预处理

Web 所具有的缺乏结构性、动态性、不可靠性、冗余和歧义性使得从 Web 页面上抽取目录本体变得复杂。Web 网站上海量的、相互异构的服务资源目录信息进一步加大了目录本体自学习的难度。我们采用自然语言处理和特征向量聚类、分词等技术对电子商务 Web 网站页面进行预处理，并将处理的 Web 页面存储到 Web 页面库中。

1. 电子商务 Web 页面预处理的方法

一个 Web 页面中包含了图像、动画、音频、超链接等丰富的信息表达方式，但最主要的信息还是文字信息、超链接、关键字信息。Web 页面预处理过程如图 4-4 所示。

输入一个 Web 页，系统扫描该 Web 页面，进行文档的特征抽取，并找出文本中可能分类为本体概念的词组或短语（Phrase），预处理包括以下步骤：

步骤 1：使用 WinHTTP 解析下载的网页 Web 文档为 HTML 文档，进而对 HTML 文档进行注释、分析。

步骤 2：提炼 Web 页面。过滤掉那些不包含句子主题或关键概念的“噪声”文档，如图像、动画、音频、导航条、版权信息、广告等。过滤启发式规则是基于在这些“噪声”文档经常出现的线索短语进行过滤的。

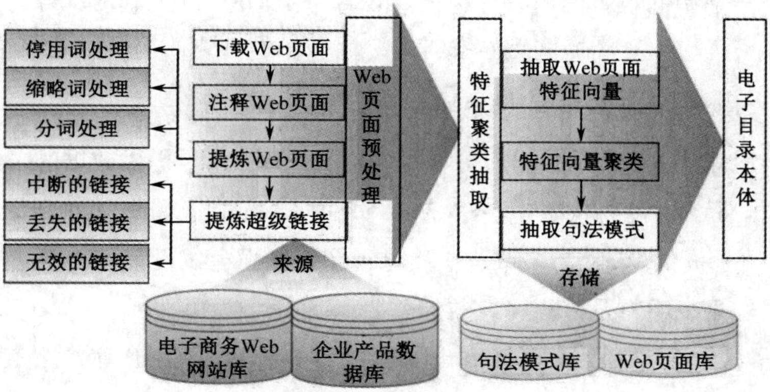

图 4-4　Web 页面预处理过程

步骤 3：对每一页的重要短语作出标记。这些重要短语的标签包括<title></title>，<hl></h1>，…，<h4></h4>，<b>，<P>< / P>，<strong>，<big>，<i>，<a>等；对于文本块中的内容，进行包括编码转换、全半角处理、字符转换，再将停用词、标点符号、数学运算符等其他非字符用空格代替。

步骤 4：结合 WordNet 语义词典，进行缩略词和分词的处理，以得到标准化的词、短语。对于产品名称“ASUS UL30A-X5 Thin and Light 13.3-Inch Black Laptop”不作分割，视为一个整体；去除名词动用的术语，如“The old man the boats”中的术语 man；将复杂的时间日期转变成标准化的形式，如 January 1st，2010 变成 1/1/2010；

步骤 5：提炼超链接。超链接包含了大量人类潜在的语义，它有助于自动分析出权威性语义。当一个 Web 页面的作者建立指向另一个页面的指针时，可以看作作者对另一页面的注解。把一个页面的来自不同作者的注解收集起来，就可以用来反映该页面的重要性，并可以很自然地用于 Web 页面的发现。算法 HITS（Hyperlink-Induced

Topic Search）是利用 hub 的搜索算法，可以用来搜集超链接中的关键词，并去除超链接中的中断的、无效的和丢失的链接。

步骤 6：另外，还确定一些规则让某一标记文本能被忽略：如<script>标签中间包含的内容、称谓、包含一个 URL 或电邮地址等。

经过以上步骤，文档的预处理阶段产生一系列规范文档$\left(D_1,D_2,\cdots D_n\right)$。

2. 多层次 Web 页面库的构造

众所周知，基于关系数据库可以构造数据仓库，用于提供数据的多维与层次化视图。那么，能否构造多层次 Web 页面库（multilayered Web information base），用于提供 Web 的多维与层次化视图？这里尝试设计一种多层次 Web 页面库，结果表明它是可行和有益的。

首先，建立一种包含 Web 每一页面复本的 Web 数据仓库，这是不太现实的。因为这只能导致一个巨大、重复的 WWW。多层次 Web 信息库的最底（最详细）层就是 Web 本身，该层称为 layer-0。

其次，可以把 layer-1 定义为 Web 页描述层（Web page descriptor layer），该层包含了 Web 页面的描述信息。因此，layer-1 是 layer-0 的抽象层，虽然它所包含的信息远远少于 layer-0，但仍然包含足够的信息用于基于关键字或文本的搜索或挖掘。与基于 Web 页的内容不同，layer-1 可以组织为若干半结构化的类，如 document（文档）、person（人）、organization（组织）等。可以将类 document 设计如表 4-1 所示，类 document 中的相关内容设计如表 4-2 所示。

表 4-1　类 document 属性设计

file_addr	doc_category	authoritative_rank	form	size_doc	access_frequency
记录文件名和 URL 网络地址	文档分类	Web 链接分析	文件的格式	文档文件的大小	页面被访问的频率

表 4-2　类 document 中句子、名词等的属性设计

file_addr	dc_sentenceId	dc_sentence	dc_noun	dc_verb	noun_frequency
记录文件名和 URL 网络地址	句子 id	文档中包含的句子内容	句子中的名词及词组	句子中的动词	名词及词组在该句子中出现的频率

最后，各种更高层（higher-layer）的 Web 目录服务可以在 layer-1 之上加以构造，用于提供针对数据库系统研究的黄页服务。这种目录可以包含几个维的层次结构，如主题分类、地理位置、发表时间，等等。使用 Web 页的等级（Ranking）和页或文档分类服务，可以在构造 layer-1 和/或更高层次信息库中有选择地保留质量高、相关性高的必要信息。

3. 基于服务资源目录特征向量的 Web 页面聚类

1）构建“Web 目录—关系矩阵”

中文分词技术属于自然语言处理技术范畴，是文本挖掘技术的方法之一。现有的分词算法可分为基于字符串匹配、基于理解和基于统计的分词方法三大类。基于字符串匹配的最大切词法是按照一定的策略将待分析的字符串与语料库中的词进行匹配，若在库中找到某个字符串，则匹配成功（识别出一个词）。本文采用正向最大匹配法，对每个 Web 目录文档与 WordNet 进行匹配分词后，将结果保存到词表中。

权重计算方法有很多种，常用 TFIDF 函数来计算关键词的权重：

$$W_{ij}=\frac{tf_{ij}\times\log_2(\frac{M}{m_i}+0.01)}{\sqrt{\sum_{j=1}^{m}(tf_{ij}\times\log_2(\frac{M}{m_i}+0.01))^2}} \tag{4-1}$$

式中，tf_{ij} 表示词 t_i 在目录文档 d_j 中出现的频率，M 表示 Web 目录集合中的 Web 目录页面总数量，m_i 表示在 Web 目录集合中出现词 t_i 的 Web 目录页面数目。

某目录文档包含的关键词为 $(T_1,T_2,\cdots,T_n)$，则该目录文档可以用一个 n 维向量 $\boldsymbol{W}=(\boldsymbol{W}_1,\boldsymbol{W}_2,\cdots,\boldsymbol{W}_n)$ 来表示。其中 $\boldsymbol{W}_i$ 为词 T_i 的权值。

设 Web 目录页面库中文档 d_1 由 $(T_1,T_2,\cdots,T_m)$ 共 m 个目录特征词构成，另一目录文档 d_2 由 $(T_1',T_2',\cdots,T_n')$ 共 n 个目录特征词构成，则这个两个目录文档之间的关系矩阵可以表示为

$$R=\begin{bmatrix} R_{11} & R_{12} & R_{13} & \cdots & R_{1m} \\ R_{21} & R_{22} & R_{23} & \cdots & R_{2m} \\ \vdots & \vdots & \vdots & & \vdots \\ R_{n1} & R_{n2} & R_{n3} & \cdots & R_{nm} \end{bmatrix}$$

其中，R_{ij} 为词 T_i 与 T_j 的关联度，其取值如下：

$$R_{ij}=\begin{cases} 1 & T_i = T_j \\ \dfrac{i-a}{i+a} & T_i \neq T_j (a\text{为默认参数}) \end{cases} \tag{4-2}$$

目录文档 d_1 与目录文档 d_2 的相似度为

$$\text{sim}(d_1, d_2) = (\sum_{i=1,j=1} (W_i + W_j') \times R[i][j]) / 2 \tag{4-3}$$

2）基于 K-均值的文档聚类

得出目录文档相似度后，为了消除孤立点对聚类结果的影响，将相似度进行归一化，计算结束便可执行聚类算法。

算法 4-1：K-均值聚类算法

输入：聚类个数 k 及包含 n 个目录文档对象的 Web 数据库。

输出：满足相似度最大标准的 k 个服务资源目录聚类。

步骤 1：从 n 个目录文档对象中任意选取 k 个目录文档作为初始簇类中心，其中每个目录文档都用自己的目录特征向量表示。

步骤 2：根据每个簇类中文档的目录特征向量，计算每个文档与这些中心目录文档的相似度，并根据最大相似度重新对相应目录文档进行划分。

步骤 3：重新计算每个（有变化）簇类的中心点。

步骤 4：循环步骤 2 和步骤 3，直到每个聚类不再发生变化为止。

执行完聚类算法后，Web 目录页面库中的页面文档被分为 K 个领域无关的服务资源目录文档簇类。针对每个领域文档簇，自学习出服务资源目录本体的基本元素，即目录本体概念、目录本体属性、目录本体关系及目录本体实例。

4.2.3　基于目录网站层次的目录本体概念获取

1．服务资源目录概念集获取原理

一个组织或社区网站一般都有很清晰的网站地图。网站这种内在固有的层次性是与组织或社区的结构相统一的。F. Giunchiglia 采用层次形式获取本体概念并设计出了轻量级本体。而电子商务网站目录页面拥有与其他页面更明显的层次结构性，即拥有非常强的导航性。客户一般可以按照网站事先设定的目录导航，一步步链接到所需要的产品或服务页面，如图 4-5 所示。因此，可以从目录页面的层次结构中获取领域轻量服务资源目录本体概念。

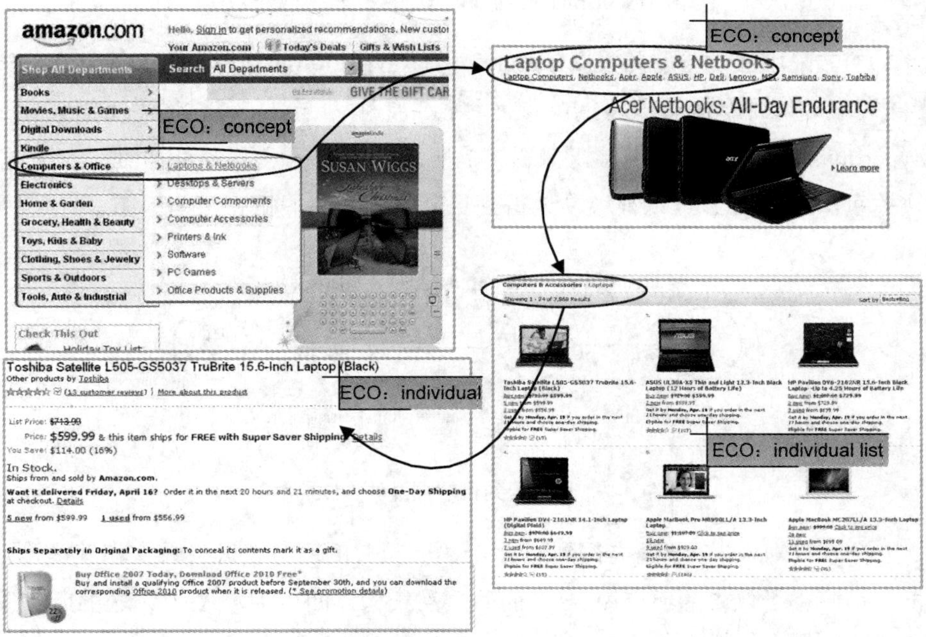

图 4-5　电子商务网站的目录层次导航性

例如，Amazon 网站是一个销售电脑、电脑附件等相关计算机领域产品和服务的网站，该网站 www.Amazon.com 的地图可以被组织成一颗层次的 Web 树，如图 4-6 所示，其中 Web 页面、页面块是 Web 树的节点，大部分节点都可以被映射成服务资源目录本体概念，例如，laptop、netbook 及 computer accessory。

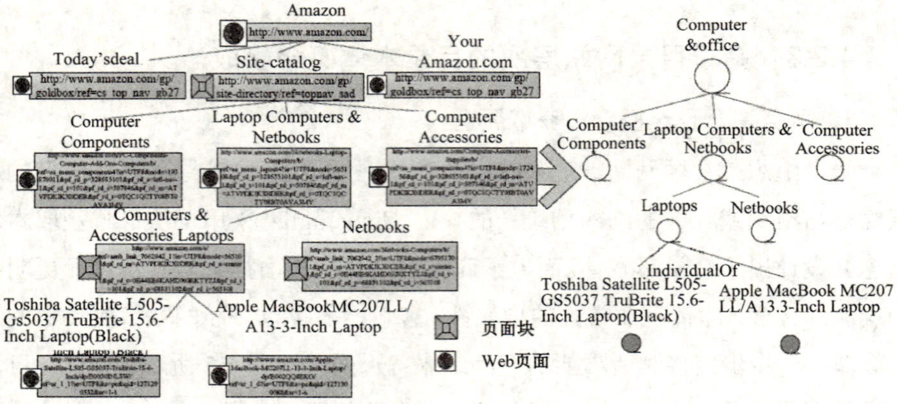

图 4-6　Amazon 网站电子目录结构（部分）

本文采用层次导航路径（Hierarchical Navigation Path，HNP）的方法检索目录组织网站的结构。HNP 是一系列被称为层次超链接（Hierarchical hyperlinks，HLs）的超链接，如图 4-7 所示。HLs 反映了 Web 页面之间的层次关系，通过 HLs 可以很容易地得到目录组织网站的拓扑结构地图。

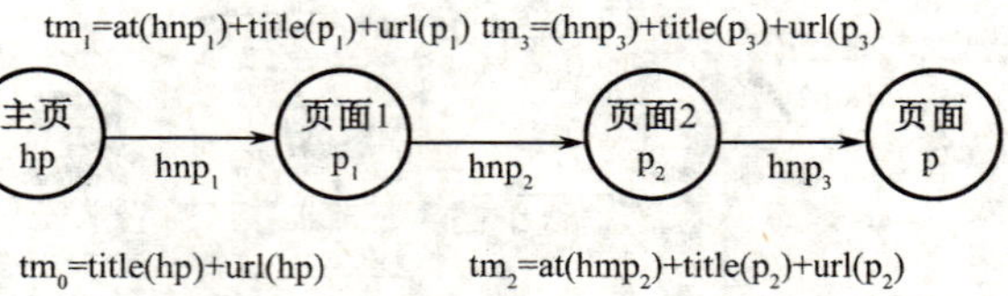

图 4-7　从主页到目的页面的 HNP 路径

分别针对 4.2.2 节聚类得到的 K 个领域无关的服务资源目录文档簇类，分析每个簇类所包含的所有 Web 页面的层次结构，即可抽取 K 个领域的所有服务资源目录本体概念集 $C_i(c_{i1},c_{i2},\cdots,c_{in})\ (1\leqslant i\leqslant K)$。

2. 基于目录网站层次的目录概念集获取算法

由上节可知，在获取目录本体概念集之前首先要构建目录网站的层次结构（层次节点以树形存储），将每个节点映射成目录本体概念；针对页面块所包含的页面，分析组成页面的小页面块，得到延伸的目录本体概念，如图 4-8 所示。

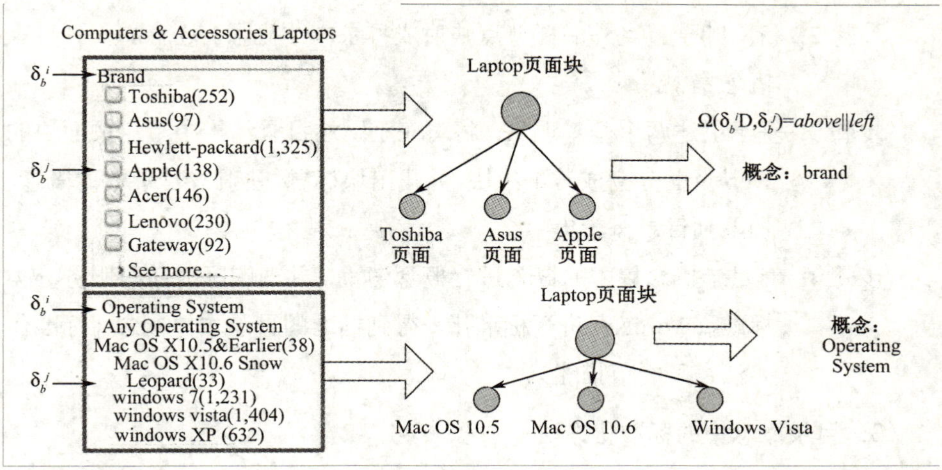

图 4-8　服务资源目录本体概念获取方法

页面块所包含的目录本体概念的获取方法基于以下两个基本现象：

（1）一组元素的标题一般处于该组块的上方或左方，并且该标题和组块明显的与其他组块及组块的标题相区分。基于此，可以得到一个规则：如果一个小页面块 δ_{bi} 包含两个子块 δ_{bi}^1 和 δ_{bi}^2，并且有 $\Omega(\delta_{bi}^1, \delta_{bi}^2) = \text{above} \| \text{left}$，其中，$\delta_{bi}^1$ 只包含文本，δ_{bi}^2 包含至少一个超链接指向目录本体实例列表页面，则文本内容 δ_{bi}^1 是 δ_{bi}^2 的标题。

（2）如果一组元素拥有相同的术语，则该共同的术语为本块的标题。例如，Desktop Memory 和 Laptop Memory 有共同的术语 Memory，则 Memory 是该组块的标题。即如果 δ_{bi} 已经获取标题，且该标题与页面块内容拥有相同的前缀或后缀，则将标题替换为前缀或后缀。

如果通过上述两步不能为一个组块定义标题，则认为该组块是无意义的，应将其剔除。

算法 4-2：服务资源目录本体概念集获取算法

输入：服务资源目录某领域页面簇类。

输出：该领域目录本体概念集。

步骤 1：利用 HNP 算法得出目录组织网站的树形结构图。考虑到后期不会频繁地查找树节点，采用链表表示法存储该结构树。

步骤 2：将除叶子节点外的树节点映射成目录本体概念，逐个加入到目录概念集中。

步骤 3：基于上述两个基本现象，将对应于网站目录结构中节点页面块的 Web 页面分割成若干小块，并找出块标题，映射成目录本体概念，加入到目录概念集中。

步骤 4：对目录概念集中的概念进行概念消重，并与国际产品与服务分类标准、WordNet 进行标准化，得到标准的目录本体概念（标准化方法在下一节描述）。

3. 目录概念集的标准化方法

通过算法 4-2 获取的目录本体概念存在以下不足：①重复性。如 laptop 页面块下的 brand 和 netbook 下的 brand；②同义性。如 computer 和 pc；③不规范性；④异构性。所以，需要对其进行标准化。

目录概念集的标准化思想基于概念的相似度计算：对于目录概念集中的两个概念如果相似度大于一定阈值，则合并成一个概念；对于概念的不规范和异构性，可以与 WordNet 中的概念进行语义相似度计算，将大于设定阈值的概念视为标准化概念，小于一定阈值的概念则丢弃。

概念相似度的计算采用 Wu-Palmer 语义相似度算法，是基于长度定义相似度（用于 ISA 层级关系）：

$$\mathrm{sim}(c_1,c_2)=\frac{2\times \mathrm{depth}(\mathrm{lso}(c_1,c_2))}{\mathrm{len}(c_1,\mathrm{lso}(c_1,c_2))+\mathrm{len}(c_2,\mathrm{lso}(c_1,c_2))+2\times \mathrm{depth}(\mathrm{lso}(c_1,c_2))} \quad (4\text{-}4)$$

阈值的选取依据经验统计和实际需求确定。

4.2.4 基于语义和关联规则的概念关系学习

1. 基于语义的层次关系学习

服务资源目录领域概念间的层次关系定义为 is-a 关系，即 $H\in C\times C$。

由 4.2.3 节可知，服务资源目录概念的获取主要是从目录网站结构中的叶节点映射得来的，通过 HNP 算法得出目录组织网站的树形结构图。进一步将树形结构图中的上下位关系映射为服务资源目录本体概念的层次关系。

算法 4-3：服务资源目录本体概念层次关系自学习算法

输入：服务资源目录本体概念集、服务资源目录网站的树形结构图、eCl@ss 数据库。

输出：具有层次结构的服务资源目录本体。

步骤 1：遍历所有的目录本体概念 C 和页面 P。//C_i 是页面 P_i 的映射概念

步骤 2：将根节点 P_1 对应的概念 C_1 作为服务资源目录本体的最上层概念。

步骤 3：如果 P_j 是 P_i 的孩子节点，则 C_j 是 C_i 的下位概念。

步骤 4：否则遍历 Wordnet 数据库，根据 C_j 的的编码找到 C_j 的的上为概念 C_i，将 C_j 作为 C_i 的下位概念。

步骤 5：否则 C_j 是 C_1 的直接下位概念。

对于从页面块中抽取的概念，无法依据目录网站的树形结构构成目录本体概念的层次关系，这是可以通过扩展 Hearst 提出的模板，结合 Web 页面预处理之后的句子来发现这些概念的上下位关系。

模板 1：…{all | every} NP_0 except NP_1 {（and |,） NP_i}*…（i>1）

句子：…all computer accessories except Webcams…

==>sub-class（"computer accessories", "Webcams"）

模板 2：…NP_0 such as NP_1 {（and |,） NP_i}*…（i>1）

句子：…most computer system such as notebook, personal computer, terminal…

==>Hyponymy（"computer system", "notebook"）

==>Hyponymy（"computer system", "personal computer"）

==>Hyponymy（"computer system", "terminal"）

模板 3：NP_0 {, NP_1}* {,} {or| and} other NP_i　…（i>1）

句子：Keyboards, mice, printers or other computer accessories…

==> Hyponymy（"computer accessories", "Keyboards"）

==> Hyponymy（"computer accessories", "mice"）

==> Hyponymy（"computer accessories", "printers"）

模板 4：（all| some） NP_0 {,} including {NP_1 , }* {or | and} NP_i　…（i>1）

句子：Some keyboards, including Ergonomic Keyboards, Gaming Keyboards and Keyboard & Mouse Combos…

==> Hyponymy（"keyboards", "Ergonomic Keyboards"）

==> Hyponymy（"keyboards", "Gaming Keyboards"）

==> Hyponymy（"keyboards", "Keyboard & Mouse Combos"）

模板 5：NP_0 {,} especially {NP_1, }* {or| and} NP_i …（i>1）

句子：…most featured brands especially Apple, Brother and Canon…

==> Hyponymy（"featured brands", "Apple"）

==> Hyponymy（"featured brands", "Brother"）

==> Hyponymy（"featured brands", "Canon"）

在服务资源目录本体概念层次关系的学习中，因为利用了国际目录分类标准和语义词典库，因而，学习出的层次关系可信度比较高。

2．基于关联规则的非层次关系学习

服务资源目录领域非分类关系被定义为 $R^{*} \subset C \times C \times String$，是指除 is-a 关系以外的目录概念间的任何其他关系，如同义关系（synonymy）、相关关系（related to）、部分整体关系（part-of）和属性关系（property-of）等。在本体学习中，非层次关系的抽取被认为是最困难的任务之一。

我们提出一种从服务资源目录 Web 网站学习目录概念间非分类关系的创新性方法，主要学习目录概念间的除部分整体关系和属性关系之外的非层次关系。服务资源目录领域概念的非层次关系学习主要包括 3 个任务：①扩展概念对（$CP := \{(a_{i,1}, a_{i,2}) a_{i,j} \in C\}$）；②抽取与概念对经常一起出现的动词——非层次关系；③非层次关系的领域相关度判定。

1）扩展概念对

由于概念对之间的非层次关系通常是由动词来体现的，因此，服务资源目录领域概念非层次关系可用模式 Φ 表述。

模式 Φ 定义为：φ =（$concept_1$，$concept_2$，verb）$\in \Phi$

概念对与动词同时出现的句子是我们应该关注的地方。由于同一概念对可能与不同的关联动词在不同的句子中出现，形成若干关联模式，这里将所有关联关系都作为候选关系 R。

概念对集 CP 从上节得出的服务资源目录领域概念层次模型（$H \in C \times C$）中得到。为了增大概念对与动词的匹配率，依据 WordNet 语义词典对 $\forall c_i \in C$ 扩展其同义词集，同时将模式 φ 中的概念 $concept_1$、$concept_2$ 变成相应的同义词集。如概念 Notebook 在 WordNet 中的定义为：a small compact portable computer，则可以将 Notebook 扩展为包含 laptop、laptop computer、Notebook computer 等术语的同义词集。

Prat-of-Speech（POS）是斯坦福大学研发的用于标记文档中内容性词、功能性词，以及标识句子中词、短语的词性的标签器。输入一个自然语言的句子，POS 能够对每个词加注词性标签，用以填充模式<term><verb><term>，其中<term>是 $concept_1$ 或 $concept_2$ 的同义词集。

2）抽取动词

尽管通过 POS 可以得到大部分“术语—动词”模式，但动词所具有的不同形式（第三人称单数、时态、语态、名词动用等）再加上动词的抽取是无监督的自动抽取，使得自学习得不到正确的模式<term><verb><term>。

为了避免自然语言处理的相关类似问题，本书采用一种简化的方法，即只抽取那些能够命名的关系动词，其形式要满足以下限制：

① 舍弃将来时或条件从句中的动词。

② 由于无法确定哪一个动词的核心关键东西，对于包含复合动词的动词短语也舍弃（如 tends to develop in）。

③ 包含介词的动词短语是合法的。

④ 舍弃表示层次关系的动词，如 is/are/was/were，include 等，这些动词用于构建服务资源目录概念的层次关系。

3）判定非层次关系的领域相关度

为了能够自动地学习，需使用关联规则方法来计算每个模式和选定服务资源目录领域之间关系的相关程度，如果获取的关系有足够的统计特征（即置信度大于给定阈值），则认为该非层次关系是合理的，否则，删除该关系。支持度的阈值表示在候选规则中出现的所有 CP 和 v 在事务中所占的最小百分比；

而置信度的阈值表示的是当支持度大于阈值时，规则结果可信的最小可能性。

候选规则 $\mathrm{CP} \Rightarrow v$ 的支持度和置信度计算如下：

$$\mathrm{support}(\mathrm{CP} \Rightarrow v) = \frac{|\{\varphi \in \Phi \mid \mathrm{CP} \cup v \in t\}|}{|\Phi|} \tag{4-5}$$

$$\mathrm{confidence}(\mathrm{CP} \Rightarrow v) = \frac{\mathrm{support}(\mathrm{CP} \cup v)}{\mathrm{support}(\mathrm{CP})} \tag{4-6}$$

式中，CP 为模式中的概念对；事务 t 代表概念对和相关动词在文档集中一起出现。例如，给定概念 notebook（Nb）、Notebook Sleeve（Ns）和动词 buy together（Bt），事务 t=<Nb,Ns,Bt>表示这 3 个词在预处理后得到的文档集中的句子中出现的事实。

4.2.5 基于模式匹配和在线统计的属性识别

服务资源目录本体属性主要包括对象属性和数据属性，其中对象属性有定义域（Domain）和值域（Range）约束；数据属性有数据类型和属性值约束。实现服务资源目录本体概念属性识别首先依据预处理得到的句子和页面库抽取领域概念相关属性，然后，利用 Web 搜索引擎、服务资源目录国际标准和统计技术计算属性与服务资源目录领域概念的相关度，对服务资源目录本体概念属性进行选择；其次，针对数据属性进行属性值的抽取和选择；最后，选择数据属性值的计量单位，并将属性、属性值和计量单位归入服务资源目录本体中。最后两步旨在学习目录本体概念属性的属性约束，其原理如图 4-9 所示，以初始目录本体概念和句法模式为输入。

1. 目录本体属性的抽取和选择

1）目录本体属性的抽取

定义 4.2（服务资源目录本体概念对象属性定义）：在服务资源目录概念非层次关系领域，将表述服务资源目录本体概念间部分-整体关系（part-of）的特殊二元关系，称为对象关系，即 $P^* \in C \times C \times \mathrm{Part-of}$，其中，$C$ 是服务资源目录本体概念（如 p=Computer × Hard_Disk × part_of）；

定义 4.3（服务资源目录本体概念数据属性定义）：将目录本体概念和数据间的相关关系定义为对象属性，即 $D^* \in C \times T \times \mathrm{String}$，其中，$C$ 是服务资源目录本体概念，T 是数据类型，String 是关系的文本表示（如 d=Computer×Float×Price）。

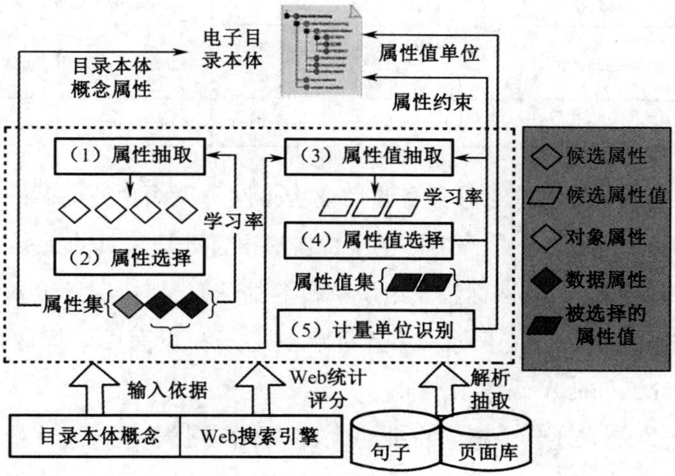

图 4-9　服务资源目录本体概念属性学习框架

定义 4.4（模式集定义）：模式集是一系列规则表述的部分整体模式，如表 4-3 和表 4-4 所示。

表 4-3　服务资源目录本体概念属性模式

模　式	例　子	关　系
NP’s NP{is|are|was|were}	…computer’s cpu is…	Meronym（"cpu", "computer"）
NP of {the|a|an} NP{ is|are|was|were }	…resolution of the display is…	Meronym（"resolution", "display"）
NP in {the|a|an} NP { is|are|was|were }	…cache in CPU is …	Meronym（"cache", "CPU"）
NP of NPs { is|are|was|were }	…speed of processors is…	Meronym（"speed", "processor"）
NP in NPs { is|are|was|were }	…endurance in batteries is…	Meronym（"endurance", "battery"）

注：本表目录本体属性模式来自对参考文献[1]的提炼和修改。

表 4-4　以动词为指示的目录本体属性模式

模　　式	例　　子	关　　系
NP have|has|had NP	…memory has capacity…	Meronym（"capacity" , "memory"）
NP come|comes|come with NP	…Notebook comes with mainboard	Meronym（"mainboard", "notebook"）
NP feature|features| featured NP	…laptop features material…	Meronym（"material", "laptop"）

采用 OpenNLP 工具对服务资源目录 Web 网站页面预处理后的句子和页面集进行解析（OpenNLP 是一个提供多种自然语言处理工具的 Java 包，能够执行句题检测、断词、词性标注及组块解析等处理），然后用目录本体概念和以上模式构建一条可查询语句，从解析后的句子和页面库中提取出候选属性（propertyCandidates），见算法 4-4。

由于属性是表述一个概念特征的，所以很容易获取候选属性量的等限制修饰（如 dual-core processor、very high resolution、9-cell battery）。但由于本节关注于目录本体属性候选集的生成，故将修饰词删除，只保留主要名词（如 processor、resolution 和 battery）。

2）目录本体属性选择

为了最大程度地避免自然语言处理带来的问题（如概念和特征属性虽在同一句子或页面中出现，但实际上却是语义无关的）和自动学习目录本体属性，本书借鉴 Turney[59]的方法，针对 Web 的大规模性，利用 Web 搜索引擎进行统计分析来计算候选属性评分 ECO_propertyScore，以度量每个概念、模式和候选属性之间关系的密切程度，并在整个服务资源目录 Web 网站范围内对候选属性的分布进行统计以便获得可靠的数据。

$$\text{Score(ECO\_pc)} = \sum_{\text{pat}_i \in \text{patternSet}} \frac{\text{hits}(\text{pat}_i(\text{concept}, \text{ECO\_pc}))}{\text{hits(ECO\_pc)} \times \text{hits}(\text{pat}_i(\text{concept}))} \tag{4-7}$$

在实际中，一方面属性之前通常有若干个修饰词，为了增大匹配结果，Web 统计时在 pattern 和 ECO_propertyCandidate（ECO_pc）之间应用了通配符“*”（如 memory has * capacity）。当候选属性的评分大于设定阈值时，将其加入到目录本体属性集中，如表 4-5 所示。

表 4-5　computer 领域部分候选属性的属性评分

Extracted text	Property candidate	Property Score
2GB memory card	Memory	0.0016
A proprietary battery	Battery	5.02E−4
500GB SATA hard drive	Hard drive	6.42E−4
Dimensions	Dimension	6.64E−5
Notebook weight	Weight	2.58E−3
15.6-inch widescreen display	Widescreen	1.86E−5
High resolution	Resolution	3.93E−5

另一方面，由于服务资源目录本体学习过程是自动的、无监督的，为了使得整个学习过程能够合理结束，本文认为当从候选属性集中选择出的属性越来越少时，将没有必要再从句子和页面库中进行属性的抽取。所以，本书引入学习率（LearningRate）的概念，以控制算法的进行。

$$\text{LearningRate}=\frac{\text{选择的目录本体属性的数量}}{\text{抽取的目录本体属性的数量}}\times 100\% \tag{4-8}$$

当学习率小于设定阈值时，返回目录本体属性最终结果集。

算法 4-4：服务资源目录本体概念属性抽取和选择算法

输入：服务资源目录本体概念 ECconcept，模式集 patternSet。

输出：目录本体属性集 ECO_propertySet。

```
begin
  for （each pattern in patternSet） do begin
      用 ECconcept 和 pattern 构建一条语句 Q；
      初始化学习率 lr 为最大，属性集为空；
      解析句子和页面库；
      while （lr>MINIMUM_LEARNING_RATE） do begin
        执行语句 Q；
        抽取先前没有出现的属性为候选属性 ECO_propertyCandidate；
         for （each ECpropertyCandidate） do begin
            用 patternSet 和 ECconcept 对 ECO_propertyCandidate 计算
            ECO_propertyScore；
            if（ECO_propertyScore>MINIMUM_PROPERTY_SCORE）
then
                将 ECO_propertyCandidate 加入 ECO_propertySet；
```

```
            end
        end
    end
    重新计算 lr;
  end
  返回 ECO_propertySet;
end
```

2. 目录本体属性值的抽取和选择

1）目录本体属性值的抽取

通过以上步骤获取的服务资源目录本体属性集中的部分属性表述的是纯部分整体关系（如 resolution of the display），即对象属性；而其他的是由数量等限定词修饰的属性，称为数据属性（如 notebook has 2GB memory card）。为了获取更丰富的目录本体属性内容，本书将进一步区分目录属性集中的对象属性和数据属性；针对数据属性识别其数据类型、数据值和数据单位（在 4.5.3 节详细讲述）。具体来说，对于服务资源目录属性集的属性区分主要包括以下几个步骤：

步骤 1：在页面库中如果候选目录属 ECP 性没有任何的修饰词，则认为该属性为对象属性 ECOP。这时属性代表的是一个新的目录概念（如 mainboard），它与源概念（notebook）之间是部分整体的对象与对象之间的关系。将这样的新目录概念前面加上 has_作为最终的对象属性，定义域为源概念，值域为新获取的目录概念（如对象属性 has_mainboard，domain 为 notebook，range 为 mainboard）。

步骤 2：否则，候选属性之前有若干形容词式的修饰词，则为数据类型属性 ECDP，其类型为 String 型。如 netbook has high resolution，其中 resolution 为数据属性，定义域为 netbook，为 string 型。

步骤 3：否则，如果候选属性之前有数据类型的修饰词，则为数据类型属性 ECDP，其类型为数据型，如 float、double、int 等。例如，dell notebook has USB ports。

在后两种情况中，一个特定的属性可能会被检索若干次，并被贴上不同的标签，即一个候选属性之前可能既有形容词修饰又有数字修饰，如 laptop has 9-cell rechargeable battery。对于这种情况，本文将其归于最后一种类型中，这样可以从目录属性集中抽取出数据属性。

目录本体属性值的抽取见算法 4-5，主要过程如下：对每一个数据属性，并用该数据属性和目录本体概念构建一条语句。一般目录属性的修饰词都出现在属性之前（high resolution），通过分析句子和页面库中的页面，定位目录本体概念数据属性的在文本中出现的位置，然后抽取属性之前的形容词、量词等修饰词，作为候选目录属性值。注意，其中以量词修饰的目录属性将伴随计量单位一起出现（15.6 inch，500GB）。

2）目录本体属性值的选择

同目录本体属性选择一样，由于自然语言的次语言性使得候选目录属性集可能会有很多噪声且非常庞大。这样，将不利于发现属性值的值域，另外，拼错词、歧义词或非本领域概念又将进一步增大候选目录本体属性值的噪声。为了避免这种情况的出现，本书利用 Web 搜索引擎技术，统计分析候选目录本体属性值、目录本体属性、目录本体概念一起出现的概率，即候选目录本体属性评分 ECP_valueScore，以便获得可靠的数据。同时为了控制算法的顺利开始和结束，也引入学习率 learningRate 的概念。

$$\text{Score(ECP\_valueScore)}=\frac{\text{hits(ECP\_valueScore ECdataProperty and ECconcept)}}{\text{hits(ECP\_valueScore and ECconcept)}} \tag{4-9}$$

$$\text{LearningRate}=\frac{\text{选择的目录本体属性值的数量}}{\text{抽取的目录本体属性值的数量}}\times 100\% \tag{4-10}$$

算法 4-5：目录属性值的抽取和选择算法

输入：服务资源目录数据属性 ECdataProperty，目录本体概念 Ecconcept。

输出：目录数据属性值集 ECdataProperty_ValueSet。

begin

初始化 learningRate 为最大，目录数据属性值集 ECdataProperty_ValueSet 为空；

用 ECconcept 和 ECdataProperty 构建一条语句 Q；

while （learningRate>MINIMUM_LEARNING_RATE）**do begin**

```
            for（every sentence and page in pageBase）do begin
                在预处理得到的句子和页面库中执行 Q;
                if（propertyValue 之前没有出现过）then
              抽取 propertyValue 作为候选目录属性值 ECP_valueCandidate;
                end
            end
            for（each ECP_valueCandidate）do begin
                if （ECP_valueScore>MINIMUM_VALUE_SCORE） then
                将 ECP_valueCandidate 加入到 ECdataProperty_ValueSet;
                end
            end
            从被选择的未被选择的 ECP_valueCandidate 计算 lr;
        end
        返回 ECdataProperty_ValueSet;
end
```

3. 目录本体属性值计量单位识别

通过以上步骤，得到了服务资源目录本体概念的对象属性、数据属性及数据属性的属性值集，为了进一步完善服务资源目录本体，根据目录本体数据属性的定义，属性值的值域和数据类型都是必需的。对于 String 型的数据属性，值域可以从上一节选择的目录属性值集中得到（如 expressCard of laptop 的值域为 wireless、networking、storage）；对于数据型的数据属性，值域的最大值和最小值也可以从目录属性值集中得到（如 laptop’s memory 的取值从 512 到 4096）。作为服务资源目录本体属性识别的最后阶段，属性值计量单位的识别也是很重要的。

一般来说，数据型的数据属性值的计量单位有非数字的特征，一般出现在数字之后（如 512M memory、15”、13.6 inches、15.6-inch）。故可以从目录属性值集中获取数据型数据属性的非数字的修饰词，即为属性值的候选计量单位，如算法 4-6 所示。由于部分属性会有若干不同的属性值，而每个属性值又以不同的单位为计量（如 512M、4G），故需计算候选计量单位评分，选择所有候选计量单位中评分最大的作为最终计量单位。候选计量单位评为以 Web 搜索引擎构建查询条件，利用统计技术计算候选计量单位的领域相关度。

算法 4-6： 数据型数据属性值计量单位识别算法

输入：数据型数据属性 ECnumericProperty，目录数据属性值集 Ecdata Property_ValueSet，目录本体概念 Ecconcept。

输出：数据型数据属性值计量单位集 ECO_dataPropertyValue_measure Unit。

begin

从 ECdataProperty_ValueSet 中抽取候选计量单位 ECP_measureUnit Candidiate；

for（each ECP_measureUnitCandidiate）**do begin**

用 ECnumericProperty 和 ECconcept 计算计量单位评分 ECP_measure UnitScore；

end

返回具有最大评分的 ECP_measureUnitCandidiate；

end

其中，候选计量单位的评分计算方法如下：

$$\text{Score(mUnitCandidiate)}=\frac{\text{hits(mUnitCandidiate numericProperty and ECconcept)}}{\text{hits(mUnitCandidiate and ECconcept)}} \quad (4\text{-}11)$$

4.3　服务资源实例发现方法

4.2 节讨论了如何采用自学习的方法填充基于服务资源本体模型，自动构建服务资源本体。本节讨论基于本体发现服务资源实例的方法。

4.3.1　基本思想

根据形式概念分析，概念由外延和内涵组成，概念的外延是概念所覆盖的所有实例的集合，概念的内涵是这些实例的共有属性（或特征）。由此，可以假定：如果某个描述个体的 Web 网页中包含了某个概念的绝大多数属性，那么，可认为该 Web 网页所描述的个体属于该概念的外延。因此，根据概念的属性在 Web 网页中的分布规律，可以判定网页是否包含相应的概念及个体知识，同时还可判定网页中个体知识表示的特征。对于 Web 表格特征的个体知识表示，将领域本体中描述的概念、属性及属性-宿主关系的知识和个体知识表示特征的规律性知识相结合，生成相应的抽取规则，实现本体实例的抽取。

如图 4-10 所示，基于本体的实例获取方法包括以下 3 个阶段：

（1）Web 页面的预处理阶段。其主要作用是对 Web 页面包含的 HTML 进行解析生成 DOM 树，去除 Web 页面中的噪声信息，如广告、图片、导航、版权声明等。

（2）网页主题概念及个体知识表示特征判定阶段。它包括网页主题概念的判定和个体知识表示特征的判定。网页主题概念的判定通过扫描网页中包含的领域本体库中的属性集，并与领域本体中每个概念的属性集进行匹配，来判断网页是否包含个体知识，并判断个体知识所属的概念。个体知识表示特征的判定，根据概念的属性集在网页的 HTML 标记中的分布规律进行判定，可以判断个体知识是否以 Web 表格形式表示，从而为 Web 表格中本体实例抽取提供依据。

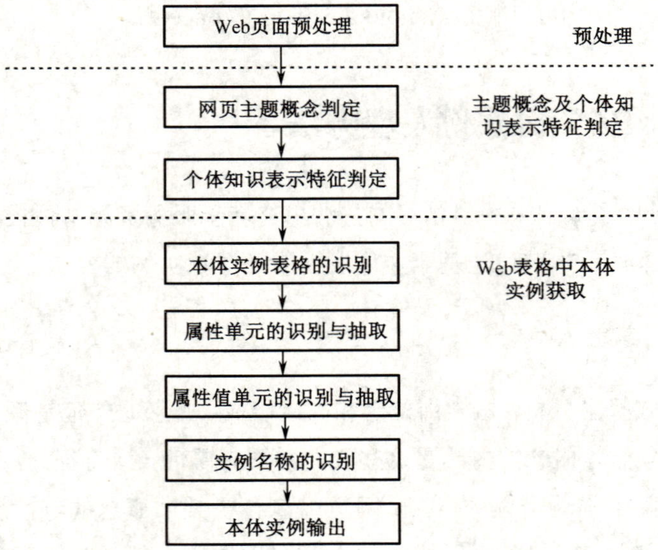

图 4-10 基于本体的服务资源实例获取过程

（3）Web 表格中本体实例的获取阶段。它包括本体实例表格的识别、属性单元的识别与抽取、属性值单元的识别与抽取、实例名称的识别及本体实例的输出。根据领域本体知识和个体知识表示特征的规律性知识，生成相应的本体实例表格识别规则、属性单元识别规则、属性值单元识别规则和实例名称识别规则，利用这些规则从 Web 表格中抽取一个或多个本体实例。

4.3.2 Web 网页中个体知识表示特征

互联网上存在大量的描述个体知识的 Web 网页，如商品信息的网页、公司的基本信息页面、个人的 Web 简历，等等。Web 网页中的个体知识有多种表述方式，如 Web 表格形式、自然语言文本块形式等。其中，Web 表格形式的个体知识表述在表达效果上一目了然，符合人们的视觉习惯，而成为人们最常用的一种个体知识表述方式。因此，重点对 Web 表格形式的个体知识表示特征进行分析。

在 Web 网页中，用 Web 表格形式描述个体知识时，既可以只描述一个个体的知识，也可以同时描述多个个体的知识。图 4-11 所示为表格特征的个体知识表示的外观示例。图 4-12 所示为表格特征的个体知识表示的外观示例。

型号	DFM-50-80-P-A-KF
种类	导向气缸
缸径	50（mm）
发货期限	10天内发货
产品说明	SMTS-8E型接近式传感器只能用于行程大于或等于50 mm的该类产品，但必须在内侧或外侧安装合适的安装附件SMB-8E 紧凑，坚固，导向精确度高。驱动器和导向单元被封闭在同一外壳内，并可根据具体要求选择安装普通轴承或是滚珠轴承 缸径从 12 到 100 mm - 缓冲 P 弹性缓冲，不可调，适合较小的负载 PPV 可调气缓冲，用于较大的负载和相对较长的循环时间 YSRW 液压缓冲器，自调节，用于较大的负载和较高的速度 - SMx-8 接近式传感器 - 终端位置微调（回缩/推进）

图 4-11 表格特征的个体知识表示的外观示例

| 班台系列 | 会议桌系列 | 宾馆系列 | 办公椅系列 | 讲台系列 | 餐桌椅系列 | 沙发系列

会议桌　洽谈桌　主席台桌

所有产品 >> 会议桌系列 >> 所有小类　　共找到 19 个产品

选中	ID	产品编号	产品名称	价格	加入时间	数量
□	114	SJ/PZ111	会议桌	500	2004-1-11	10
□	113	SJ/PZ113	马肚形会议桌	2500	2004-1-11	5
□	112	SJ/PZ114	圆形会议桌	2000	2004-1-11	4
□	111	SJ/PZ115	花槽形会议桌	2200	2004-1-11	3
□	110	SJ/PZ116	马肚形会议桌	2000	2004-1-11	8
□	109	SJ/PZ117	长方形洽谈桌	1500	2004-1-11	6
□	108	SJ/PZ118	圆形洽谈桌	1800	2004-1-11	11
□	106	SJ/PZ121'	双层花槽形会议桌	2800	2004-1-11	2
□	105	SJ/PZ123	主席台桌	1600	2004-1-11	3
□	99	SJ/PZ129	三角形洽谈桌	1200	2004-1-11	8

共 **19** 个产品　首页　上一页　下一页　尾页　页次：**1/2**页　**19**个产品/页

查找产品： [　　　　] [查 询]　请输入产品名称。如果为空，则查找所有产品。

图 4-12　表格特征的个体知识表示的外观示例

对于网页中个体知识表示特征，从其相应的外观（或视觉）特点和标记特点两个方面进行分析。外观特点是网页中个体知识在浏览器中的显示效果规律性知识，标记特点是描述网页中个体知识的 HTML 标记的规律性知识。外观特点本质上是由相应标记特点决定的。

Web 网页中以表格形式描述个体知识时，一般具有以下外观特点：①采用明显的表格单元描述属性和属性值；②属性和属性值通常都用一个表格单元显示，但不同的是属性单元常常作为标题而有别于属性值单元；③位置上，属性值单元与相应的属性单元相邻，并且属性值单元总出现在相应的属性单元的右方或下方，而属性单元作为标题大多出现在表格首行或首列，偶尔也会以不规则形式出现在表格中间行或中间列中；④字体上，属性单元在字体大小和字体颜色上常常显著于属性值单元。

当网页中描述多个个体知识时，除了具有上述外观特点外，一般还有如下规律：所有属性单元会作为表格的行标题出现在表格的首行，而多个个体则以多行形式出现，表格的一行内容描述了一个个体的相关知识。

采用表格形式描述的个体知识在外观上的特点是由其内在 HTML 标记决

定的，标记一般具有以下规律：①属性及属性值包含在表格标记<table></table>中；②一个属性一般只包含在一个表格标题标记<th></th>中，有时包含在一个表格单元标记<td></td>中，但在<td></td>标记中常用<b></b>对属性进行加粗，或者用<font></font>标记的 size 属性、color 属性对文字的大小、颜色进行处理，以明显区分于属性值；③一个属性值一般只包含在一个表格单元标记<td></td>中；④描述多个个体知识时，个体知识包含在一个<tr></tr>标记中。图 4-13 所示为图 4-11 对应的 HTML 标记例子。

```
<TABLE cellSpacing=1 cellPadding=5align=center bgColor=#999999 border=0>
  <TBODY>
  <TR vAlign=top bgColor=#f8f8f8>
    <TD class=M1 width="100"><B>型号</B></TD>
    <TD class=text1 width="240">DFM-50-80-P-A-KF</TD>
  </TR>
  <TR vAlign=top bgColor=#f8f8f8>
    <TD class=M1><B>种类</B></TD>
    <TD class=text1>导向气缸</TD>
  </TR>
  <TR vAlign=top bgColor=#f8f8f8>
    <TD class=M1><B>缸径</B></TD>
    <TD class=text1>50 (mm) </TD>
  </TR>
  <TR vAlign=top bgColor=#f8f8f8>
    <TD class=M1><B>发货期限</B></TD>
    <TD class=text1>10天内发货</TD>
  </TR>
  <TR vAlign=top bgColor=#f8f8f8>
    <TD class="C lh15"><B>产品说明</B></TD>
    <TD class="C lh15" style="WORD-BREAK: break-all">
      <P class="MsoNormal at_0">SMTS-8E型接近式传感器只能用于行程大于或等于
         50 mm的该类产品, 但必须在内侧或外侧安装合适的安装附件SMB-8E</P>
      <P class="MsoNormal at_0">紧凑, 坚固, 导向精确度高。驱动器和导向单元被
         封闭在同一外壳内, 并可根据具体要求选择安装普通轴承或是滚珠轴承。</P>
      <P class="MsoNormal at_0">缸径从 12 到 100 mm</P>
      ......
    </TD>
  </TR>
  </TBODY>
</TABLE>
```

图 4-13　表格特征的个体知识表示的 HTML 标记示例

4.3.3　基于本体的网页主题概念和个体知识表示特征的判定

1. 网页主体概念的判定

根据形式概念分析，可以推论所有概念都可以通过其包含的不同属性加以区分，两个不同的概念所对应的属性集合也必然不同。在互联网环境中的许多数据相对完备的领域，这一推论是合理的。以电子市场中出售的书和 CD 为例，书和 CD 都有价格、出版商、简介等属性，但是出售书的网页包含特有属性 ISBN 号，而出售 CD 的网页可能包含歌手姓名等属性，不同商品能够通过特

定的属性来区别描述。因此，可以扫描网页中包含的领域本体库中的属性集，并与领域本体中每个概念的属性集进行匹配，来判断网页所属的概念主题。下面对基于本体的网页主题概念判定算法进行描述。

算法 4-7：基于本体的网页主题概念判定算法

输入： 领域本体库 O

同义词词林

Web 网页 W

输出： 网页主题概念

Step 1：提取领域本体 O 中所有概念的属性及属性同义词，形成属性集 A。

Step 2：根据属性集 A，检索 Web 网页 W 中所出现的属性，形成属性集 A'。

Step 3：如果 A' 为空集，则说明网页 W 的主题不属于任何概念，返回空值，否则转到 Step4。

Step 4：对于领域本体 O 中的每个概念，统计其属性在集合 A' 中出现的个数。设统计出来的最大值为 n，n 对应的概念集为 C。

Step 5：如果 C 为空集或 C 中只含有一个概念，则转到 Step10，否则转到 Step6。

Step 6：任取 C 中两个概念 c_1 和 c_2，根据领域本体 O 的概念间继承关系作如下处理：如果 c_1 是 c_2 的上位概念，则从 C 中删除 c_2。

Step 7：重复 Step6，直至删除了 C 中所有的下位概念。

Step 8：如果 C 中只含有一个概念，则转到 Step10，否则转到 Step 9。

Step 9：C 中含有多个概念，提请人工进行处理，进行概念唯一性筛选。

Step10：此时 C 为空集或含有一个概念，如果 C 为空集则返回空值，否则将 C 中的概念作为网页 W 的主题概念输出。

2．个体知识表示特征的判定

个体知识表示特征判定重点是判断其是否为 Web 表格特征的个体知识表示，可以根据 4.3.2 节中关于 Web 网页中个体知识表示特征及其在 HTML 标记中的分布规律进行判定。为了便于算法描述，先对算法中使用到的几个概念进行说明。

（1）**文本节点**：如果某个 DOM 节点只含有文本内容，不含有其他任何 HTML 标记，则称该 DOM 节点为文本节点。

（2）**单行节点**：是指单行文本 HTML 标记所对应的 DOM 节点，其中单行文本 HTML 标记只影响文本外观，如标记<B>、<BIG>、<EM>、<FONT>、<I>、<STRONG>、<U>等。

（3）**虚拟文本节点**：如果某个 DOM 节点本身及其所有子孙节点是文本节点或单行节点，则称该 DOM 节点为虚拟文本节点。

基于本体的个体知识表示特征判定算法描述如下：

算法 4-8：基于本体的个体知识表示特征判定算法

输入：领域本体库 O

同义词词林

Web 网页 W

W 的主题概念 c

输出：Web 表格特征的个体知识表示类型或空值

Step 1：从领域本体 O 中提取概念 c 的属性，形成属性集 $A=\{a_1, a_2, \cdots, a_k\}$。

Step 2：初始化 $n=0$，$m=0$，n 表示网页 W 中包含属性集 A 中属性的个数，m 表示网页 W 的表格单元中包含属性集 A 中属性的个数。

Step 3：对网页 W 进行解析，生成 DOM 树 T。

Step 4：对于 A 中每个属性 a_i，其中 $i=1,2,\cdots,k$，重复 Step5，直至所有属性检测完毕后转到 Step6。

Step 5：遍历 DOM 树 T 中的节点，如果发现某个节点为虚拟文本节点，则提取该节点的文本内容，如果去除空格后文本内容等于属性 a_i 或 a_i 的同义词，则令 $n=n+1$，转到 Step4。

Step 6：提取 DOM 树 T 中所有名称为“TD”或“TH”的节点，形成节点集合 N。

Step 7：对于 A 中每个属性 a_i，其中 $i=1,2,\cdots,k$，重复 Step8，直至所有属性检测完毕后转到 Step9。

Step 8：遍历节点集合 N 中的节点，如果某个节点中文本内容去除空格后等于属性 a_i 或 a_i 的同义词，则令 $m=m+1$，转到 Step7。

Step 9：如果 n/k 的值大于等于经验阈值 θ_1，并且 m/n 的值大于等于经验阈值 θ_2，则判定该网页的个体知识表示为表格特征，并返回判定结果；否则返回空值。

3. Web 表格中本体实例的获取

从4.3.2节中关于Web表格特征的个体知识表示的外观特点和标记特点中可以看出，由于表格的特点，属性之间的上下文关系比较少，因此，纯粹的自然语言处理方法应用起来很困难，且效果差；而基于包装器的方法需要大量的样本网页进行训练，效率低下且可移植性和普适性差。因此，对于 Web 表格特征的个体知识，本文设计了一种基于本体的 Web 表格中本体实例的获取方法。

基于本体的 Web 表格中本体实例的获取方法的基本思想，是利用领域本体库中的概念及概念的属性集合来识别并抽取 Web 表格中的属性及属性值，进而识别或生成实例名称值，从而达到获取概念的实例的目的。该方法与其他信息抽取方法相比，优点在于：①利用领域 Ontology 和数据本身的描述信息实现抽取，几乎不需要人工参与、不需要进行训练，抽取效率高，并且对网页结构不存在依赖性；②该方法可移植性和普适性强，当应用于新的领域时，只需要相应的概念领域本体即可，这使得它很容易扩展到新的领域，具有领域无关性；③从理论上讲，只要领域 Ontology 足够强大，它就能在该领域的信息抽取中达到很高的抽取准确率和召回率。

基于本体的 Web 表格中本体实例获取方法主要包括以下几个步骤：

① 本体实例表格识别，主要作用是识别网页中包含有属性及属性值的 Web 表格。

② 属性识别与抽取，主要作用是根据领域本体库中描述的属性及属性同义词来识别包含属性的 Web 表格中单元，并从表格单元中抽取属性。

③ 属性值识别与抽取，主要作用是检测出网页中描述本体实例的属性值

的 Web 表格单元，并从中抽取实例的属性值。由于网页中可能包含一个或多个本体实例，因此，属性值识别与抽取要能够处理网页中包含多个实例的情形。

④ 实例名称识别，主要作用是根据网页信息和抽取的属性值信息识别出属性值所规定的实例的名称，即概念的概念值，在不能有效识别实例名称的情况下，则考虑根据概念为该实例自动生成实例名。

4．本体实例表格识别

由于网页中可能存在多个表格，因此，需要首先对表格进行检测以识别出网页中包含有属性及属性值的 Web 表格。为了便于描述，将包含有属性及属性值的 Web 表格称为本体实例表格。

在 HTML 的表格设计中，表格具有比较明确的标记，例如，整个表格包含在<TABLE>和</TABLE>标记之间，表格体包含在<TBODY>和</TBODY>标记之间，表格行包含在<TR>和</TR>标记之间，表格单元包含在<TH>和</TH>标记之间或者包含在<TD>和</TD>标记之间。根据上面的标记，以及属性在标记中的分布规律，可定义本体实例表格表格识别的规则如下。

规则 4.1（本体实例表格识别规则）：设网页的主题概念为 c，网页中包含概念 c 的属性（或属性的同义词）的总个数为 m，网页中存在表格 T，T 中含有文本内容为概念 c 的属性（或属性的同义词）的表格单元总个数为 n，如果 n/m 大于阈值 θ，则称表格 T 为本体实例表格。

5．属性单元识别与抽取

属性识别与抽取的目的是识别包含属性的 Web 表格中单元，并从表格单元中抽取属性。将单元内容为属性或属性同义词的表格单元称为属性单元，属性单元的识别是属性值识别与抽取的前提。

属性单元识别的基本思想是通过检测 Web 表格单元中是否包含领域概念的属性或属性同义词，来实现属性单元的识别。从属性单元中提取属性较为简单，因此不做介绍。根据领域本体的属性知识，对属性单元识别规则定义如下。

规则 4.2（属性单元识别规则）：设网页的主题概念为 c，已识别的本体实例表格为 T，T 中存在表格单元为 t，t 的标记<TD>或<TH>，如果 t 中的文本内容为概念 c 的属性（或属性的同义词），则称表格单元 t 为属性单元。

6. 属性值单元识别与抽取

属性值识别与抽取的目的是识别包含属性值的 Web 表格中单元，并从表格单元中抽取属性。将含有属性值文本的表格单元称为属性值单元，属性值单元的识别是在属性单元识别的基础上实现的。目前，我们将属性值一律作为文本对待，不考虑数值、单位换算或其他更复杂的情况，这样属性值的抽取便较为简单，以便于集中精力处理属性值单元的识别问题。下面对属性值单元的识别方法进行介绍。

网页中可能包含一个本体实例或多个本体实例，因此，属性值单元的识别相对于属性单元的识别要复杂。我们将网页中的本体实例分为基本实例和扩展实例。网页中只包含一个本体实例时，该本体实例即基本实例，这种情况下，属性值单元与相应的属性单元行相邻或列相邻。网页中包含多个本体实例时，一般情况下，所有属性单元会作为本体实例表格的行标题出现在表格的第一行，本体的多个实例则以多行形式出现，一行的内容描述了一个本体实例，此时，将多个实例中的第一个实例称为基本实例，其他实例称为扩展，基本实例的属性值单元的位置与相应的属性单元的位置紧密相邻，而扩展实例的属性值单元的位置则与其上一个本体实例的属性值单元的位置相邻。

在上述分析的基础上，我们定义了属性值单元识别的基本规则和扩展规则来识别本体实例表格中属性值单元。属性值单元识别的基本规则主要根据 4.3.2 节描述的表格特征的个体知识表示的规律性知识，识别出本体实例表格中的基本实例的属性值单元。扩展规则首先判断本体实例表格中是否包含多个本体实例，如果存在多个实例，则根据规则识别出相应的扩展实例的属性值单元。属性值单元识别的基本规则和扩展规则分别定义如下。

规则 4.3（属性值单元识别的基本规则）：设网页的主题概念为 c，已识别的本体实例表格为 T，t_0 为 T 中已识别的任一属性单元，t_0 的相邻表格单元 t_1，如果满足下述条件之一，则认为 t_1 是 t_0 的对应的属性值单元。

（1）t_1 右相邻于 t_0，t_1 不是属性单元，t_1 的行高等于 t_0 的行高，并且 t_1 的文本内容在字体的粗细、大小或颜色上有别于 t_0。

（2）t_1 下相邻于 t_0，t_1 不是属性单元，t_1 的列宽等于 t_0 的列宽，并且 t_1 的文本内容在字体的粗细、大小或颜色上有别于 t_0。

规则 4.4（属性值单元识别的扩展规则）：设网页的主题概念为 c，已识别的本体实例表格为 T，t_0 为 T 中已识别的任一属性单元，设和 t_0 同列的每行表格单元为 t_i（其中 $i=1,2,\cdots,n$），如果进一步满足所有下述条件，则认为本体实例表格为 T 中包含多个本体实例，t_i 为 t_0 对应的属性值单元。

（1）t_0 和 t_1 满足属性值单元识别的基本规则。

（2）本体实例表格为 T 的所有的属性单元都位于表格的首行。

（3）所有 t_i 都不是属性单元，并且 t_i 之间在字体的大小和粗细上相同，在字体颜色上可以有差别。

7．实例名称的识别

实例名称识别的主要作用是根据网页信息和抽取的属性值信息识别出属性值所规定的实例的名称，即概念的概念值。

当网页中主要用于描述一个本体实例的信息时，该实例的名称常作为整个本体实例表格的标题出现在表格上方，表示实例名称的文本内容在外观上要显著于其他文本内容。当网页中包含多个本体实例时，本体实例的名称或者主键（最小无重复的属性或者属性集合）一般会出现在本体实例表格中。可以首先对名称属性进行检测，如果检测失败，则考虑将主键作为实例名称的替代值，如果再检测失败，则考虑根据本体实例所属的概念自动生成本体实例名称作为实例名的替代值。由此定义实例名称识别规则如下。

规则 4.5（实例名称识别规则）：设网页的主题概念为 c，已识别的本体实例表格为 T，T 中已识别属性单元集合为$\{t_1, t_2,\cdots,t_n\}$，在属性单元集合中检测内容为“名称”或者内容与“名称”相似度大于的属性单元，如果检测成功，则将该属性单元对应的属性值作为本体实例的名称。如果检测失败，则检测本体实例的主键，如果主键中包含的属性个数小于阈值θ_1，则根据主键对应的属性值为本体实例生成实例名称。如果再次检测失败，则根据概念 c 直接为本体实例生成不重复的实例名称。

8．算法的总体描述

在根据领域本体知识和 Web 表格特征的个体知识表示规律性知识生成上述识别和抽取规则的基础上，基于本体的 Web 表格中本体实例获取算法可描述如下。

算法 4-9：基于本体的 Web 表格中本体实例获取算法

输入： 领域本体库 O

以 Web 表格特征表述个体知识的网页 W

网页 W 的主题概念 c

输出： 本体实例集合 I

//本体实例表格的检测

Step 1：从领域本体库库 O 中提取概念 c 的属性集合 A。

Step 2：初始化 m=0，m 表示网页 W 中包含属性集 A 中属性的个数。

Step 3：对于 A 中的每个属性，如果该属性或属性同义词包含在网页 W 中，则令 m=m+1，对所有属性进行检测，得到网页 W 中包含属性集 A 中属性的个数。

Step 4：初始化本体实例表格 T 为空集。

Step 5：对于 W 中的每个表格重复 Step5，直至所有表格检测完毕，转到 Step6。

Step 6：初始化 n=0，n 表示网页 W 的表格单元中包含属性集 A 中属性的个数，并设当前待检测表格为 table。

Step 7：对于 A 中每个属性，如果该属性或属性同义词包含在 table 的表格单元中，则令 m=m+1，对所有属性进行检测，得到网页 W 中包含属性集 A 中属性的个数。

Step 8：根据本题实例表格识别规则 4.1，如果 n/m 大于阈值 θ_1，则说明表格 table 为本体示例表格，将表格 table 添加到本体实例表格集合 T 中。

//从单个本体实例表格的抽取本体实例

Step 9：初始化本体实例集合 I。

Step10：对于本体实例表格集合 T 中的每个表格，重复 Step11 和 12，直至所有表格处理完毕，转到 Step13。

Step11：调用基于本体实例表格的本体实例抽取算法 4-10，以抽取当前表格中包含的本体实例，算法的输入为：

✓ 领域本体库 O

✓ 网页主题概念 c

✓ 当前本体实例表格

算法的输出为本体实例集合 I。

Step12：将 I' 中所有的的本体实例添加到本体实例集合 I 中，转到 Step10。

Step13：返回本体实例集合 I。

基于本体实例表格的本体实例抽取算法的主要作用是从单个的本体实例表格中抽取出其中所包含的一个或多个本体实例，该算法可描述如下。

算法 4-10：基于本体实例表格的本体实例抽取算法

输入： 领域本体库 O

网页的主题概念 c

本体实例表格 table

输出： 本体实例集合 I

//属性单元识别

Step 1：根据本体实例表格 table 构造 DOM 树 Tree；

Step 2：从 DOM 树 Tree 中提取标记名称为“TD”或“TH”的节点，形成节点集合 N。

Step 3：初始化属性单元集合 A 为空值。

Step 4：对 N 中的每个节点 n_i，重复 Step5～6，直至所有节点处理完毕转到 Step7。

Step 5：提取当前节点 n_i 的文本内容，如果去除空格后的文本内容等于网页主题概念 c 的属性或属性的同义词，则根据属性单元识别规则 6.2，可知该节点对应的表格单元是属性单元。

Step 6：标注当前节点 n_i 为属性单元，并添加到属性单元集合 A 中，转到 Step4。

//首要实例的属性值单元识别

Step 7：设属性单元集合 A 中的第 i 个属性单元为 a_i，其中 i=1,2,⋯,m，为 A 中每个 a_i 初始化属性值单元集合 V_i。

Step 8：对于 A 中每个属性单元 a_i，重复 Step9 和 10，直至所有属性单元处理完毕转到 Step11。

Step 9：根据属性值单元识别的基本规则 6.3 从属性单元 a_i 的相邻单元格中识别出 a_i 相应的属性值单元 v_{i1}。

Step10：标注属性值单元 v_{i1}，并将其添加到 a_i 的属性值单元集合 V_i 中，转到 Step8。

//其他实例的属性值单元识别

Step11：根据属性值单元识别的扩展规则 6.4，判断本体实例表格中是否包含多个本体实例，如果包含多个实例，则转到 Step12，否则转到 Step16。

Step12：对于 A 中每个属性单元 a_i，重复 Step12～14，直至所有属性单元处理完毕转到 Step15。

Step13：提取属性单元 a_i 所在列的所有表格单元形成集合 Q_i。

Step14：从 Q_i 中删除前两个表格单元（第一个表格单元以识别属性单元 a_i，第二个表格单元已识别为属性值单元为 v_{i1}）。

Step15：将 Q_i 中所有表格单元标注为属性值单元，并一次添加到属性单元 a_i 的属性值单元集合 V_i 中，转到 Step11。

//本体实例知识的抽取及实例名称的识别

Step16：根据规则可知，所有属性值单元集合 V_i（i=1,2,⋯,m）中的属性值单元个数相同，设为 n。

Step17：初始化本体实例集合 I。

Step18：根据概念 c 及识别的属性值单元集合 A，构造 n 个取值为空的本体实例，并将其添加本体示例集合 I 中。

Step19：对于 I 中的每个实例 $instance_j$（j=1,2,…,n），重复 Step20～23，直至所有实例处理完毕，转到 Step24。

Step20：对于属性单元集合 A 中的每个属性单元 a_i，重复 Step21～22，直至所有属性单元处理，转到 Step23。

Step21：提取 a_i 的文本内容作为当前实例的第 i 个属性。

Step22：从 a_i 的属性值单元集合 V_i 中提取属性值单元 v_{ij}，从属性值单元 v_{ij} 中提取文本内容作为当前实例的第 i 个属性的属性值；转到 Step20。

Step23：根据实例名称识别规则 6.5，识别本体实例 $instance_j$ 的实例名称。

//本体实例的输出

Step24：返回本体实例集合 I。

参考文献

[1] A. Almuhareb, M. Poesio, Attribute-based and value-based clustering: an evalu- ation[C]. In: Proceedings of the Conference on Empirical Methods and Natural Language Proceedings, Barcelona, Spain, 2004:158-165.

[2] Ager N, Natural Language Information Processing, Reading, Massachusetts: Addi- son Wesley, 1981.

[3] B. Liu, R. Grossman, and Y. Zhai. Mining data records in web pages. In SIGKDD’03, pages 601-606, 2003.

[4] C.-H. Chang, C.-N. Hsu, and S.-C. Lui. Automatic information extraction from semi-structured web pages by pattern discovery. . Special Issue on Web Retrieval and Mining. 2003, 35(1):129-147.

[5] Chang and S. Lui. IEPAD: Information extraction based on pattern discovery. In WWW, 2001: 681-688.

[6] Dejong G, An Overview of the FRUMP System. In: LEHNERT, W., & RINGLE, M.h. (eds), Strategies for Natural Language Processing. Lawrence Erlbaum, 1982: 149-176.

[7] Douthat A, The Message Understanding Conference Scoring Software User's Manual, In Proceedings of the Seventh Message Understanding Conference, 1998.

[8] D.Cai,X.He,J.Wen and W.Ma.Block-level link analysis[C].Proceedings of the 27th annual International ACM SIGIR conference on Research and development in information retrieval, 2004:440-447.

[9] Fabrizio Sebastiani SEBASTIANI F.Machine learning in automated text categorization[J]. Proceedings in Journal ACM Computing Surveys(CSUR) 2002, 34(1):1-47

[10] F.Giunehiglia and I.Zaihrayeu,Lightweight ontologies.Technieal Report DIT-07- 071, University of Trento,2007.

[11] G. O. Arocena and A. O. Mendelzon. WebOQL: Restructuring Documents, Databases, and Webs. In ICDE, 1998: 24-33.

[12] Hepp,Martin:Products and services Ontologies: A Methodology for Deriving OWL Ontologies from Industrial Categorization Standards[J].Int'1 Joumal on Semantie Web & Information Systems (llSWIS),2006,2(1):72-99.

[13] Hepp,Martin.GenTax:A generic methodology for deriving OWL and RDF-S ontologies from hierarchical classifications,thesauri,and inconsistent taxonomies Semantic Web: Research and Applications[C].Proceedings 4th European Semantic Web Conference, ESWC2007:129-44.

[14] Hepp,Martin.Good Relations:An Ontology for Describing products and Services Offers on the Web[C].Lecture Notes in Computer Science,5268LNAI: 329- 346.

[15] J. Wang and F. H. Lochovsky. Data extraction and label assignment for web databases. In WWW12. ACM Press, 2003: 187-196.

[16] J.Li and Y.Zhao. PathRank:Web Page retrieval with navigation path[J].Proe.of ECIR, Computer Science,2009(5478):350-361.

[17] Kui Fu,Guihua Nie,Donglin Chen.A SeProceedings-International Conference on Computer Science and Software Engineering,mantic Integration Framework for E-Business andLogistics Systems[C]..CSSE2008:394-397.

[18] L. K. McDowell and M. Cafarella. Ontology-Driven Information Extraction with OntoSyphon. In 5th Internal Semantic Web Conference (ISWC'06). Springer, 2006.

[19] Lee,Taehee Lee,Lg-Hoon Lee,Suekyung.Building an operational product ontology system[J].Electronic Commerce Research and Applications,2006,5(1): 16-25.

[20] Lee,Sangno;Huh,Soon-Young.Automatic generation of concept hierarchies using Wordnet[J].Expert Systems with Applications,2008,35(3):1132-1144.

[21] Maynard, W. Peters, and Y. Li. Metrics for evaluation of ontology-based information extraction. In WWW 2006 Workshop on "Evaluation of Ontologies for the Web" (EON),

Edinburgh, Scotland, 2006.

[22] Motta, M. Vargas-Vera, J. Domingue, M. Lanzoni, A. Stutt, and F. Ciravegna. MnM: Ontology Driven Semi-Automatic and Automatic Support for Semantic Markup. In 13th International Conference on Knowledge Engineering and Knowledge Management (EKAW02), Siguenza, Spain, 2002: 379-391.

[23] M. E. Califf. Relational Learning Techniques for Natural Language Information Extraction. Ph.D. thesis, Department of Computer Sciences, University of Texas, Austin, August 1998.

[24] Nie Guihua, Zhang Bo.The Design and Implementation on Chinese E-commerce Semantic Lxicon[C].ECNET,2008 International Conference on Computer Scienee and Software Engineering.Wuhan,China,2008(12):753-755.

[25] P.D.Tumey,Mining.the Web for synonyms:PMI--IR versus LSA on TOEFL[C]. In:Proceedings of the 12th European Conference on Machine Learning,Freiburg, Germany, 2001: 491-499.

[26] R. Baumgartner, S. Flesca, and G. Gottlob. Visual Web Information Extraction with Lixto. In VLDB, 2001: 119-128.

[27] R. B. Doorenbos, O. Etzioni, and D. S. Weld. A Scalable Comparison-Shopping Agent for the World-Wide-Web.Proceedings of the first International Conference on Autonomous Agents, California, February 1997.

[28] R.Fagin,R.Kumar,K.S..Mccurley,J.Novak,D.Sivakumar,J.A.Tomlin,etc.Searching the workplace Web[C].Proceedings of the 12th international conference on World Wide Web,2003:366-375.

[29] Toutanova,K,Klein,D.,Manning,C.D.Feature-rich part-of-speech tagging with a cyclic dependency network[J].In Proeeedings of the North American chapter of the association for computational linguistics on human language technology (NAACL,03),2003:173-150.

[30] V. Crescenzi, G. Mecca, and P. Merialdo. Roadrunner: Towards automatic data extraction from large web sites. In VLDB, pages 109-118, 2001.

[31] WU Bin.ZHENG Yi.LiU Shao-hui.CSIM:a document clustering algorithm based. on swarm intelligence[C].Proceedings of the 2002 World on Congress on Computational Intelligence,WCCI.2002(1):477-482.

[32] X. Meng, H. Lu, and H. Wang. SG-WRAP: A Schema-Guided Wrapper Gener- ation. In ICDE, 2002: 331-332.

[33] Y. Zhai and B. Liu. Web data extraction based on partial tree alignment. In WWW14, May 2005.

[34] Z Cui,An ontology based approach to eCatalogue Management[J].BT Technology Journal,2003,21(4):76-83.

[35] 傅魁. 基于 Web 的本体学习研究[D]. 武汉理工大学博士学位论文, 2007.

[36] 高军,王腾蛟,杨冬青, 等. 基于 Ontology 的 Web 内容二阶段半自动提取方法[J]. 计算机学报, 2004, 27(3): 310-218.

[37] 李晓菲. 面向客户的电子目录本体自学习理论与方法研究[D]. 武汉理工大学硕士学位论文, 2010.

[38] 王放, 顾宁, 吴国文. 基于本体的 Web 表格信息抽取[J]. 小型微型计算机系统, 2003, 24(12): 2142-2146.

第 5 章　服务资源智能聚合技术

5.1　服务资源本体实例消重机制

通过服务资源智能发现技术，可以获取服务资源实例，但在分布式的电子商务环境中，不同电子商务网站中的服务资源目录缺乏统一标准，无法满足网络环境下用户对于服务资源目录的需求，因此，需要对异构服务资源目录进行集成。服务资源目录是实现电子商务交易双方产品信息自动化交换的基础和用户在线查询服务资源信息的关键技术。本体合并技术可用于解决异构服务资源目录的语义互操作问题，但目前本体合并的研究主要集中在本体的类、概念、属性及关系的合并，未考虑实例消重问题。服务资源目录本体实例消重是消除实例冗余、提高服务资源目录操作效率的关键。在本体实例消重过程中，实例的语义相似度计算最为关键，因此，提出一套综合实例名称、属性、关系的语义相似度计算方法，具体流程如图 5-1 所示。

5.1.1　实例名称语义相似度计算

由于服务资源目录本体实例中存在不少复合词，并且实例中很多专业名词也无法从 WordNet 中找到，因此，以往对于实例名称的语义相似度计算方法并不能有效地适用于服务资源目录本体。本书提出了一种基于字符串匹配和基于 WordNet 相结合的复合实例名称相似度算法，如下：

$$\mathrm{SC}(I_1,I_2)=w_1\mathrm{SC}_z(I_1,I_2)+w_2\mathrm{SC}_w(I_1,I_2) \tag{5-1}$$

式中，w_1 和 w_2 为权重，且 $w_1+w_2=1$；SC_z 为基于字符串匹配的语义相似度；SC_w 为基于 WordNet 的语义相似度。

1．字符串匹配算法

本书采用文献[4]中提到的将字符串的编辑距离转换为一个取值在 0～1 之间数值的相似度算法。

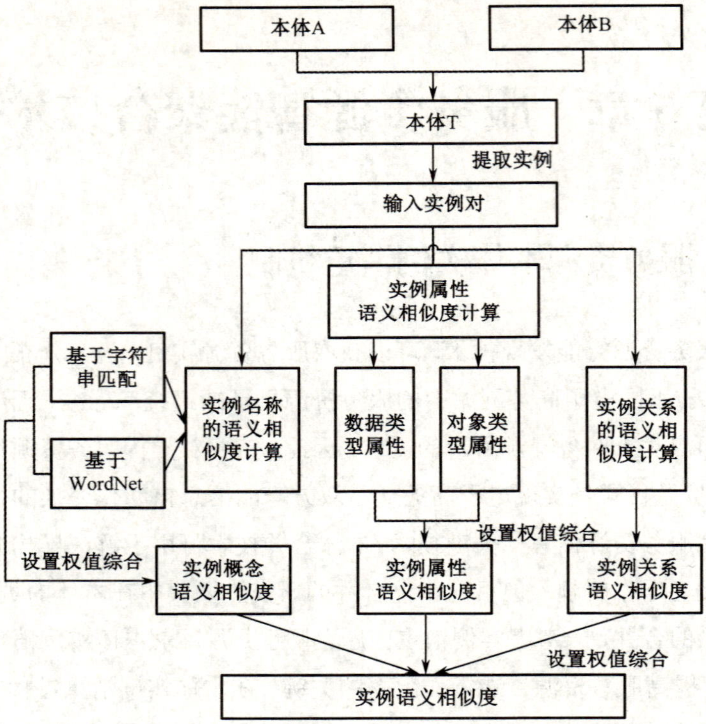

图 5-1　实例综合语义相似度计算模型框架

$$\mathrm{SC}_z\left(I_1,I_2\right)=\max\left(0,\frac{\min\left(c_1,c_2\right)-D\left(c_1,c_2\right)}{\min\left(c_1,c_2\right)}\right) \tag{5-2}$$

式中，c_1,c_2 表示两个向量，分别是来自实例 I_1 和 I_2 的概念名称；$D(c_1,c_2)$ 指的是两个概念之间的编辑距离。

2. WordNet 算法

WordNet 是一部表达概念关系的语义词典，本文引入文献[5]中提到的 Wu-Palmer 语义相似度算法：

$$\mathrm{SC}_w(I_1,I_2)=\frac{2\times\mathrm{depth}(\mathrm{lso}(c_1,c_2))}{\mathrm{depth}(c_1)+\mathrm{depth}(c_2)} \tag{5-3}$$

式中，c_1 和 c_2 分别是来自实例 I_1 和 I_2 的概念名称；$\mathrm{depth}(c_1)$ 和 $\mathrm{depth}(c_2)$ 分别表示实例 I_1 和 I_2 的概念名称 c_1 和 c_2 在 WordNet 语义树中的深度；$\mathrm{lso}(c_1,c_2)$ 则指的是概念 c_1 和 c_2 的最近共同祖先概念。当两个实例概念名称为由多个词组成的复合词时，首先应使用分词工具将其进行分词，消除概念名词中不影响语义相似度计算的符号，然后利用基于 WordNet 算法一一进行比较，并求和取平均值。

5.1.2　实例属性语义相似度计算

本体实例属性分为两种：数据类型属性和对象类型属性，相应地，实例属性语义相似度采用下式计算：

$$\text{SA}（I_1,\ I_2）=w_1\text{SDA}（I_1,\ I_2）+(1-w_1)\text{SOA}（I_1,\ I_2） \tag{5-4}$$

式中，w_1 为实例的数据类型属性相似度在整个属性相似度中的权值，一般情况下取值为 0.5；SDA 为数据类型属性的相似度；SOA 为对象类型属性的相似度。

1．数据类型属性

设两个本体实例分别为 I_1 和 I_2，I_1 有 m 个数据类型属性：$\text{DA}_{11},\text{DA}_{12},\cdots,\text{DA}_{1m}$，$I_2$ 有 n 个数据类型属性 $\text{DA}_{21},\text{DA}_{22},\cdots,\text{DA}_{2n}$，且 $\{\text{DA}_{11},\text{DA}_{12},\cdots,\text{DA}_{1m}\}$ 和 $\{\text{DA}_{21},\text{DA}_{22},\cdots,\text{DA}_{2n}\}$ 分别为实例属性所对应的属性值集合，则这两个实例数据类型属性的语义相似度计算步骤如下。

Step1：将实例 I_1 中 m 个数据类型属性按数据类型（string、integer 等）分类为若干个集合；同理，将实例 I_2 中的 n 个数据类型属性也分成若干个属性集合。

Step2：构造相似度矩阵 $\overline{\text{SDA}_{\text{type}}}$

$$\overline{\text{SDA}_{\text{type}}}=\begin{bmatrix} \text{sda}_{11} & \text{sda}_{12} & \cdots & \text{sda}_{1s} \\ \text{sda}_{21} & \text{sda}_{21} & \cdots & \text{sda}_{2s} \\ \vdots & \vdots & \vdots & \vdots \\ \text{sda}_{t1} & \text{sda}_{t2} & \cdots & \text{sda}_{ts} \end{bmatrix}$$

其中，type 指的是实例的某种属性数据类型；t 表示实例 I_1 中属于该数据类型 type 的属性个数；s 表示实例 I_2 中属于该数据类型 type 的属性个数。sda_{ts} 采用下式计算：

$$\text{sda}_{ts}=w_1\text{SD}(\text{DA}_{1t},\text{DA}_{2s})+w_2\text{SD}(\text{DAV}_{1t},\text{DAV}_{2s}) \tag{5-5}$$

式中，$\text{SD}(\text{DA}_{1t},\text{DA}_{2s})$ 为数据类型属性概念之间的语义相似度，采用式（5-1）计算；而 $\text{SD}(\text{DAV}_{1t},\text{DAV}_{2s})$ 为数据类型属性值之间的相似度，主要采用式(5-2)

进行计算；$w_1 + w_2 = 1$。

Step3：取得$\overline{\text{SDA}_{\text{type}}}$中相似度最大的$\text{sda}_{ij}$，删除该$\text{sda}_{ij}$所在的行与列，得到矩阵$\overline{\text{SDA}_{\text{type}}}'$。重复执行直到$\overline{\text{SDA}_{\text{type}}}'$为空。取得相似度$\text{sda}_{ij}$序列，记得$t_1,t_2,\cdots,t_p$，其中$p=\min(t, s)$。

Step4：分别对每个数据类型属性求实例I_1和实例I_2之间的语义相似度平均值SDA_{type}：

$$\text{SDA}_{\text{type}}\left(I_1,I_2\right)=\frac{\sum_{k=1}^{p} t_k}{p} \tag{5-6}$$

Step5：求实例I_1和实例I_2中所有数据类型属性的语义相似度平均值：

$$\text{SDA}\left(I_1,I_2\right)=\frac{\sum_{k=1}^{N}\text{SDA}_{\text{typek}}\left(I_1,I_2\right)}{N} \tag{5-7}$$

2．对象类型属性

实例对象类型属性的语义相似度主要是根据计算该实例对象类型属性所关联的概念之间的语义相似度得到，两个实例I_1和I_2的对象类型属性语义相似度记为$\text{SOA}(I_1,I_2)$，详细计算过程参见文献[8]。

5.1.3 实例关系语义相似度计算

主要考虑实例继承关系的相似度。

设有实例I_1,I_2，且$I_1 \neq I_2$，I_1直接继承类$C_{11,}C_{12},\cdots,C_{1m}$，$I_2$直接继承类$C_{21},C_{22},\cdots,C_{2n}$。单独考虑$I_1,I_2$为类$C_{1i},C_{2j}$的实例（$1 \leqslant i \leqslant m,1 \leqslant j \leqslant n$）时，相似度计算公式为

$$C_{1i}\cdot C_{2j}=\frac{2\times \text{depth}\left(\text{LCA}\left(C_{1i},C_{2j}\right)\right)}{\text{depth}\left(C_{1i}\right)+\text{depth}\left(C_{2j}\right)}\times a_{1i}\times a_{2j} \tag{5-8}$$

式中，$\text{depth}(C)$表示类C在本题库中的深度；$\text{LCA}(C_{1i},C_{2j})$表示的是类$C_{1i}$和类$C_{2j}$在本题库中深度最大的共同祖先；$a_{1i}$为类$C_{1i}$的信息量，$a_i = -\log Pr\left[C_i\right]$，$\beta = 0$指实例属于类$C_i$的概率。

综合所有关系得实例I_1和I_2的关系语义相似度：

$$\mathrm{SR}\left(I_1,I_2\right)=\sum_{i=1,\,j=1}^{i=m,\,j=n}\left(C_{1i}\cdot C_{2j}\right)\times\beta \tag{5-9}$$

在计算过程中，当 $\mathrm{LCA}(C_{1i},C_{2j})$ 及其子类第 1 次出现时 $\beta=1$，否则 $\beta=0$。

5.1.4　实例综合语义相似度计算

综合式（5-1）、（5-4）和（5-9），将实例名称语义相似度、属性语义相似度，以及关系语义相似度计算结果进行加权求和，得实例的综合语义相似度为

$$S(I_1,\ I_2)=\alpha\mathrm{SC}(I_1,\ I_2)+\beta\mathrm{SA}(I_1,\ I_2)+\chi\mathrm{SR}(I_1,\ I_2) \tag{5-10}$$

式中，α、β、χ 为权重系数，满足条件 $\alpha+\beta+\chi=1$。一般情况下认为 $\alpha=\beta=\chi=\dfrac{1}{3}$。

5.1.5　实例消重过程

由领域专家根据经验设置阈值 τ，将其与用式（5-10）计算得到的实例综合语义相似度 $S(I_1,\ I_2)$ 进行比较。若 $\tau>S(I_1,\ I_2)$，则说明实例 I_1 和实例 I_2 不能看作重复的两个实例，即两者都要保留到目标本体库中；若 $\tau\leqslant S(I_1,\ I_2)$，则说明实例 I_1 和实例 I_2 之间的相似度已经大到足够说明两者表示的是相同实例，故应该删除其中一个实例，只保留一个实例在目标本体库中。由于文中对于实例的语义相似度计算需从概念名称层面、属性层面及关系层面综合进行考察，得到的实例语义相似度值相对而言可能会较小，因此，τ 值不能选取得过高。在本实验中，将其设定为 0.6。

5.1.6　实例消重算法举例

我们选取以亚马逊和百思买网站中关于笔记本电脑的服务资源目录为例，验证上述实例消重方法的有效性和准确性。首先，根据网站上的服务资源目录结构构建出两个笔记本电脑的服务资源目录本体，为方便直观理解，这里以 Apple MacBook MC516LL/A 这款笔记本为例，分别画出其在亚马逊网站服务资源目录和百思买网站服务资源目录中相关信息的本体组织结构，如图 5-2 和图 5-3 所示，其中上层描述的分别为亚马逊和百思买网站中笔记本电脑服务资源目录本体 O_1 和 O_2；下层描述的则是 Apple MacBook MC516LL/A 这款笔记

本在 O_1 和 O_2 中所对应的结构。由于该实例在两个本体中的名称、结构，以及语义关系上存在差异，导致 O_1 和 O_2 合并后生成的目标本体中存在两个相同的实例，因此，需要进行实例消重。

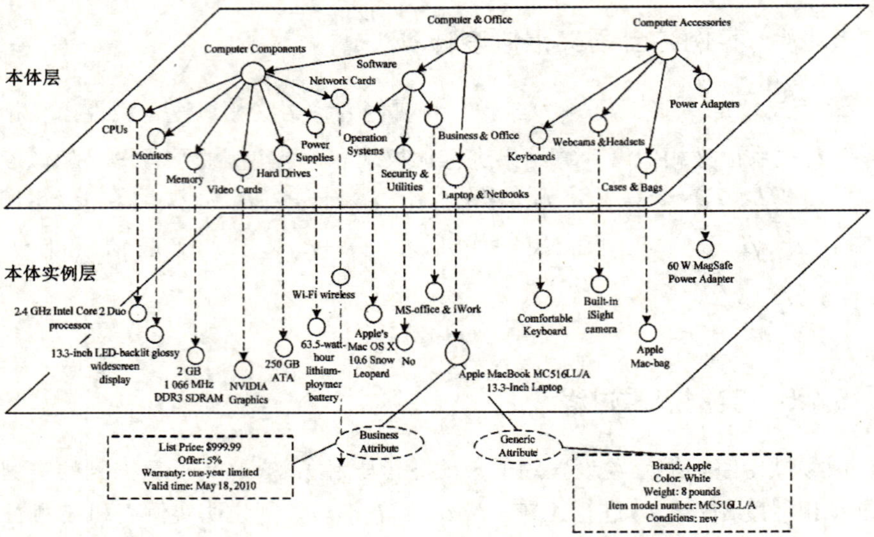

图 5-2　MC516LL/A 在亚马逊网站服务资源目录的本体结构

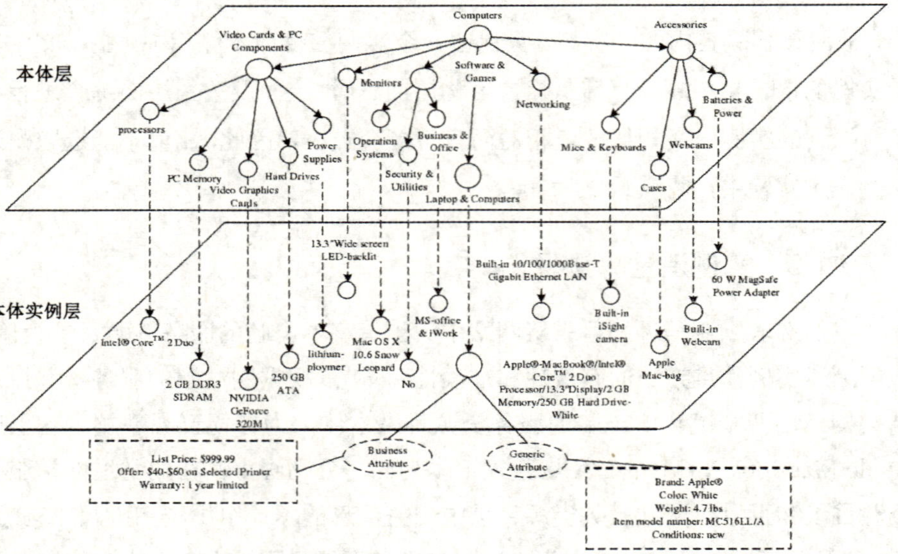

图 5-3　MC516LL/A 在百思买网站电子本体的信息结构

1．实例名称语义相似度

该实例在两个网站的名称分别为 Apple MacBook MC516LL（亚马逊网站）和 Apple®-MacBook®（百思买网站）。

基于字符串匹配，由式（5-2）得

$$\mathrm{SC}_z(I_1, I_2) = \max(0, \frac{1}{3}) = \frac{1}{3}$$

基于 WordNet，由式（5-3）得

$$\mathrm{SC}_w(I_1, I_2) = \frac{2}{3}$$

由式（5-1）得

$$\mathrm{SC}(I_1, I_2) = \frac{1}{2}$$

2．实例属性语义相似度

两个网站中该实例的属性依据类型分别包括：数据类型属性 List Price、Offer、Warranty、Valid time、Weight 和 Item Model Number（其中，List Price、Offer 和 Weight 属于 float 集合；Warranty 属于 integer 集合；Valid time 和 Item Model Number 则属于 string 集合）；对象类型属性 Brand、Color 和 Condition。

数据类型属性，由式（5-5）得

$$\mathrm{SDA}(I_1, I_2) = \frac{7}{9}$$

对象类型属性，参考文献[7]得

$$\mathrm{SOA}(I_1, I_2) = 1$$

由式（5-4）得

$$\mathrm{SA}(I_1, I_2) = \frac{8}{9}$$

3．实例关系语义相似度

该实例在亚马逊网站上直接继承类 Laptops＆NetBooks，在百思买网站上直接继承类 Laptop Computers。

由式（5-9）有

$$\mathrm{SR}(I_1, I_2) = 0.5625$$

4．实例综合语义相似度

由式（5-10）得

$$S(I_1, I_2) = 0.65 > 0.6$$

由此可以认为这两个实例虽然在不同网站上有不同的结构和表达方式，但其实是同一实例，需删除其中一个以提高本体目标实例库的精度。该实验结果与事实相一致。

5.2 服务资源智能聚合系统关键技术

5.2.1 系统设计原理

服务资源智能聚合系统自动学习服务资源本体后交由人工校验处理，然后基于人工校验后的服务资源本体学习服务资源实例，并将实例以结构化的形式存储到数据库中，服务资源实例保存了服务资源所在网页的地址，用户基于服务资源目录本体和服务资源实例库进行搜索查询所需服务资源，访问相应网页。现有的网络服务资源搜索方式主要为搜索引擎检索，包括通用搜索引擎检索和垂直搜索引擎检索。用户在使用通用互联网搜索引擎时，搜索引擎检索结果不准确，信息重复率高，信息时效性不强，而且搜索不能做到智能化。作为通用搜索引擎的补充，垂直搜索引擎能做到自动符合用户个性化需求进行自助搜索，垂直搜索和普通的网页搜索的最大区别是它对网页信息进行了结构化信息抽取，也就是从网页的某些非结构化数据中抽取出特定的结构化信息数据。采用垂直搜索是以结构化数据为最小单位，然后将这些数据存储到数据库中，而普通的网页搜索是以网页或网页块为最小单位的，所以，Web 结构化信息抽取的技术水平是决定垂直搜索质量的重要技术指标，因此，结构化的信息抽取技术成为了垂直搜索的关键技术之一。一般垂直搜索的框架结构如图 5-4 所示。

垂直搜索引擎一般包含 4 个功能模块：信息采集、信息加工、索引存储和检索。本系统中，信息采集对应网页抓取模块和手工输入模块，信息加工对应网页分析模块，索引存储对应索引模块，检索则对应检索模块。

一般的垂直搜索引擎由于缺乏语义处理、服务资源本体与实例自学习功能，无法满足服务资源智能聚合系统的要求，需在已有垂直搜索引擎的基础上，扩展服务资源语义处理功能，系统实现技术如下。

（1）实现思路：按照本系统需求，改写 nutch 的爬虫模块。采用第 4 章提出的方法从电子商务网站抽取信息，学习服务资源本体和服务资源实例，并将结构信息添加到服务资源本体库和服务资源实例库（知识库）中。

（2）输入/输出规定：输入为自定义的 URL 种子列表，没有针对用户的输出。

（3）关键点：搜索策略选择（nutch 默认为深度优先）、定时任务配置、URL 种子列表管理、网页过滤（只抓取电子商务网站服务资源相关页面）等。

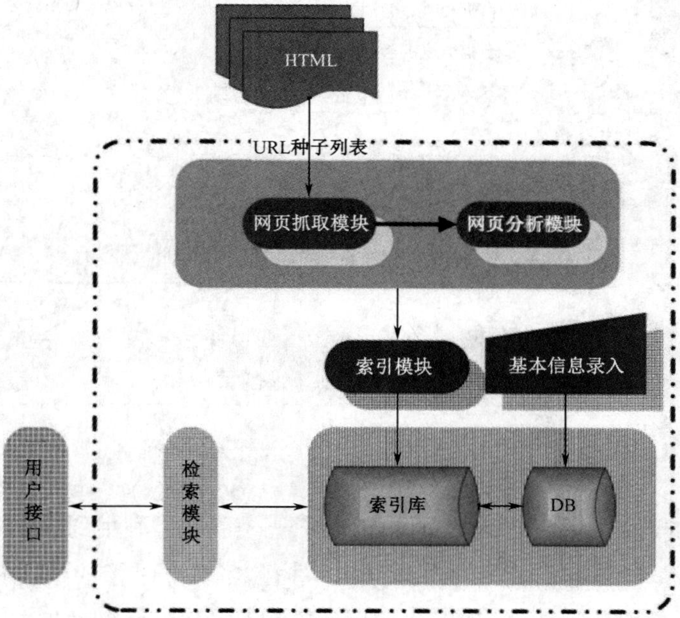

图 5-4　垂直搜索系统原理

（4）功能需求：包括网络蜘蛛的可配置性，待抓取 URL 地址列表、抓取深度和层次范围、更新周期等；新网站和新链接的发现能力；下载网页的存储和管理；网页更新、去重、死链判别等；实现用户的一般性垂直搜索处理和基于语义的高级搜索。系统基本框架如图 5-5 所示，按照基本功能划分为 4 层架构：数据知识层、语义析取层、语义服务层和客户层。

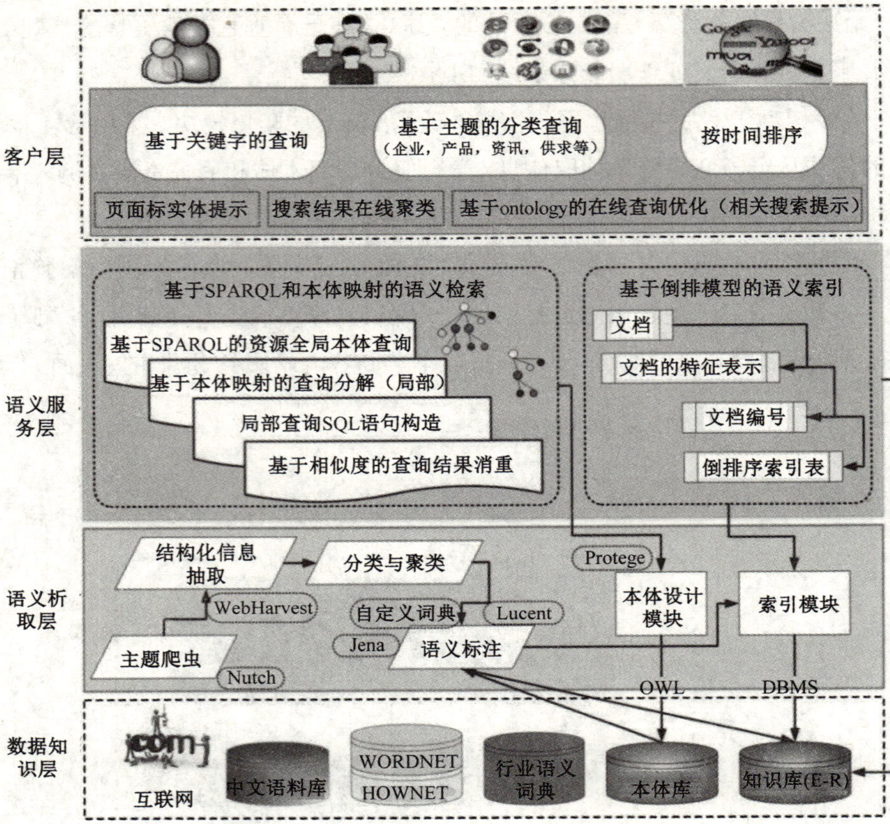

图 5-5 系统总体框架

数据知识层主要包含数据资源的来源——互联网，利用到的资源库——中文语料库和中文电子商务语义词典，进行相似度计算的 WORDNET 和 HOWNET 语义词典，以及服务资源本体库和服务资源实例知识库。

语义析取层完成语义信息析取，基本流程如下：首先从互联网上进行相关主题信息的爬取，采用主题爬虫的工具 nutch 完成，然后采用第 4 章的方法，对非结构化的爬取结果进行结构化信息的抽取，进行服务资源本体和实例的自学习，并将学习结果存到索引模块和知识库中；服务资源本体的人工校验工具采用 protégé。

语义服务层是基于 SPARQL 和本体映射的语义检索和基于倒排模型的语义索引功能的实现。

客户层是对不同客户及其请求进行处理，主要包括两个主要功能的实现：基本的垂直搜索和基于语义的高级检索。基本功能实现页面标注实体提示，搜索结果在线聚类，基于protégé的查询优化（相关搜索提示），语义垂直搜索则实现 3 种不同类型的功能：基于关键字的查询、基于主题（企业、产品、资讯、供求等）的分类查询、按时间排序。

5.2.2　服装行业本体建模

本系统以服装行业为例，采用第 4 章提出的方法从电子商务网站学习服装行业本体，学习结果再由人工校验，最终得到服装行业本体的定义。

1．服装行业本体学习来源

服装行业本体的自学习主要源自以下电子商务网站：

（1）中国服装调查网 http://www.chinacfw.cn/。该网站基本上是按照市场细分和企业所扮演的市场职能角色来分类，各个分类之间区分并不是十分严格，也无可依标准，如图 5-6 所示。

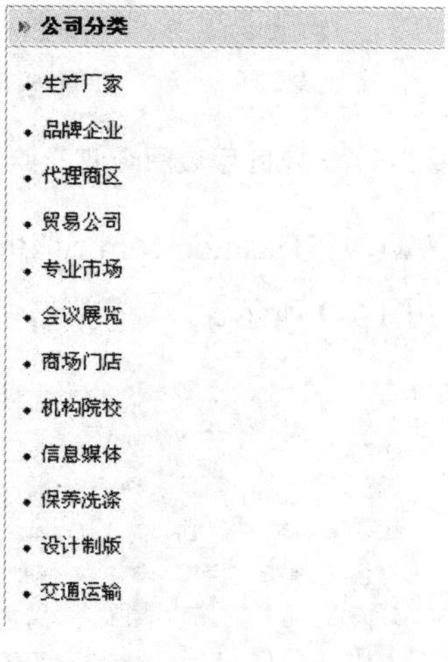

图 5-6　中国服装调查网企业分类

（2）中国服装商务网 http://www.sinoef.com/enterprise/。该网站对服装企业按主要产品和所在地区进行划分，简单实用，如图 5-7 所示。

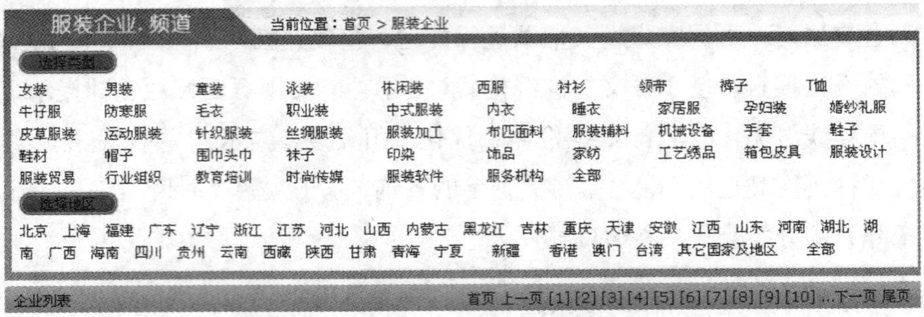

图 5-7　中国服装商务网企业分类

（3）大家旺服装网 http://www.sinoef.com/enterprise/。该网站按服饰相关产品和企业经营方式划分，如图 5-8 所示。

服装批发 (3260)	服装设计 (3149)	家纺 (6556)	饰品 (11646)	印染 (4989)
袜子 (3143)	头巾 (542)	围巾 (5029)	帽子 (4796)	鞋材 (3074)
鞋子 (1706)	手套 (5877)	机械设备 (2669)	服装辅料 (8492)	布匹面料 (103)
服装加工 (5792)	丝绸服装 (283)	针织服装 (4145)	运动服装 (1198)	皮草服装 (149)
婚纱礼服 (2306)	孕妇服 (354)	家居服 (992)	睡衣 (3530)	内衣 (11357)
中式服装 (134)	职业装 (4357)	毛衣 (3970)	防寒服 (460)	牛仔服 (1554)
T恤 (13931)	裤子 (2892)	领带 (2186)	衬衫 (7905)	西服 (5724)
休闲装 (2185)	泳装 (931)	童装 (20852)	男装 (6098)	女装 (18082)

图 5-8　大家旺服装网企业分类

（4）中华服装网 http://www.51fashion.com.cn/BusinessCompany/。该网站按省份和产品类别分类，如图 5-9 所示。

按省份分类							
北京	1449	上海	3002	天津	250	重庆	137
江苏	2559	浙江	4369	广东	8499	海南	59
福建	1946	山东	1488	江西	184	四川	340
安徽	217	河北	688	河南	379	湖北	398
湖南	298	陕西	108	山西	121	黑龙江	205
辽宁	903	吉林	124	广西	139	云南	72
贵州	45	甘肃	23	内蒙	58	宁夏	26
西藏	7	新疆	50	青海	13	香港	232
澳门	19	台湾	75	国外	136		

图 5-9（a）　中华服装网企业分类（按省份）

按产品类别分类

男装	7802	女装	9711	内衣	2575
童装	2379	皮革	1581	鞋类	1266
休闲	5309	运动	2498	牛仔	2765
箱包	830	机械设备	737	服饰饰品	1657
服装面料	960	服装辅料	1260	设计策划	374
服装软件	139	其他相关	893	T恤	2191
夹克	1499	裤子	2894	衬衫	2315
西服	994	毛衫	2043	正装	1646
休闲装	3249	牛仔服	1992	防寒服	1061
羽绒服	1331	大衣风衣	1608	外贸服装	2337
针织服装	2377	运动装	1574	丝绸服装	702
中式服装	654	民族服装	338	工装	866
制服	964	婚礼服	281	演出服	260
睡衣	1116	浴袍	404	皮革服装	940
裙子	2277	孕妇装	250	胸衣	499
吊带内衣	608	内裤	496	泳衣	194
婴儿服装	540	儿童服装	1116	童鞋	312
裘皮服装	179	皮具制品	215	皮鞋	357
拖鞋	155	凉鞋	176	运动鞋	269
休闲鞋	352	时装鞋	293	婴儿鞋	58
鞋材	69	缝纫设备	377	服装加工设备	347
制鞋设备	36	整熨洗涤设备	120	皮革设备	37
刺绣设备	98	针织设备	157	辅料加工设备	131
家用设备	104	帽子	601	手套	336
披肩	243	领带	249	袜子	290
头饰	419	包袋	240	腰带	259
手帕	111	皮夹	145	围巾	423
手袋	187	丝巾	284	拉链	373
纽扣	335	衬布	267	花边	309
底布	111	徽章	113	珠子	139
织带	295	绳	105	垫肩	73
商标	272	吊牌	222	衣架	112
钩	122	拉头	72	网布	101
划粉	20	线	159	配件	120
填充物	23	服饰设计	209	模特	33
推广	65	摄影	18	印花	210
工艺绣品	141	干洗保养	12	服务机构	58

图 5-9（b） 中华服装网企业分类（按产品）

（5）慧聪服装网 http://www.cloth.hc360.com/。该网站按产品分类，如图 5-10 所示。

男装	孕婴童	婚纱礼服
女装	家居服	运动休闲
内衣	羽绒服	品牌服装

图 5-10　慧聪服装网企业分类

（6）中国品牌服装网 http://www.china-ef.com/company/。该网站也只提供了两种分类方式：所在地区、产品或服务，如图 5-11 所示。

服装企业分类												
女装	男装	童装	休闲	内衣/睡衣	牛仔	防寒服	鞋帽/领带	袜子	针织服装	丝绸服装	婚纱/礼服	制服/工装
孕妇装	胖体服	裙/裤	运动装	其它服装	面料	梭织面料	针织面料	皮草	复合面料	纱线	纤维	其它面料
里料	衬布	里布	肩垫	罩杯	其它里料	设备	缝前设备	缝中设备	零部件	整后设备	其它设备	配件
衣架	模特	花边	钮扣	道具	拉链	软件	其它配件	模特供求	提供模特	模特需求	家纺	饰品
饰品配件	户外	箱包	丝巾	舞台服	防辐射	策划机构	服装辅料	包装	缝制配套	物流	卡通人偶服装	服装软件
服装书籍	批发	库存调剂	生产加工	服装设计	服装院校	商场	精品礼品	广告	明星经纪	管理咨询	商务服务	服装展会
人才招聘												

图 5-11　中国品牌服装网企业分类

（7）华衣网 http://company.ef360.com/。该网站按地区分类，如图 5-12 所示。

服装服饰企业按行业分类				
女装	少女装	女裤	男装	童装
亲子装	青少年装	婴童用品	婴童服饰	童鞋
孕妇装	内衣睡衣	女士内衣	文胸内裤	少女内衣
男士内衣	家居服睡衣	情趣内衣	美体内衣	保暖内衣
无缝内衣	泳装	休闲装	牛仔服	运动装
运动鞋	西服	裤子	裙子	T恤
夹克	衬衫	工装制服	职业装	婚纱礼服
针织服装	丝绸服装	皮草服装	大衣风衣	毛衫毛衣
羽绒服	外贸服装	领带	手套	帽子
袜子	鞋子	男鞋	女鞋	休闲鞋
围巾头巾	箱包皮具	工艺绣品	家纺用品	饰品
家居饰品	银饰品	女生用品	珠宝	钟表
服装加工	服装面料	服装辅料	缝制设备	纺织印染
销售贸易	服装软件	服装设计	品牌策划	洗涤保养
服务机构	瑜伽服	儿童家纺		

图 5-12　华衣网企业分类

（8）中国服装服饰商贸网 http://www.fashion86.com.cn/。该网站按产品分类，如图 5-13 所示。

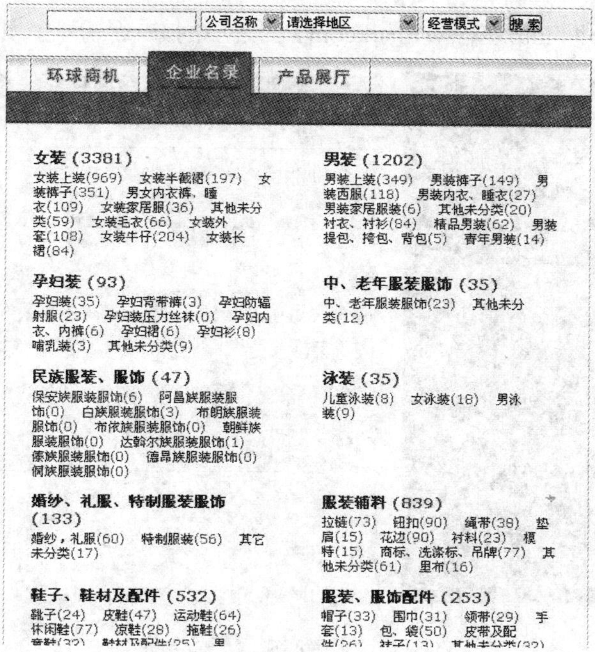

图 5-13 中国服装服饰商贸网企业分类

（9）淘宝网 http://www.taobao.com /。该网站按产品分类，如图 5-14 所示。

图 5-14 淘宝网服装产品分类

（10）天猫网 http://www.tmall.com /。该网站按产品分类，如图 5-15 所示。

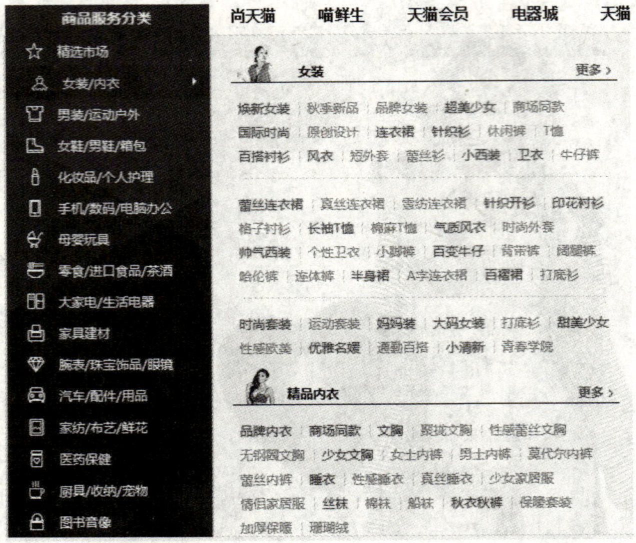

图 5-15　天猫网服装产品分类

2．服装行业本体学习与构建

经过机器自学习和人工校验，最终构建的服装行业本体中涉及的的概念（类）包括人、品牌、材质、产品、企业、行业信息等。

（1）人。如图 5-16 所示，该类的子类按性别分为男人、女人；按年龄分为儿童、少年、青壮年、中年人、老年人；其数据属性包括年龄、性别。

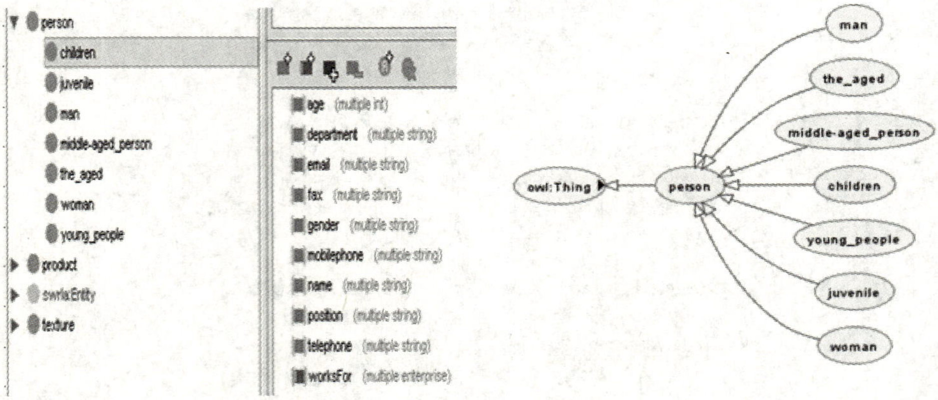

图 5-16　人的本体概念及层次关系

（2）品牌。如图 5-17 所示，该类的数据属性包括品牌名称、品牌定位、产地、简介，对象属性有 belongsTo domain:brand range:enterprise，该属性建立品牌与企业之间的联系。

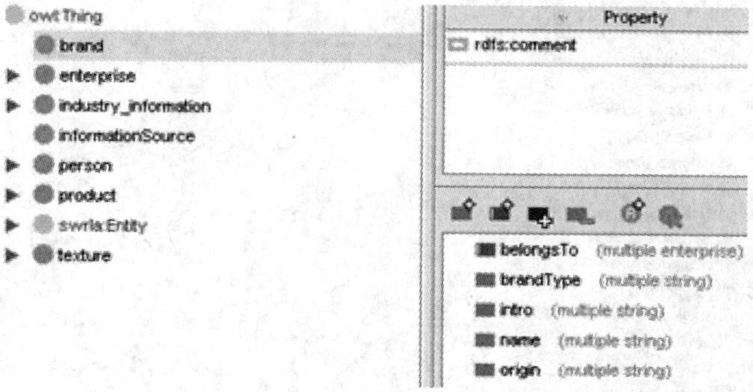

图 5-17　品牌及属性描述

（3）材质。如图 5-18 所示，该类的子类包括化学纤维、天然纤维、非纺织品。

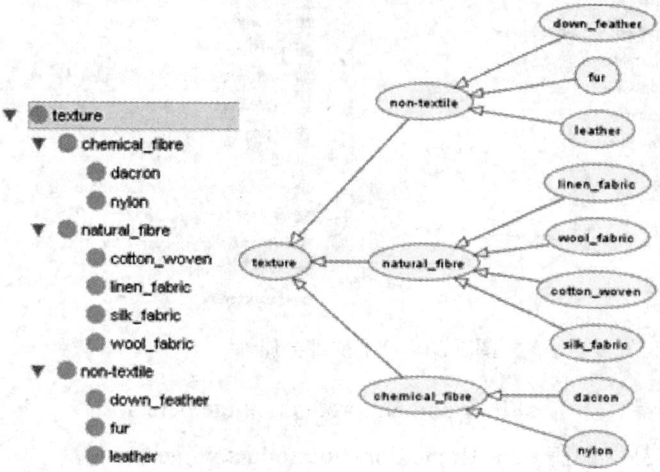

图 5-18　材质概念及其层次关系

（4）产品。该类的概念及层次结构如图 5-19 所示，该类包括的对象属性如下，如图 5-20 所示。

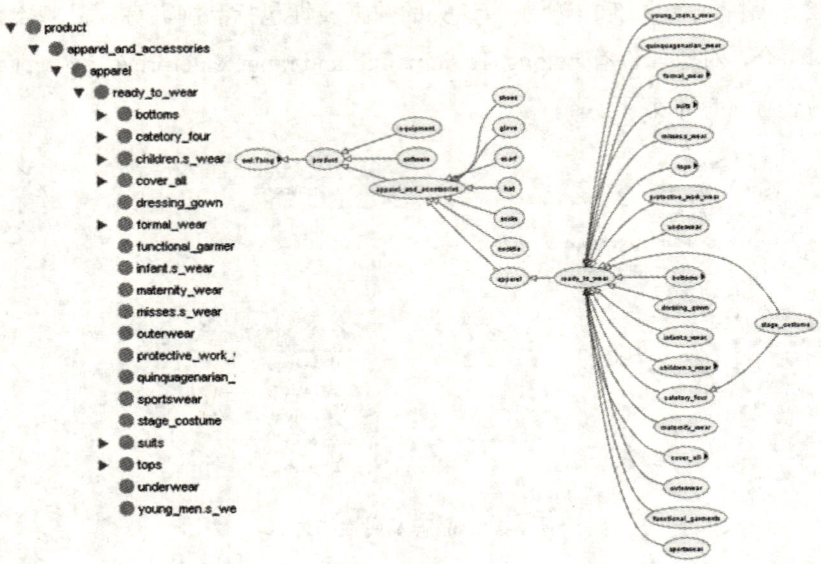

图 5-19　服装本体概念及层次结构

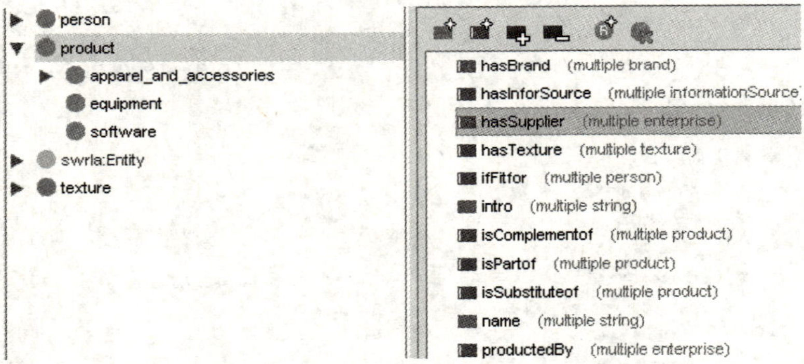

图 5-20　产品的部分属性

（产品，人）isFitfor domain:product, range:person

（产品，品牌）hasBrand domain:product range:brand

（产品，企业）productedBy domain:product range:enterprise

（产品，产品）isPartof domain:product range:product

（产品，产品）isSubstituteof domain:product range:product

（产品，产品）isComplementof domain:product range:product

（产品，材质）hasTexture domain:product range:texture

（5）企业。如图 5-21 所示，该类的子类为服装企业，包括的对象属性如下：

（企业，品牌）ownBrand domain:enterprise range:brand

（企业，产品）supplyProduct domain:enterprise range:product

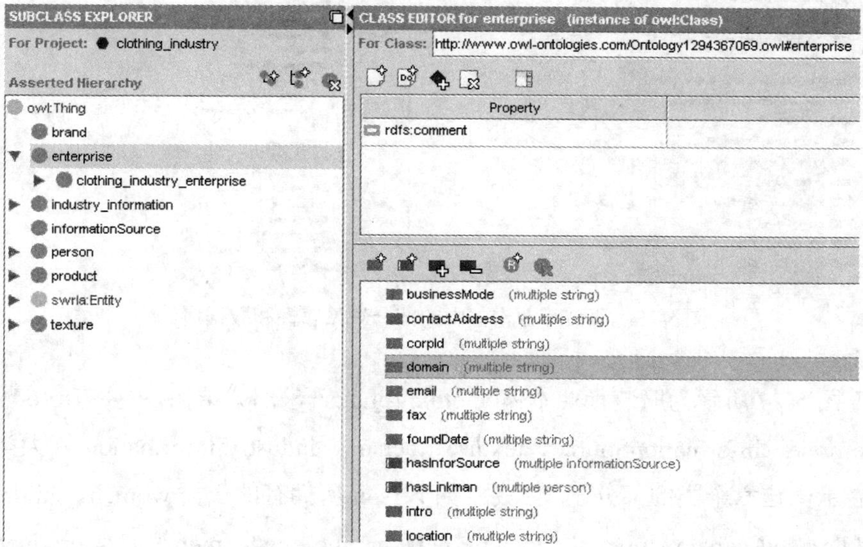

图 5-21 企业的部分属性

（6）行业信息。该类概念及分类层次如图 5-22 所示，其包含的对象属性如下：

（信息，企业）relatedToco. domain:industry_information range:enterprise

（信息，产品）relatedToproduct domain:industry_information range:product

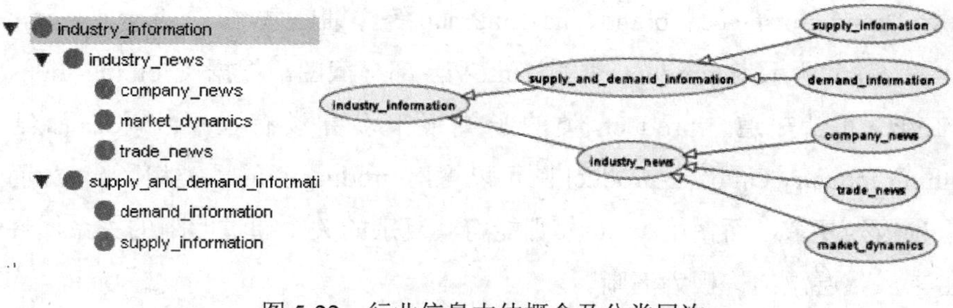

图 5-22 行业信息本体概念及分类层次

图 5-23 所示为整个服装行业本体中的相关对象属性和数据属性。

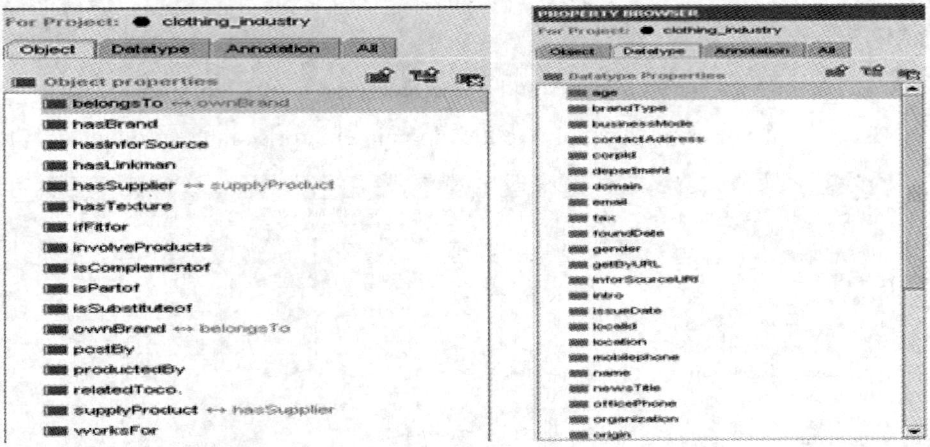

图 5-23　服装行业本体中的部分对象属性和数据属性

图 5-24 所示为服装行业本体（clothing-industry）部分结构，主要有 product、enterprise、informationSource、texture、person、industry-information 六大类，并展示出这六个类的部分子类关系，如 person 所拥有的子类 women、children、middle-aged-person、juvenile、young-person、the aged、men；但是 product 的子类并没有完全展示，其子类 apparel and associations 的子类 apparel 在图中还有黑色箭头，这代表 apparel 下面还有更加细分的子类。

除了 Clothing-industry OWLViz 之外，还可以借助 protégé查看服装企业本体的 OntoViz 图，如图 5-25 所示。图中不仅显示了 enterprise 的子类间的层次结构，而且还通过 is-a 展示出其关系属性，以及 enterprise 类所拥有的对象属性 ownBrand、instance、brand、hasLinkman 等详细信息。

图 5-26 所示为 product 类的 OntoViz 部分截图。根据 Clothing-industry OWLViz 可以知道，product 类的子类很很多并没有显示出来，而结合 Clothing-industry OntoViz-product 图可以得出 product 类的子类相当庞大，而且关系也极为复杂，而使用 protégé则能将其复杂的关系通过明晰的关系属性表达出来，且层次结构极为清晰。

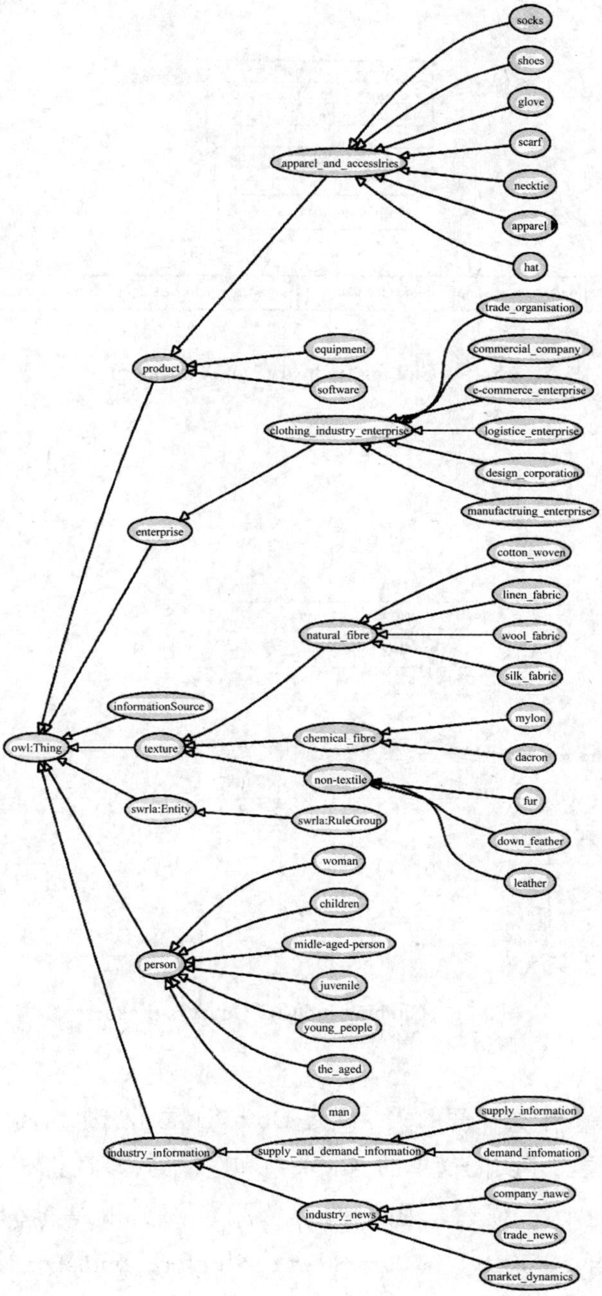

图 5-24　Clothing-industry OWLViz

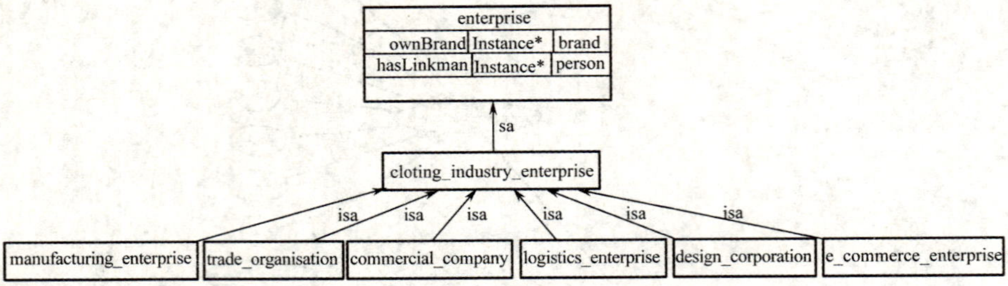

图 5-25　Clothing-industry OntoViz-enterprise

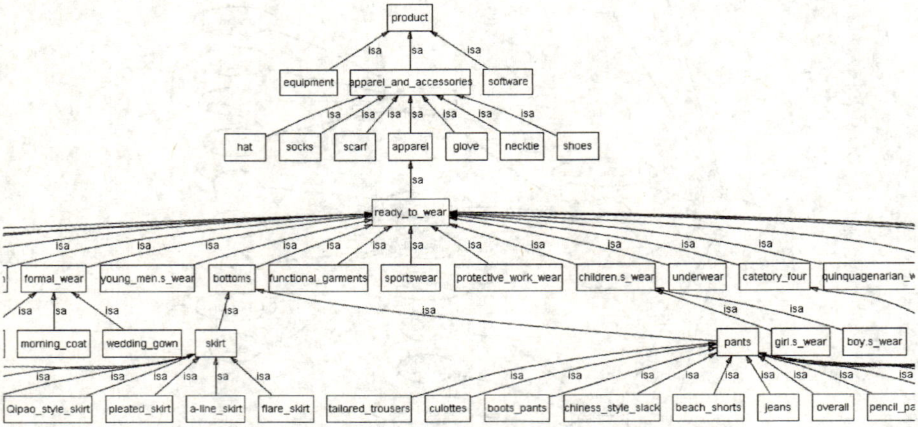

图 5-26　Clothing-industry OntoViz-product

图 5-27 将 6 个类之间的关系通过 OntoViz 显示出来，图中不仅展示出 6 个类中的父类与子类间简单的 is-a 关系和层次结构，还将 6 个类之间的复杂语义关心进行了描述，图中的蓝色线条部分就是类间的关系，如 InvolvedProducts、postBy、hasInforSource、ifFitfor、worksFor 等。

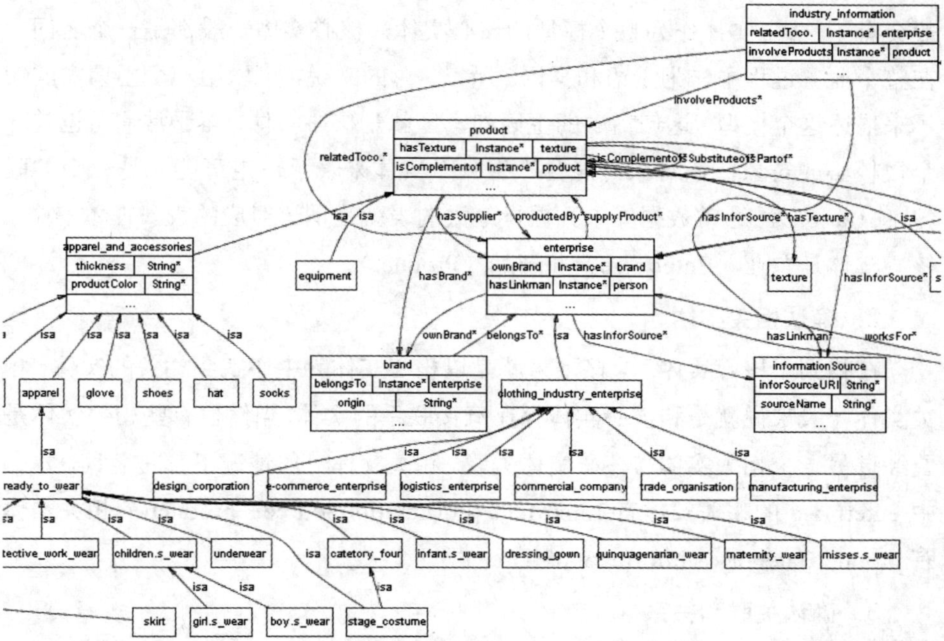

图 5-27 Clothing-industry OntoViz 部分截图

5.2.3 数据库模型设计

系统学习到的服务资源本体存放在本体库中，本体库的组织形式详见 2.3 节。系统学习到的服务资源实例放在实例知识库中，该库以数据库的形式组织，需要对数据库模型进行设计。在数据库设计中，最主要的目标就是要建立 E-R 图（实体-关系图），建立概念模型或者逻辑模型。既然是实体-关系图，那么整个建模的核心就是围绕建立“实体”对象和找到实体之间的“关系”。实体分为两部分：标识（主键）和属性。标识是实体的一个或多个属性的组合，用于唯一的表标识出实体中的每一个数据。在确认一个实体的过程中，首先要确认实体的主键，只要找到了实体的主键，剩下的就是实体的属性。由于在 5.2.2 节中已经建立服装行业本体，其中包含的类、类的属性可以直接映射到关系模式。

1. 确认核心实体

在建模过程中，首先需要对业务进行分析，知道模型要表示一件什么事情，从而确定模型的核心实体，找到了核心实体和其主键，那么剩下的工作就是以核心实体为中心进行实体关联的扩展和实体属性的抽象。一个数据库模型中一般会有 1～2 个实体作为整个模型的核心实体，核心实体一般都是一个名词，在整个业务过程中作为主语和宾语。所以，总的来说，可以用一个主谓宾的句子来描述这个模型，这句话中的主语和宾语就是核心实体，而通常谓语也是一个很核心的对象，该对象可能会产生一个实体来表示，也可能只是一个关联（Association）。通常数据库中数据量最大的表就是谓语对应的表。在本书中，核心实体是企业（Enterprise）和产品（Product）。

2. 确认相关实体

在找到了核心实体后，接下来就是以核心实体为中心找到相关的实体。相关实体一般来说就是和核心实体存在直接联系的实体，当然也有些相关实体是要经过另一个相关实体与核心实体关联。相关实体一般情况下都是名词。本书中 enterprise 的相关实体有 LinkMan、informationSource；product 的相关实体有 productCategory、informationSource。

3. 确认关联和关系

关联（Association）也是一种实体间的连接，在 Merise 模型方法学理论中，Association 是一种用于连接分别代表明确定义的对象的不同实体，这种连接仅仅通过另一个实体不能很明确地表达，还通过“事件（Event）”连接来表示。

实体和实体之间存在着关系（多对多），这种关系还存在其他的属性，这些属性如果作为一个明确的实体的实体来表示又不是很合适，所以，就使用了 Association 来表达，这种关系之间一般是一个“事件”虚实体，也就是说是一个动词对应的实体。Enterprise 与 Product 的关系可以表示为供求关系，即 supplyAndDemand。

4. 范式化

某些属性如果直接放在该实体中，必然会形成数据重复，导致数据维护困难，不符合 3 范式的设计原则，所以，应该将这些属性提出，作为单独的实体。

5. 细节调整

整个模型仍然有几个地方需要进一步的确认和调整：属性的数据类型和实体之间的关系。现在数据库模型中，所有的属性的数据类型都是 Undefined，需要根据系统要求、业务需求和调研来确定每个属性的数据类型。主要依据服装行业本体中定义的类、类和类的关系，将实体的属性补齐。

最终构建的数据库关系模式如图 5-28 所示。

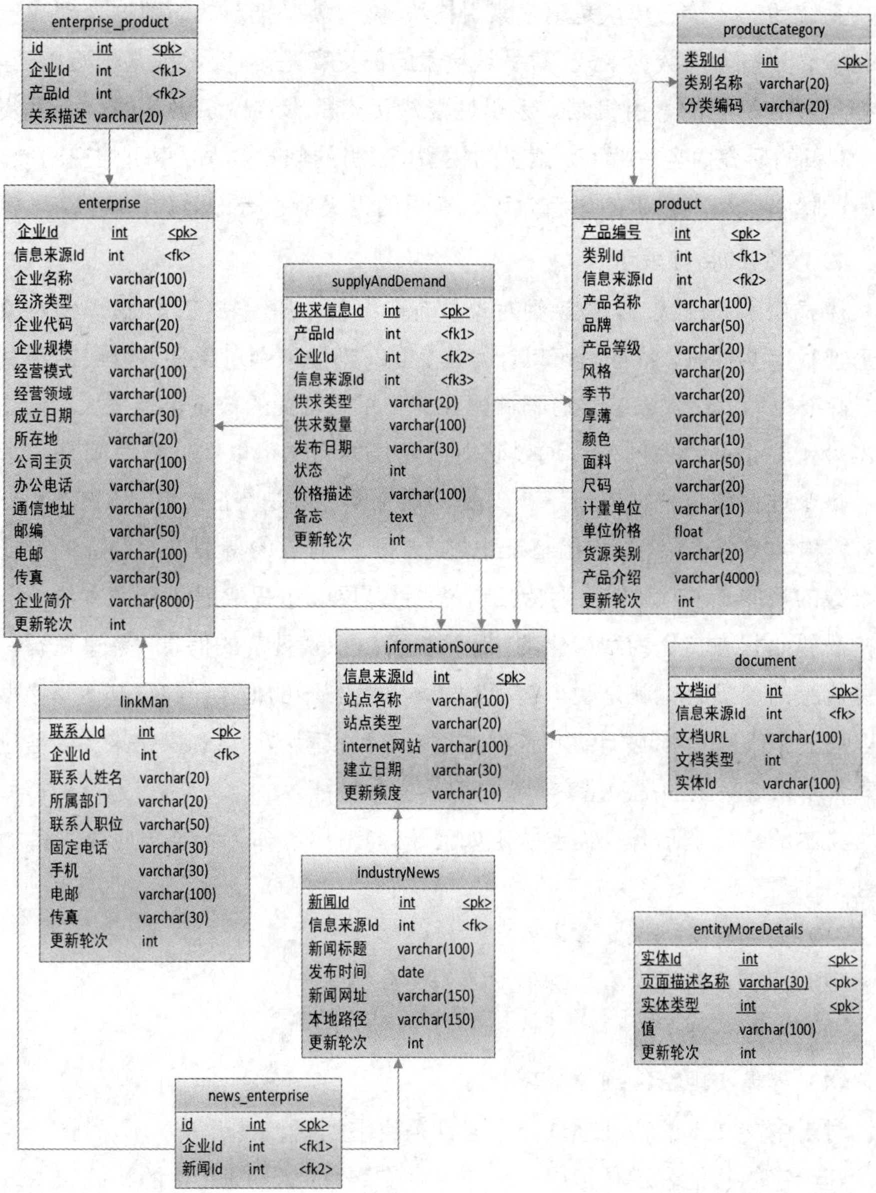

图 5-28　数据库结构

5.2.4 基于倒排模型的语义索引

系统的一个核心模块是语义索引模块。索引就是把原始的数据处理成一个有利于高效检索的数据形式。索引是检索的前提和基础，要实现某种检索功能，就必须建立相应的索引机制。索引性能的优劣是影响检索质量的一个重要因素。索引的研究内容主要有：索引的模型、索引的创建效率、索引的空间效率、索引的检索效率、索引的更新效率、索引的语义能力等方面。

1. 文档的特征表示

模式识别理论认为，被识别对象具有一组基本原始特征，当被识别对象是波形或数字文件时，特征是可以计算出来的，当被识别对象是实物或某种过程时，特征也可以用仪表或传感器测量出来。原始特征的数量可能很大，或者说样本处于一个高维空间中，通过映射或变换的方法可以用低维空间来表示样本，这个过程称为特征提取。若 Y 是测量空间，X 是特征空间，则变换 A：$Y \rightarrow X$ 就称为特征提取。从一组特征中挑选出一些有效的特征以达到降低特征空间维数的目的，这个过程称为特征选择。将从网页中提取的正文文本从一个无结构的原始状态转化为结构化的、计算机可以识别处理的信息，是建立索引和信息检索的前提。也就是说，需要对文本进行科学的抽象，建立其数学模型，用以描述和代替文本。使计算机能够通过对这种模型的计算和操作来实现信息的检索。本系统采用的是向量空间模型表示文本特征。

文本的特征表示首先需要确定如何选择特征项，作为特征项应该具备如下特性：

（1）能够确实标识文本内容。

（2）具有将目标文本与其他文本相区分的能力。

（3）个数不能太多。

（4）容易实现特征项的分离。

对于中文文本的特征项选择，通常采用字、词、短语等。

基于字的特征表示是指用单个的汉字作为特征项。基于字的特征表示方法只适用于中文、日文、韩文等亚洲语言，主要目的是回避分词精度不高的难题。直接用单个汉字作为特征项实现起来非常容易，Lucene 自带的标准语言分析软件就能够实现。但是，由于单个字具有的语义相对较少，而且大量的虚词（介词、副词等）都是单字词，这都导致用字表示文本特征时，精度难以提高。

基于词的特征表示是指用词作为特征。前提是在提取特征项之前，能够将文本进行正确地分词，而目前中文分词的技术经过多年发展，已经具有了很好的实用效果，故基于词的特征表示是目前应用最为广泛且最为成功的方式。基于短语的特征表示与基于词的特征表示是不同的，短语比词更加具有特征性质。但是因为短语的界定比词的界定更加困难。目前还没有成熟的划分短语，并界定短语中心词的研究成果，所以，这种方法在实际应用中很少见。

基于概念的特征表示法是在词汇语义学的基础上发展起来的，是以“概念”构成文本特征表示基本单位。Wordnet、HowNet 等语义词典出现以后，为用概念对文本进行处理提供了非常好的基础。然而，完全基于“概念”的文本分析技术目前并不成熟，用“概念”的形式来对文本进行处理，效果远没有预期的完美，主要是因为自然语言的随意性，使得建立“概念”本身是一个十分艰难的过程。WordNet 和 HowNet 的建立都花费了大量的人力和物力，并且还在不断的完善中。“概念类”的建立必须考虑很多语义学方面的内容，比如上下位关系、包含关系、同义关系、反义关系、从属关系，等等，而这些关系在不同的文本处理中的作用是不一样的。

基于知识的特征表示法以知识库中的实体来作为文本表示的基本单位，以文本中识别出来的命名实体来表示文本内容。目前，自然语言处理技术中最为成熟的命名实体识别为此方法提供了很好的基础，对登录词的识别效率与效果很好，而对未登录词的识别将成为丰富知识库的信息来源。经过以上分析比较，词比字具有更强的表达能力，而词和短语相比，词的切分难度比短语的切分难度小得多，而用“概念”表示文本特征目前还处于初期研究阶段。因此，采用词作为特征项是目前大多数系统的选择。而本书以知识库中的实体（服务资源实例）作为文本的特征项，将为实现语义搜索引擎中的语义索引、语义相关度计算提供基础。

2. 文档编号

在对文档建立索引阶段，文档编号扮演了非常重要的角色，它是文档信息和索引的桥梁，各种检索模型和文档排序机制都需要文档编号。

文档编号需要满足如下 3 个条件：

（1）任何一个文档在其生命周期中只有唯一的编号。

（2）任何两个不同的文档的编号不能相同。

（3）文档编号在计算中尽可能高效，为了便于存储，存储编号需要的字节数越小越好。

第一个条件要求文档编号不依赖于文档的内容，文档内容经常会发生变化，如果编号与文档内容有关，则编号也会随着内容变化而变化，破坏了文档编号的稳定性。

文档的文件名也不可能作为文档编号，因为不同的网站上会出现很多同名文件，比如多数网站的主页文件都是 index.html 或 index.htm 这种默认的文件名。如果直接用文件名作为文档编号，则会出现大量相同编号的文档，不满足第二个条件。

在互联网上只有 URL 才能唯一地代表一个文档，在浏览器地址栏中输入 URL 只会获取唯一的文档，任何两个文档都不会有相同的 URL，满足了第二个条件。而且，URL 也不会因为指向网页内容变化而发生变化，满足了第一个条件。所以，URL 完全可以作为文档的编号。

但是，从计算的高效性来看，将 URL 直接作为编号显然是不合适的，一个 ASCII 字符占用 1 字节，那么一个 URL 为 http://www.wutnews.net/news/subject/xiaoqing10/ show.aspx?id=50835 的文档编号就需要占用 67 字节，不论是计算还是存储都是不经济的。由于字符串运算效率低，排序和查找都是需要经过多次比较才能完成的，而且每次比较都相当耗时，所以，字符串之间的比较远比整型之间的比较更耗时。同时，在存储方面也是很不经济，由于字符串占用的空间较大，索引文件的体积增大，必然增大了磁盘 I/O 的次数。同时，空间占用量大还会影响运算效率。空间占用越大，内存工作集也就相应变大，内存和交换区的换入换出机会就增大。所以，索引中的文档编号应改为索引友好的短字符串。

如果将 URL 字符串映射为占用 64 位大小的长整型数，对于提高检索系统的运算和存储效率都有着明显的好处。采用 URL 字符串签名的方法，一个 32 位整型就能够表达 42 亿多个整数。对一个 URL 字符串签名得到的 64 位长整型 MD5 签名，理论上已经能够表达世界上所有的实体数量，这是完全符合现实要求的。

MD5 的全称是 Message-Digest Algorithm 5，在 20 世纪 90 年代初由 MIT 的计算机科学实验室和 RSA Data Security Inc 发明，经 MD2、MD3 和 MD4 发展而来。Message-Digest 泛指字节串(Message)的 Hash 变换，就是把一个任意长度的字节串变换成一定长的大整数，这种变换只与字节的值有关，与字符集或编码方式无关。MD5 将任意长度的“字节串”变换成一个 128bit 的大整数，并且它是一个不可逆的字符串变换算法，换句话说，即使你看到源程序和算法描述，也无法将一个 MD5 的值变换回原始的字符串，从数学原理上说，是因为原始的字符串有无穷多个，这类似于无反函数的数学函数。

3. 索引的语义能力

索引的语义能力主要体现在增加了本体和基于本体的知识库。此外，在语义搜索引擎中，将语义 Web 对象代替关键词作为索引项来表示文档内容。首先，语义索引项可以很好地处理同义词问题，可以将“NY”“N.Y.”和“New York”都索引为特定的语义 Web 对象，使用相同的 URI 进行标识。而基于关键词的索引，“NY”“N.Y.”和“New York”只能作为不同的索引项进行索引，这也是目前基于关键词的搜索引擎普遍存在的问题。其次，在对文档集进行检索时，可以通过指定实体类型、名词和其他属性限制，以及实体间的关系限制，在知识库中检索出满足要求的实体，进而在语义索引库中得到结果文档列表。

利用 OWL Lite 表示本体时，定义了 6 种术语，分别是类、数据类型、对象属性、数据类型属性、个体、数据值。对于文档内容来说，文档中的名词最能够表示文档内容，所以，只使用本体中定义的类和实体来表示文档内容，而不使用本体中定义的数据类型、对象属性、数据类型属性、数据值。

语义索引项（Semantic Index Term）是在生成本体之后，利用本体中定义的、能够代表语义的、规范的术语集（该术语集只包含类和实体）对文档和用户信息需求做标注，这些具有语义的标注就是语义索引项。语义索引项通过 URI 来标识。

1）轻量级本体和知识库

轻量级的本体是指其中原子概念较少，且没有规定过多逻辑规则，但是其包含了定义简单的实体类、类的属性和类之间的关系，这对于日常的普通应用已经足够。同时，轻量级本体提供了高效和可扩展的知识管理机制，使得知识库随时可以得到丰富，日益趋向完备。轻量级本体的缺点是关于真实世界的模型不够充分，可能造成对某些事实不能够预测，对某些语句不能够限制。例如，如果轻量级本体没有定义 Man 和 Woman 之间没有交集，则当机器确定 John 是 Man 的一个实体后，并没有确定 John 不是一个 Woman 的实体，且 John 不可能是 Peter 的母亲。正因为有这个缺点，轻量级本体更适合于进行语义标注（Semantic Annotation），原因是其容易理解，基于该本体的元数据也容易理解，其次，轻量级本体容易建立、验证和维护。

在确定使用轻量级本体对实体类型、关系和属性进行编码后，下面进行实体的描述。实体的描述应该是能够以通用、灵活和标准的方式，进行识别、描述和互连实体。关于实体的形式化知识构成知识库，即知识库中包含实例知识或数据。 定义了所有类、关系和属性，以及额外限制和依赖性的本体是知识库的 schema，两者都保存在语义库中。任何类型的知识管理系统系统都必须提供的基本操作包含存储和检索。此处的检索要求支持 SPARQL 形式的句法和语义。知识管理系统可以提供或不提供推理，甚至可以实现不同的推理策略。知识库包含的知识是实体描述和实体之间的关系，来源有如下两方面：

（1）预定义。从可信任的数据源中导入或通过编程的方式半自动获取（例如，从产品数据库直接映射获取）。

（2）自动抽取。采用第 4 章的方法，从 Web 文档进行信息抽取和语义标注，生成服务资源实例。但是，这种自动化知识抽取的方式不可避免地存在着不准确性，所以，对于通过这种方式获取的知识应该与预定义的知识区分开。因此，基于可信的预定义知识是可以抽取获得新的知识，而新的知识应该允许通过人工或半自动化的审核、验证方式而成为知识库中可信任的知识。

在这些丰富知识库的方法中，非常重要的部分是实体关系的抽取模板，也称为基于内容的系统学习方式。依赖于处理的文本，知识库的可信知识可能已经发生了变化，则知识库关于实现世界的知识也应该相应变化，以保证知识库中知识的准确性和时效性。

2）语义索引项权重计算

在传统的信息检索模型中，每个文档是由一组具有代表性的关键词来表示，称这些关键字为“索引项”。索引项通常是一个简单的词语，利用它的语义来代表文档的内容,如此就可以利用这些索引项来建立文档内容的索引和对文档内容进行摘要。因为名词本身具有词义，它的语义很容易被标识和理解，故索引项主要是名词。而形容词、副词和连词在文档中只是起辅助作用，不能单独表示语义，所以，很少被作为索引项。

找出索引项对文档的重要性的过程称为计算索引项的权重。计算索引项的权重有两个参数，第一个是索引项，第二个是文档。索引项的权重表示该索引项在此文档中的重要程度，越重要的索引项有越大的权重。

形式化定义为，设索引项集合为 K，$K=\{k_1,k_2,\cdots,k_t\}$，$k_i \in K(1\leqslant i\leqslant t)$；文档集 D，$D=\{d_1,d_2,\cdots,d_n\}$，$d_j \in D(1\leqslant j\leqslant n)$。$w_{ij}$ 是文档 d_j 中索引项 k_i 的权重，这个权重是该索引项表示文档内容重要程度的定量值。若 k_i 没有出现在文档 d_j 中，则 w_{ij} 为 0。文档集 D 中每个文档 d_j 都对应一个向量，$W_j=(w_{1j},w_{2j},\cdots,w_{tj})$，其中 $w_{tj}\geqslant 0(1\leqslant i\leqslant t)$。

影响一个索引项在一篇文档中的重要性主要有如下两个因素：

（1）Term Frequency（tf）：即此 Term 在此文档中出现了多少次，tf 越大说明越重要。

（2）Document Frequency（df）：即有多少文档包含此 Term，df 越大说明越不重要。

根据 tf-idf 加权策略，得到以下公式：

$$w_{t,d}=\mathrm{tf}_{t,d}\times\log(n/\mathrm{df}_t) \tag{5-11}$$

式中，$w_{t,d}$ 表示索引项 t 在文档 d 中的权重，$\mathrm{tf}_{t,d}$ 表示索引项 t 在文档 d 中出现的次数，n 表示文档集中文档的总数，df 表示包含索引项 t 的文档的数量。式（5-11）仅仅只是计算某个索引项权重简单典型的实现。具体到实际的语义搜索引擎中，会对该公式做适当的变化。

在传统的向量空间模型中，用户信息需求也被看作一篇文档，也用向量来表示。w_{iq} 是用户信息需求中索引项 k_i 的权重，用户信息需求 $Q=(w_{1q},w_{2q},\cdots,w_{tq})$，

其中 $w_{iq} \geqslant 0 (1 \leqslant i \leqslant t)$。

利用上述公式，即可得到表示文档 d_j 的向量 $\boldsymbol{W}_j$ 和表示用户信息需求 q 的向量 $\boldsymbol{Q}$。向量 $\boldsymbol{W}_j$ 和向量 $\boldsymbol{Q}$ 在一个 t 维空间中，每个索引项是一维，两个向量之间的夹角越小，相关性越大。故向量 $\boldsymbol{W}_j$ 和向量 $\boldsymbol{Q}$ 的相似度以两个向量夹角的余弦值作为相关性的度量 $\mathrm{sim}(d_j, q)$，夹角越小，余弦值越大，相关度越大。具体计算公式如下：

$$\mathrm{sim}(d_j, q) = \frac{\boldsymbol{W}_j \cdot \boldsymbol{Q}}{|\boldsymbol{W}_j| \times |\boldsymbol{Q}|} = \frac{\sum_{i=1}^{t} w_{ij} \times w_{iq}}{\sqrt{\sum_{i=1}^{t} w_{ij}^2} \times \sqrt{\sum_{i=1}^{t} w_{iq}^2}} \tag{5-12}$$

采用向量空间模型的优点如下：索引项的加权改善了检索的性能；其部分匹配的策略允许与查询条件近似的文档被检索出来；其提供的排序算法能够按文档与用户信息需求的相关度对检索结果文档进行排序。传统的向量空间模型尽管简单，但它对于大规模的文档集而言是很有效的。

通过上述研究分析，对于语义信息检索模型来说，索引项是语义标注中得到的语义对象。对于某个文档中的一组语义对象而言，它们在表示文档内容所起的作用是不相同的。因此，决定一个语义对象对文档内容表示的贡献程度是一个十分重要的问题。如果一个语义对象在文档集中每个文档中都出现了，说明该语义对象太普通了，那么它作为索引项的意义就很小，因为它很难表示每个文档内容之间的差异。相反，如果一个语义对象仅仅出现在文档集的某几个文档中，那么将该语义对象作为索引项就非常合适，因为由它表示的文档数量不多，对于识别出每个文档之间的差异很有意义。因此，表示文档内容的索引项应该是与文档内容相关性强的语义对象。对于文档中的索引项可以定义一个权重来定量地表示这种相关程度。在传统的向量空间模型中，出现在文档中的关键词作为索引项被分配权重来反映哪些关键字对于区分文档更重要。类似地，本系统为经过语义标注后得到的实体分配权重，以此来反映实体与文档意义的相关性。同样采用 tf-idf 算法计算实体的权重，主要基于实体在每个文档中出现的频率。具体来说，计算实体与文档的权重公式如下：

$$w_{e,d} = \frac{\mathrm{freq}_{e,d}}{\max_k (\mathrm{freq}_{k,d})} \times \log(N / n_e) \tag{5-13}$$

式中，$\text{freq}_{e,d}$ 表示实体 e 在文档 d 中出现的次数，$\max_k\left(\text{freq}_{k,d}\right)$ 表示在文档 d 中出现最频繁的实体 k 的出现次数，n_e 表示文档集中出现过实体 e 的文档数量，N 表示文档集中的文档总数。

利用以上公式可以求得文档 $d_j\left(j\in[1,n]\right)$ 的逻辑视图，即语义向量空间中的一个点，$d_j \cong \left(w_{1j},w_{2j},\cdots,w_{tj}\right)=v_d\left(d_j\right)$；与传统的向量模型中以关键词作为索引项生成的逻辑视图，该逻辑视图是基于语义索引项生成的，较好地表示了文档的语义，能够有效地代表文档。

4．语义词典的索引形式

在上述语义标注，以及后面分析用户查询语义中，都需要反复实现关键词 term 到语义对象的匹配，这个操作是语义搜索引擎中最频繁使用的数据访问方法之一。

利用语义词典，希望实现函数：$\text{SemanticObject}(T_i)=\left\{\text{SO}_{i1},\text{SO}_{i2},\cdots,\text{SO}_{ip_i}\right\}$，表示关键词 T 有 P_i 种映射的可能，其中 $\text{SO}_{i1},\text{SO}_{i2},\cdots,\text{SO}_{ip_i}$ 均为语义对象。

针对 XML 关键词查询的索引和查询的基本逻辑单位通常为 XML 元素（Element）。RDF 虽然使用了 XML 语法，但是将 XML 元素作为基本逻辑单位并不合适，因为在 RDF 层次上 XML 元素不一定具有具体语义。RDF 中以同一个实体为主语的一组三元组逻辑上构成了对该资源的一个完整描述，本系统设计的语义词典就是将 RDF 中的实体作为索引和查询的基本逻辑单位。

在 RDF 文档中有两类三元组，一类是主语和宾语都是实体的语句，另一类是主语是实体，而宾语是值属性值的语句。为了建立语义词典，我们只考虑宾语是属性值，且数据类型是字符串的三元组，称为字符串属性语句。

在语义 Web 研究领域，当前关键词查询的研究主要集中于语义门户（Semantic Portal）和语义 Web 搜索引擎。在语义 Web 搜索引擎中，主要是通过关键词查询得到以语义 Web 文档（RDF 文档或 OWL 文档）为单位的查询结果，在此基础上可以进一步通过导航的形式浏览其 RDF 图。这种查询结果粒度很粗，不符合本系统的对函数 $\text{SemanticObject}(T_i)$ 的要求。

对于一个关键词对应多个语义对象，需要考虑出现在语义对象不同的属性值中的关键词，能够代表该实体的能力是不一样的。

对于某个实体中的一组字符串属性而言，它们在表示实体所起的作用是不相同的。因此，决定属性值中一个关键词对实体表示的重要程度是一个十分重要的问题。我们根据主要字符串属性的重要程度，按表 5-1 中的数值设置属性的权重值。

表 5-1　实体属性的权重表

Property	Wt(Property)
ub:name	8
rdfs:label	4
rdfs:comment	1

出现在以上属性值中的关键词的权重值应该为

$$\mathrm{WOT}(t,e)=\sum_{i=1}^{n}\mathrm{WOT}_i \tag{5-14}$$

式（5-14）表示了每个关键词在实体字符串属性值中每次出现的权值，假设关键词 t 在实体所有字符串属性值中出现了 n 次，每次出现的权值分别为 WOT1,WOT2,…,WOTn，就可以得到关键词 t 在实体 e 中的权重。

对于一个实体，应用上式计算每个关键词的权重值，没有考虑相同关键词出现在不同实体字符串属性中，而该属性值越长，关键词可能获得的权值也就越高。所以，字符串属性值的长度会影响该关键词的权重值。此外，为了考虑高频词和低频词对实体的影响程度，还需要在公式中使用向量空间模型的 IDF 项，如下：

$$\mathrm{WO}'(t,e)=\mathrm{WOT}(t,e)\times\mathrm{DS}(e)\times\mathrm{IDF}(t)=\mathrm{WOT}(t,e)\times\log\left(S_{\max}/S(e)\right)\times\log\left(N/T(t)\right) \tag{5-15}$$

式中，$S_{\max}$ 表示最大的实体可索引字符串属性值的长度总和，$S(e)$ 代表实体 e 的字符串属性值长度的总和；N 代表实体的总数，$T(t)$ 是包含关键词 t 的实体数目。

所以，一个关键词对于实体的权重值由 3 部分组成：首先是考虑了实体属性影响的绝对权值；其次考虑属性值长度对权重值的影响；最后是关键词出现频率对权重值的影响。

最后还需要进行归一化处理，如下：

$$\mathrm{WO}(t,e)=\frac{\mathrm{WO}'(t,e)}{\mathrm{WO}_{\max}} \tag{5-16}$$

式中，$\mathrm{WO}_{\max}$ 是对于所有的 t、e 而言的最大值。

在语义库中，一个关键词可能会匹配出多个语义对象，但是往往受到关注的对象总是少数的几个，从语义标注的结果可以统计出一个关键词对应的多个语义对象在已有语料库中出现的次数，并以此计算语义对象匹配的概率。

$$\mathrm{WP}(t,e)=\frac{\mathrm{NE}_e}{\sum_{i=1}^{n}\mathrm{NE}_i} \tag{5-17}$$

式中，NE_e 表示实体 e 在语料库中出现的次数，$\sum_{i=1}^{n}\mathrm{NE}_i$ 表示 t 对应的 n 个实体出现在语料库中的总次数。

接下来的工作是计算每个候选实体与关键词的相关度。通过以上的分析，相关度运算依赖于基本权值 WO 和流行度 WP。

对于两种权重值的融合，我们采用的办法是每种权值按照一定的比例重新构成新的权重值：

$$W(t,e)=k_{\mathrm{WO}}\times\mathrm{WO}(t,e)+k_{\mathrm{WP}}\times\mathrm{WP}(t,e) \tag{5-18}$$

式中，采用这种方法，使每种权重值都起到了影响结果权重值的作用，但是其影响又可以被控制在一定范围内，并能够动态调整。

语义词典索引组织结构如图 5-29 所示。

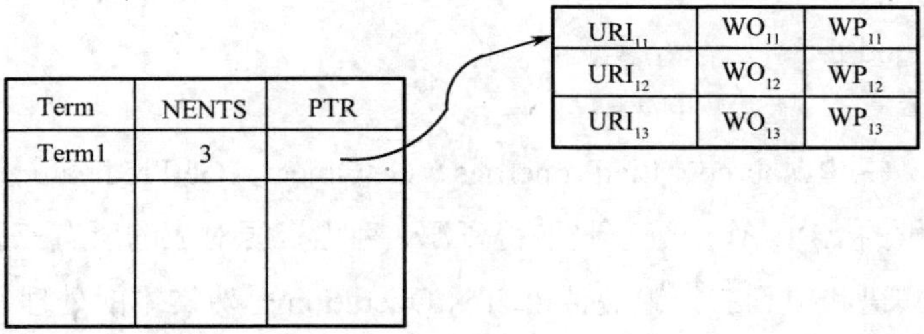

图 5-29　语义词典索引结构示意

语义词典的索引组织结构由分词词典（Lexicon）和置入表（Posting Table）组成。分词词典用于存储关键词，每个关键词都与一个置入表相关联。置入表是一个指针链表，该表中的每个指针指向与该关键词相关的某个实体（通过唯一的实体 URI 标识）。所有置入表被统一存储在一个置入文件中，故需要在分词词典中记录相关的实体数目 NENTS。本系统在标准的倒排索引结构上，向置入表中添加了代表关键词与实体之间的两个相似度 WO 和 WP。如果以关系数据表存储语义词典，则每条记录由<term, entity URI, WO, WP>4 部分组成。

语义词典的生成过程由以下算法描述。

SemanticLexiconCreate(entityURI):

输入：处理实体的 URI。

输出：生成语义词典一条记录。

```
BEGIN
sub←GetResource(entityURI)
statements←ListProperties(sub)
for each s in statements do
 obj←GetObjects(s)
  if obj ISA Literal
     then termlist←TextOperation(obj)
  end if
  for each t in termlist do
 entry←InsertIntoLexicon(t)
       wo←ComputeWO(t,entityURI);
       wp←ComputeWP(t,entityURI);
     InsertIntoPosting(entry, entityURI,wo,wp)
    end for
      end for
END
```

其中，GetResource、ListProperties、GetObject、GetPredicate 是知识库管理系统提供的 API，作用分别是取得资源、列出资源对应的所有三元组、得到三元组的宾语和得到三元组的谓语。TextOperation 是对文本的处理，包括分词、消除停用词、识别名词等。InsertIntoLexion 将 t 插入倒排索引的词典。ComputeWO 和 ComputeWP 用于计算 t 的 WO 和 WP 的权值。InsertIntoPosting 将 t，以及计算得到的 WO 和 WP 插入 Posting 表。

最后定义 SemanticObject 函数的算法，其中参数是关键词 term，首先在词典中定位该关键词的入口，然后在倒排索引结构中查找到相应的实体索引项，得到 term 对应每个语义对象的基本权值和流行程度，利用上述公式计算关键词与语义对象的关联程度。

```
SemanticObject(term)
输入：关键词。
输出：匹配的语义对象构成的向量。
BEGIN
ptrPostingAddress←GetFromLexicon(term);
Resources[]←GetFromPosting(ptrPostingAddress)
for i←0 to SizeOf(Resources) do
    W[i] ← k_WO *Resources[i].WO+ k_WP *Resources[i].WP;
end for
return W;
END
```

5．语义倒排索引模型

实用的搜索引擎需要为大规模文档数据建立索引，倒排文件是经过实践检验的一种高效率的索引模型，对多种信息检索模型提供了支持，能够保证信息检索的高性能。

语义倒排索引的定义如下： 倒排索引包含语义库中的每个语义对象。倒排列表（Inverted List）中存储了一列指针，每个指针都表示了该语义对象在文档集中的全部出现（Occurrence）。对于每个指针来说，它存放的值其实就是语义对象出现的文档号。倒排列表有时也称为记录列表（Posting List），指针也就相应地称为“记录（Posting）”。这也许是最自然的索引方法，几乎与书籍的索引相同，与传统应用词汇索引来辅助研究经典名著的方法也几乎一样。

1）语义倒排索引模型

创建倒排索引包括建立正向索引和反向索引。完成网页的预处理和语义标注后，得到以文档编号为主键的正向索引表，如图 5-30（a）所示。建立反向索引后，得到图 5-30（b）所示的以语义索引项为主键的倒排索引表。作为表的重组过程，需要在内存中完成来加快重组的速度。如果数据量不大，现有内存足以保证该重组过程一次完成。但是当数据规模急剧增大后，则可以采用基于云计算的技术进行分组索引，然后再归并索引的策略。具体来讲，负责建立索引的程序根据可用物理内存的大小，将索引分为 k 组，使得每组重组运算所需内存小于可用物理内存的大小，然后，按照倒排索引的生成算法，得到 k 组倒排索引。然后将这 k 组索引中相同索引项对应的数据合并到一起（也称为索引的归并），形成最终的以语义索引项为主键的倒排索引文件，即反向索引。

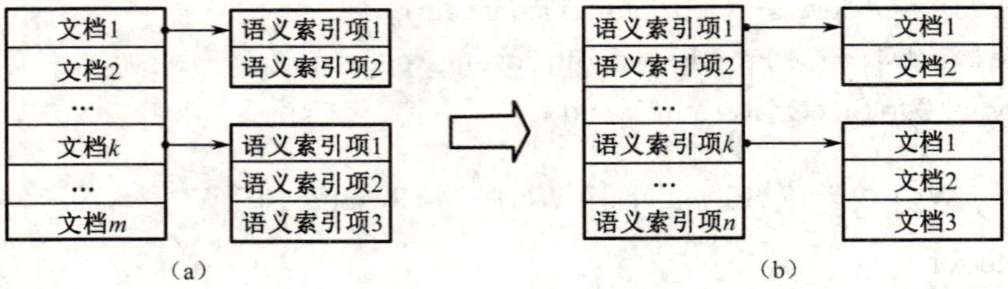

图 5-30　创建倒排索引

依次读取已经持久化的网页正文信息，按照顺序分别为文档 1、文档 2，直到文档 m 建立索引，通过在内存中完成分词、命名实体识别、实体语义消歧后得到语义索引项出现的文档编号和位置信息。接下来通过对语义索引项的 URI 进行排序，得到一个临时的按照语义索引项有序排列的结构，这种结构将有助于顺序写入各个语义索引项对应的记录表，当倒排表达到一定大小后，将倒排表顺序写入倒排索引文件。

2）索引的粒度

索引粒度是表示索引项精确度的一个概念，一个粗粒度的索引可能只能标识出一个文档集合，而文档集合中可能包含多篇文档；一个中等粒度的索引将存储文档编号；而一个细粒度的索引将标识索引项在文档中的具体位置。粗粒度的索引需要的存储空间很少，但是会检索出更多的文档，需要检索程序从头扫描这些文档，直到找到检索的对象。使用粗粒度索引，在多个查询关键词的检索要求下，甚至可能造成错配，这是因为每个查询关键词可能出现在文档集合中，却不一定在同一个文档中，于是会将一些不满足查询要求的文档错误地返回了。

细粒度索引相对粗粒度索引增加了索引项精确的位置信息，显然其将占用更多的存储空间。对于传统的搜索引擎通常的索引粒度选择文档粒度是比较合适的，对于高亮显示查询关键词这样的功能需求，可以在检出文档后以扫描的方法实现，当然这样查询响应速度上可能慢一些。但对于语义搜索引擎要实现在检索结果页面中高亮显示结果文档摘要中查询的语义对象，则最好采用细粒度索引，直接生成带高亮标签的文档摘要（在本系统中为已经抽取的服务资源实例信息），否则，有可能反复使用扫描的方法，从而大大降低检索效率。

本系统建立的语义索引中，每个索引项都会记录下在文档中的精确位置信息，虽然在存储空间上花费了更多的字节，但是将为语义检索系统提供更多的基础信息，提高检索系统的效率。

3）索引的更新

由于搜索引擎的责任是为不断变化的海量网络信息建立索引，所以，倒排文件的组织还需要在检索效率和更新效率上进行折中。如果为了提高更新效率，倒排索引的索引项数据用链表方式分块存放将是很好的选择，但这必然降低了索引的检索效率；反之，如果为了提高检索效率，索引项数据应该选择连续存放，这将不利于倒排索引的更新。本系统以索引的检索效率作为主要的优化目标，所以，采用的是连续的方式存储索引项数据。

4）统计信息的计算

倒排索引文件中还需要记录每个语义索引项的统计信息，主要是该语义对象出现的文档数，这些统计信息主要用于语义检索系统。为了提高语义检索系统的响应速度，这些关于语义索引项出现在多少个文档中的统计数据，需要在建立索引阶段预先计算并持久化。因为语义索引项的文档频数是全局统计信息，因此，即使采用的是分布式索引的体系结构，在整个系统中也仅有一个统计程序来完成统计信息的计算和持久化。

5.2.5 语义信息检索

1. 传统信息检索模型

如何从文档集中找出与用户信息需求相关的文档是信息检索中的核心问题。信息检索模型描述了信息检索中的文档表示、用户信息需求表示和它们之间的关系模型。文档和用户信息需求的关系主要指的就是相关性，以及相关性的度量。

信息检索模型的定义如下：一个信息模型是将文档表示、查询，以及它们之间的关系进行建模的框架，它由三元体 F{D,Q,R(qi,dj)}表示。其中，D 是文档集中的一组文档逻辑视图，也称为文档的表示。Q 是一组用户信息需求的逻辑视图，也称为查询的表示。R(qi,dj)是一个排序函数，该函数输出一个与查询 qi 和文档表示 dj 有关的实数，这样就在文档之间根据查询 qi 定义了一个顺序。

建立一个信息检索模型之前，需要考虑文档和用户信息需求的逻辑视图表示方法。基于这些表示方法，设计构造一个模型框架。例如，在传统的布尔模型中，框架是由一组文档和作用在这个文档集上的标准操作所组成的；对于传统的向量空间模型，框架是由一个 n 维向量空间和作用在向量上的标准线性代数操作所组成的；对于传统的概率模型，框架是由集合、标准的概率操作和贝叶斯定理构成的。

对于 3 种传统的信息检索模型：布尔模型、向量空间模型、概率模型而言，布尔模型被认为是最基本的方法，其主要问题是不具备识别部分匹配的能力，这样会导致较差的检索性能。而关于概率模型和向量空间模型的孰优孰劣的问题一直被学术界讨论。Croft 证明概率模型的检索性能优于向量空间模型，而后来 Salton 的试验驳斥了这种观点。根据不同的性能评价指标，他们的结论是在通用的语料库上，向量空间模型的结果稍好于概率模型，而且向量空间模型更直观易懂，计算复杂性小，所以，向量空间模型被广泛应用于信息检索领域。

在传统的向量空间模型中，认为每个文档是由一组具有代表性的关键词来描述，这些关键词称为“索引项”。索引项可以是一个简单的词语，利用它的语义来代表文档的主题，这样就可以利用索引项来建立文档的逻辑视图。通常，主要是由名词作为索引项，因为名词本身具有词义，这样它的语义很容易被标识和理解。形容词、副词和连词很少作为索引项，因为它们在文档中只是起辅助作用，不能单独表示语义。

对于某个文档中的一组索引项来说，它们在描述文档内容方面的作用是不相同的。因此，决定一个索引项对文档内容描述的贡献程度是一个十分重要的问题。根据信息论原理，信息单位出现的频率越大，携带的信息越小。这就是说，出现频度很高的词对于文档区分的作用很小，比如汉语中的“的”、英语中的“the”。基于这一原理，“逆文本频率指数”（Inverse Document Frequency，IDF）通常被用来计算关键词的权重。关键词 t 的 IDF 值可以表示为：$\mathrm{IDF}(t)=\log(N/\mathrm{df}(t))$，其中，$N$ 是所有文档总数，$\mathrm{df}(t)$表示单词 t 的文档频率（Document Frequency），即单词 t 在多少篇文档中出现。

IDF 是一个单词在语言中的统计特性，所以，少量新文档加入对它影响很小，可以一次计算后作为单词的属性使用。把 $\mathrm{TF}(t,d)$定义为单词 t 在文档 d 中的出现频率，那么文档 d 中关键词 t 的权重可以表示为

$$\mathrm{Weight}(t, d) = \mathrm{TF}(t, d)\times \mathrm{IDF}(t)$$

式中，$\mathrm{IDF}(t)$对单词 t 来说是一个全局权值，而 $\mathrm{TF}(t, d)$则是单词 t 在文档 d 中的局部权值。

信息检索的一个核心问题是如何决定查询和文档之间的相关度，即信息检索模型中的排序函数 R(qi,dj)。传统的向量空间模型基于共有词汇假设（shared bag of words），即查询和文档都被认为是由所有关键词组成的 n 维向量，相关度根据它们在向量空间中的夹角的 cosine 值表示，即 $\mathrm{R(qi,dj)} = \cos(\mathrm{qi,dj}) = \mathrm{dj}\cdot \mathrm{qi} / |\mathrm{dj}|\times|\mathrm{qi}|$。

2．语义信息检索模型

语义信息检索模型扩展了经典的信息检索模型，以本体和知识库为基础，运用了语义 Web 技术中的知识推理，挖掘出信息资源中隐含的语义，从而提高了当前信息检索的检索性能。

语义信息检索模型可以定义为一个四元组，$M=(D,Q,F,\mathrm{ranking})$。其中，$D$ 是需要进行检索的信息资源集合；Q 代表用户对信息需求的定义，即用户查询；F 是一种系统框架，建立了信息资源表示、用户查询，以及它们之间关系的模型；ranking 是用于对语义信息检索结果进行排序的函数。

1）信息资源

与传统的信息检索相比，语义信息检索中增加了本体与知识库。这里将有

关实体的形式化描述集合称为知识库，其反映了除 ontology 之外的形式化知识的表示，知识库中主要包含了本体中概念的实例，以及实例之间的关系。本体与知识库共同构成了语义库。

在语义信息检索中，除语义库外，传统信息检索中的文档集依然被保留，构成了文档信息资源。本系统中本体与知识库将用于支持语义标注，将语义库与文档信息资源关联起来。这样，传统信息检索中文档由关键词序列表示的方法，已经变为文档由语义库中的实体集合表示。

在经典的向量空间模型（Vector Space Model，VSM）中，出现在文档中的关键词被分配了权重，以此来反映哪些关键词对于区分文档更重要。类似的，本系统对于文档中标注出来的实体也分配了权重，量化地反映实体与文档之间的相关性。本系统中权重的计算方法采用了 TF-IDF 算法。

2）用户查询

Q 是对于信息需求的逻辑表示，称为用户查询，查询既可以是关键词查询，也可以是形式化查询。查询的定义和信息检索模型密切相关。在传统的信息检索中，信息需求由一个感兴趣的关键词集合组成，与这些关键词相关的文档列表构成了信息需求的结果。语义信息检索的核心在于语义库中定义的概念和实体，用户查询也应该相应转化为由概念和实体组成。

为使用户能够更准确地表达信息需求，用户还可以进行形式化查询。形式化查询是结构查询方式的一种，查询中的结构信息可以让用户明确表达查询意图。在本系统中，形式化查询通过 RDF 查询语言 SPARQL 实现，具体如何定义用户查询，以及如何丰富用户的查询接口将会在下面的内容中详细介绍。

3）检索模型与推理

F 是一种系统框架，建立了信息资源表示、用户查询，以及它们之间关系的模型。传统的信息检索模型包括布尔模型、向量空间模型和概率模型等，而语义信息检索中主要用到了布尔模型和向量空间模型。

布尔模型的查询结果只有两种情况：满足或不满足用户的信息需求，不提供明确的排序算法。对小规模的知识库和文档集进行信息检索，满足用户查询的结果不多，用户人工进行结果的筛选，则单独采用布尔模型还可以应付。当知识库和文档集规模较大的时候，布尔查询将产生大量的未经排序的查询结果，这将使得语义信息检索变得没有任何意义。

因此，语义信息检索模型将采用布尔模型与向量空间模型结合的方式，利用布尔模型得到满足需求的文档集，利用向量空间模型对结果文档集进行排序后展示给用户。

采用向量空间模型的优点如下：索引项的加权改善了检索的性能；其部分匹配的策略允许与查询条件近似的文档被检索出来；其提供的排序算法能够按文档与用户信息需求的相关度对检索结果文档进行排序。传统的向量空间模型尽管简单，但它对于大规模的文档集而言是很有效的。

4）排序函数

当检索空间较大时，对语义信息检索的结果进行排序是非常重要的。本系统采用的排序算法基于经典向量空间模型。文档库中的每一篇文档在进行语义标注时，已经为标注的实体计算了表示实体与文档关联度的权重值，这构成了文档的语义向量 Dj。用户查询的语义向量 Q 由实体组成，其中每个实体也被赋予一个权重值，其代表了在查询表达的信息需求中某个实体的重要性。权重值可以由用户显式指定，或自动从系统中获得，例如，基于统计分析、个性化技术或者其他策略。最后，根据向量空间模型中向量之间的夹角余弦计算文档语义向量和查询语义向量的相似度，作为排序的依据。

3. 基于 SPARQL 的语义检索技术

语义检索模块是语义垂直搜索引擎系统的核心内容之一，在本系统的研究过程中起着十分重要的作用。它一方面通过检索生成器接收用户由语义检索界面提交的概念检索请求，并根据全局本体库中全局本体定义的概念信息将用户请求实例化为内部统一的、可识别的全局 SPARQL 检索语句。另一方面通过检索分解模块接收检索生成器传递的全局本体的检索结果，以此为检索条件，进行语义检索重写，即分解为检索 3 个表（语义映射表 mappingresult、数据库与本体关联表 mapping、名字空间表 namespace）的检索语句。然后通过数据库检索执行模块接收检索重写模块对系统数据库的数据表检索后得到的各异构数据库信息和检索条件，进行本体的语义扩展，根据 SQL 检索重写构造 SQL

子检索语句，提交 SQL 子检索到分布式关系数据库 DBMS 上完成检索，并进行检索结果集的相似度计算和过滤，得出最终的检索结果。基于 SPARQL 的语义检索的详细技术参见 2.2.2 节。

5.3 服务资源智能聚合原型系统实现

面向服装行业企业主题，满足服装行业按企业和产品进行检索与综合分析决策的需要，构建服装资源智能聚合原型系统。整个系统基于 Tomcat+MySQL+Jena 实现。服装行业本体采用自学习技术和人工 Protégé工具构建并存储在 MySQL 数据库中，通过 Jena 的 ARQ 查询引擎采用 SPARQL 查询语言进行查询。图 5-31 所示为按产品分级（服装产品-男装-休闲衬衫）检索的融合结果。

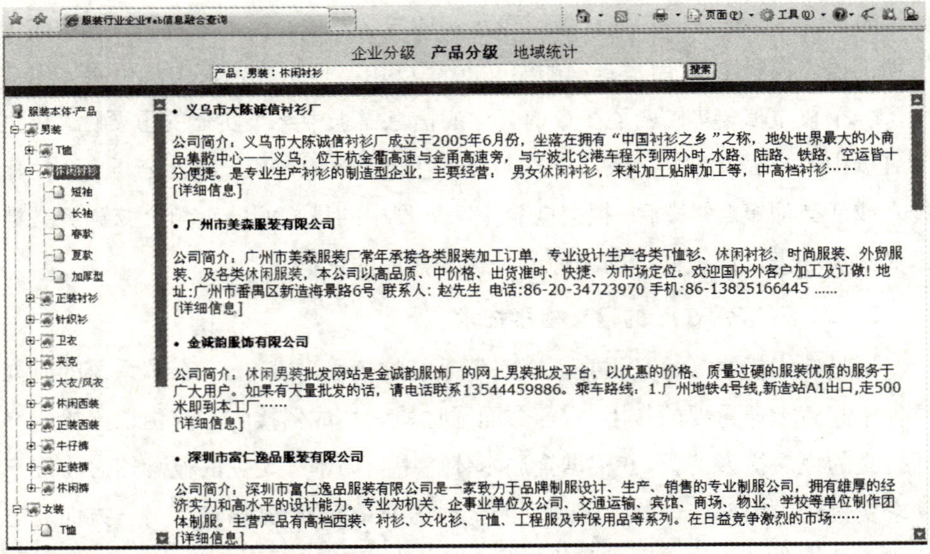

图 5-31　按产品分级检索的融合结果实例

本系统面向服装行业的语义搜索引擎界面如图 5-32 所示，检索结果如图 5-33 和图 5-34 所示。

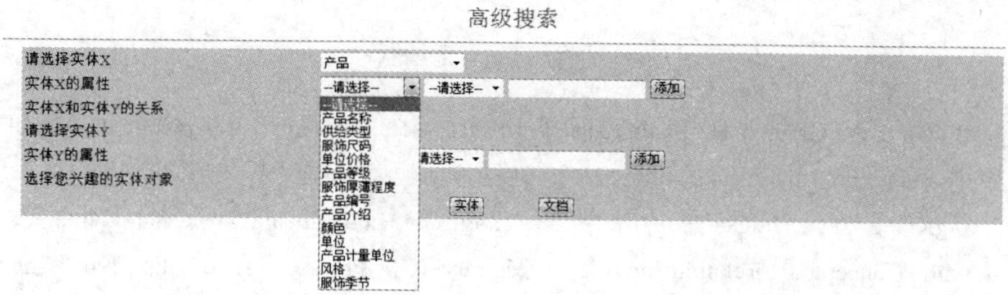

图 5-32 服装资源语义搜索界面

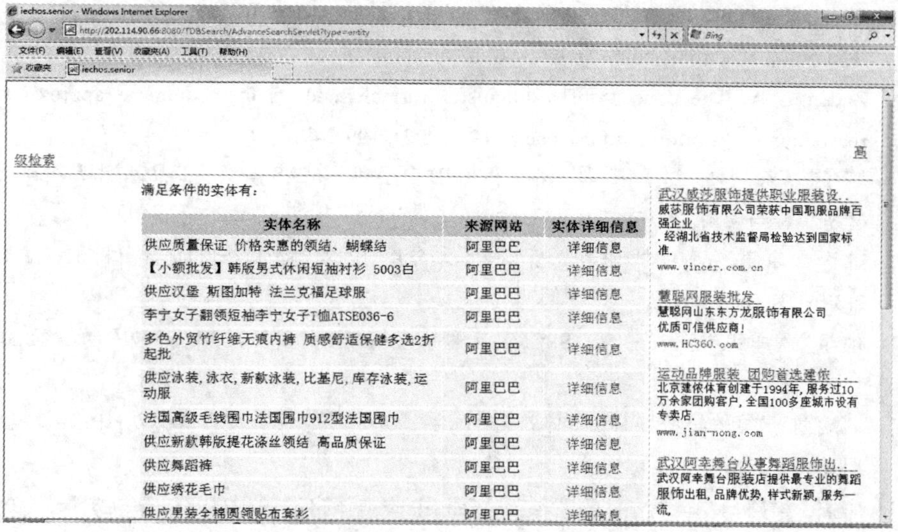

图 5-33 服装资源语义搜索结果

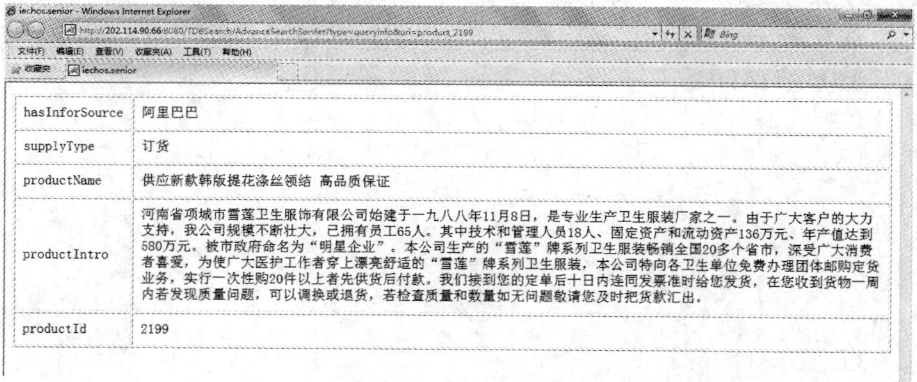

图 5-34 服装资源语义搜索的结构化信息

参 考 文 献

[1] Budan I A, Graeme H. Evaluating WordNet-Based Measures of Semantic Distance[J]. Comutational Linguistics, 2006, 32(1): 13-47.

[2] IngXiang Chen, JuiChi Ho, Cheng-Zen Yang. On Hierarchical Web Catalog Integration with Conceptual Relationships in Thesaurus [C]. Proceedings of the 29th Annual International ACM SIGIR Conference on Research and Development in Information Retrieval. 2006, 635-636.

[3] Shim J, Shim S S Y. Ontology-based e-Catalog in e-commerce: ECRA Vol. 5, No. 1. Special Section[J]. Electronic commerce research and applications, 2006, 5(1): 1.

[4] Zadeh L A. The concept of a linguistic variable and its application to approximate reasoning—I[J]. Information sciences, 1975, 8(3): 199-249.

[5] 陈冬林, 聂规划, 刘平峰. 基于本体的 B2B 电子商务 MAS 模型及商品匹配算法[J]. 计算机工程与应用, 2007, 43(10): 199-201.

[6] 刘平峰，章佩璐，陈冬林.服务资源目录本体合并中的实例消重机制[J].计算机工程.2012, 2(38)：32-35.

[7] 梅翔, 孟祥武, 陈俊亮, 等. SSCM: 一种语义相似度计算方法[J]. 高技术通信, 2007, 17(5): 458-463.

[8] 聂规划, 左秀然, 陈冬林. 本体映射中一种改进的概念相似度计算方法[J]. 计算机应用, 2008, 28(6): 1563-1565.

[9] 唐杰, 梁邦勇, 李涓子, 等. 语义 Web 中的本体自动映射[J]. 计算机学报, 2007, 29(11): 1956-1976.

[10] 于娟, 党延忠. 本体集成研究综述[J]. 计算机科学, 2008, 35(7): 9-13.

[11] 张忠平, 田淑霞, 刘洪强. 一种综合的本体相似度计算方法[J]. 计算机科学, 2008, 35(12): 142-145.

第 6 章　服务资源智能推荐技术

6.1　基于语义的服务资源智能推荐技术

基于语义的服务资源智能推荐技术主要解决面向用户多层次均衡需求的服务资源智能推荐问题，主要研究工作包括 3 个方面：①设计基于本体的智能推荐算法；②语义与协同过滤集成算法；③设计满足用户多层次均衡需求的服务资源推荐算法。

基于本体的智能推荐体系主要由推荐算法层和语义服务层组成，如图 6-1 所示。推荐算法层即语义与协同过滤集成算法，主要由语义与案例集成的推荐算法、协同过滤推荐算法和其他推荐算法组成；语义服务层从包含所有实例的用户本体档案中，利用推荐算法层的集成算法，进行智能推荐，将最终的智能推荐结果集反馈给用户，为用户进行服务资源推荐，从而满足用户多层次均衡需求。

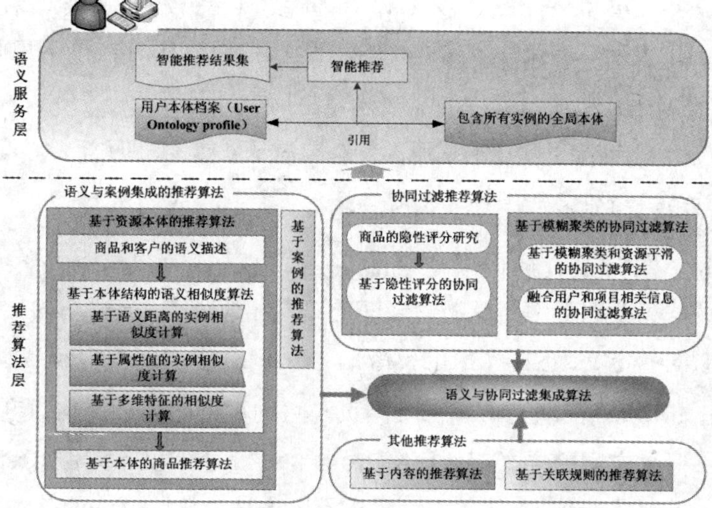

图 6-1　基于本体的智能推荐方法体系

6.1.1 基于商品属性隐性评分的协同过滤算法

针对目前电子商务推荐系统中存在的用户评分稀疏性问题，提出隐性评分是解决该问题的有效方法。考虑到用户浏览行为和网页之间语义相似度可以综合、客观地反映用户对商品隐性的评分。通过建立网页商品概念-属性矩阵，综合考虑商品属性、相关商品及其在网页中的分布等因素，基于用户浏览路径和时间的统计分析，通过语义词林 WordNet 计算网页语义相似度，综合计算商品语义隐性评分。

1. 算法基本原理

1）商品概念-属性矩阵

定义 6.1 商品概念-属性矩阵（Goods Concept-Attribute Matrix）。在网站中有网页集 $P=\{p_i, i=0,1,\cdots,m\}$，每个网页中分布一个相关概念（假定不考虑与主商品无关的其他概念）构成的商品概念集 $C=\{c_i, i=0,1,\cdots,m\}$，$c_0$ 代表待评分并推荐的主网页商品概念（以下简称主商品概念），$c_1,\cdots,c_m$ 为相关网页中商品概念（包括相关商品和零部件），如 PC 为主商品概念，Server 为 PC 相关商品概念，Monitor 为零部件概念。主商品概念的属性向量为 $A=\{a_j, j=0,\cdots,n\}$，对于 $C \to A$ 存在商品概念-属性矩阵 $CA=\{ca_j\}$，$ca_j=\{0,1\}$，1 表示具有第 j 个属性，0 为不具有。CA 中存在以下规则：

① $CA_0=\{1,1,\cdots,1\}$，即主商品概念包括所有属性。

② 若 c_i 为主商品的零部件，则 c_i 只对应第 j 个属性，即 $CA_i=\{0,\cdots,1,\cdots,0\}$。

2）网页语义相似度

定义 6.2 网页语义相似度（Semantic Similarity）与网页语义相似向量，表示主网页与相关网页中商品概念之间的语义相似程度，记为 $\mathrm{SRI}(c_0,c_i)$，网页语义相似向量定义为 $\mathrm{SR}=\{\mathrm{SRI}(P_0,P_i)\}$。这里 c_0 代表主网页中商品概念，c_i 代表第 i 个相关网页商品概念。零部件网页与主网页之间的语义相似度为 1.0，其他由商品概念之间的语义相似度给出。概念语义相似度首先由 Resnik 提出，后来 Jiang and Conrath、Lin 等人都提出不同方法，这些方法的基本原理是依据语义词典 WordNet 构造某一商品领域的同义词林，根据概念之间距离与所处的深度（层次）来计算二者的语义相似度，Yuhua Li 还考虑了概念出现的密度因素，这里采用 Wu and Palmer’s 概念相似度方法，该方法适合中英文环境。

$$\mathrm{SRI}(P_0,P_i)=\mathrm{SRI}(c_0,c_i)=\frac{2\times \mathrm{depth}(\mathrm{lso}(c_0,c_i))}{\mathrm{len}(c_0,\mathrm{lso}(c_0,c_i))+\mathrm{len}(c_i,\mathrm{lso}(c_0,c_i))+2\times \mathrm{depth}(\mathrm{lso}(c_0,c_i))} \tag{6-1}$$

式中，$\mathrm{lso}(c_0,c_i)$ 代表 c_0 和 c_i 中最近的“祖先”概念，depth ()为层次数，len () 代表两概念在同一词林中最短路径的距离。具体意义详见语义隐性评分方法中的算例。

3）语义隐性评分方法

通过分析用户的浏览行为，计算各种属性的浏览时间占总浏览时间的比例，获取用户对商品属性的隐性评分，将用户在线浏览路径按网页进行汇总，得网页浏览时间向量 $T_p=t_p(i)$。按平均法求得每个网页的商品属性浏览时间，得概念-属性浏览时间矩阵为

$$\mathrm{TA}=\left\{ta_{ij}\right\}=\left\{\frac{ca_{ij}}{\mathrm{countof}A(P_i)}\times t_p(i)\right\} \tag{6-2}$$

式中，$\mathrm{countof}A(P_i)=\sum_{j=1}^{n}ca_{ij}$ 即网页 P_i 中商品属性的数量。

引入网页语义相似度进行修正

$$\mathrm{SAT}=\mathrm{TA}\times \mathrm{SR}^T \tag{6-3}$$

用户对商品第 j 个属性的隐性评分值（按百分制计）：

$$R_j=\frac{\sum_{i=0}^{m}\mathrm{SAT}(i,j)}{\max_{j=1}^{n}\sum_{i=0}^{m}\mathrm{SAT}(i,j)}\times 100, \tag{6-4}$$

属性的权值 W_j 采用相对重要性方法进行计算，则用户对商品的语义隐性评分为

$$R=\sum_{j=1}^{n}R_j\times W_j \tag{6-5}$$

2. 基于语义的商品隐性评分算例验证

电子商务智能模拟实验系统网站中，有以 PC 为主商品的网页集，如图 6-2 所示，PC 的属性向量（Price，Brand，CPU，PC，Board，Monitor，Hard disk，Memory）系统记录了某用户的浏览路径和时间，如图 6-3 和表 6-1 所示，下面以该用户的语义隐性评分为例说明计算过程。由图 6-2 可以构成 CA 矩阵（步骤略）。根据 WordNet 得到领域的同义词林，如图 6-4 所示，按式（6-1）计算网页语义相似度。

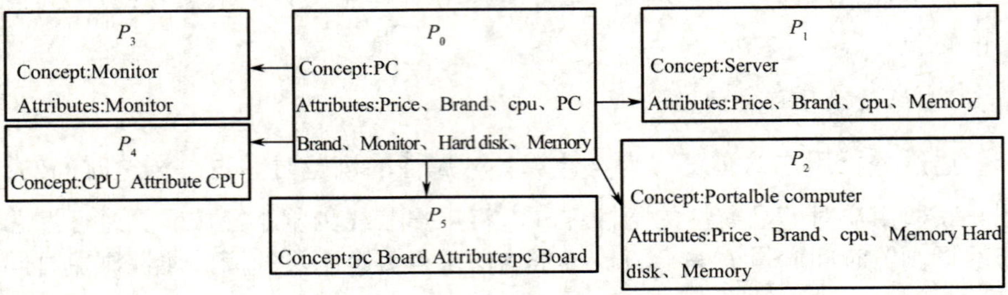

图 6-2　网页中商品概念-属性分布

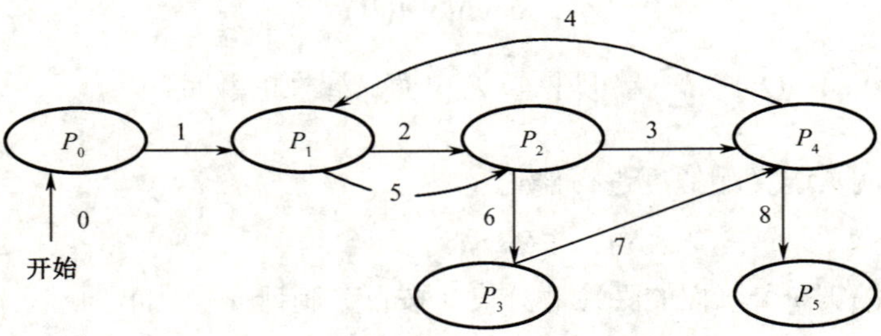

图 6-3　某客户的浏览路径

表 6-1　某客户浏览信息

浏览顺序	网页	属　性							浏览时间秒
		Price	Brand	CPU	PC Board	Monior	Hard disk	Memory	
0	P_0	1	1	1	1	1	1	1	15
1	P_1	1	1	1	0	0	0	1	13
2	P_2	1	1	1	0	1	1	1	17

（续表）

浏览顺序	网页	属　性							浏览时间
		Price	Brand	CPU	PC Board	Monior	Hard disk	Memory	秒
3	P_4	0	0	1	0	0	0	0	4
4	P_1	1	1	1	0	0	0	1	7
5	P_2	1	1	1	0	1	1	1	10
6	P_3	0	0	0	0	1	0	0	9
7	P_4	0	0	1	0	0	0	0	5
8	P_5	0	0	0	1	0	0	0	10

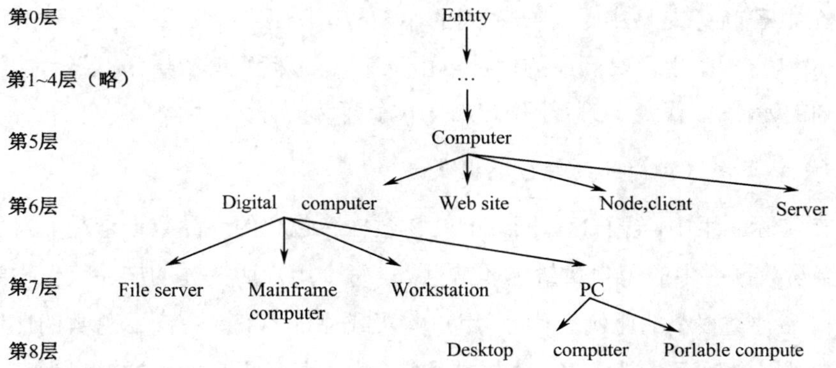

图 6-4　Computer 领域同义词林

SRI(PC,price)=SRI(PC,brand)=SRI(PC,cpu)=SRI(PC,PC,Board)=SRI(PC,monitor)=1

PC 与 Server 最近的“祖先”词汇是 Computer，而 PC 与 Portable computer 最近的“祖先”词汇是 PC。

SRI（PC,Server）

$$=\frac{2\times \text{depth（computer）}}{\text{len（PC，computer）}+\text{len（server，computer）}+2\times \text{depth（computer）}}$$

$$=\frac{2\times 5}{2+1+2\times 5}=0.77$$

同理 SRI（PC,portable computer）=0.93

故 SR={1，0.77,0.93,1,1,1,1}。给定 W={0.2,0.1,0.2,0.1,0.2,0.1,0.1}，根据式（6-2）、式（6-3）、式（6-4）和式（6-5）计算，可以得到该用户对 PC 的语义隐性评分为 66.7 分。

6.1.2 基于模糊聚类和资源平滑的协同过滤算法

1．算法原理及步骤

针对协同过滤推荐推荐算法的不足，提出利用用户对商品的历史评分记录中所隐含的用户相关信息和商品相关信息来为用户推荐商品，并且将模糊聚类技术运用于商品最近邻居和用户最近邻居的查找。实验结果表明该算法能够提供更好的推荐，聚类数对推荐质量有较大的影响。

在电子商务交易中，有一系列的用户 $U=\left[u_1,u_2,\cdots,u_m\right]$ 和一系列的商品 $I=\left[i_1,i_2,\cdots,i_n\right]$。用户对商品的评价可由一个 $m\times n$ 阶矩阵 $\boldsymbol{R}(m,n)$ 表示，第 i 行第 j 列的元素 $r_{i,j}$ 代表了第 i 个用户对第 j 个商品的评分。

1）平滑用户对商品的评分数据集

在实际应用中，电子商务网站的交易数据库包含的商品数据量是非常巨大的，交易数据库中的用户数量也非常巨大，每个用户所关注的产品仅仅占数据库中产品种类很小的比例。因此，用户购买或评价的商品占商品总数的比例很低，造成用户对商品评分数据集极端稀缺。由于基于用户的协同过滤和基于资源的协同过滤推荐及基础均为用户对商品的评分数据集，数据的稀疏导致很难正确找到相似用户或者相似商品，推荐质量将会变差。针对数据的稀疏性问题，近期研究者们提出了许多新的方法。如基于概念分层的个性推荐方法、基于案例推理的协同过滤推荐方法等。

本书提出的算法主要是通过采用评分数据集中隐含的商品与商品的相关性信息来降低评分数据的稀疏性。首先，依据用户对商品的评分将商品进行划分，用户评分相似的商品被聚为一类；然后，在该类中预测用户对未评价商品的评分，降低预测计算空间的维度。运用商品的预测评分平滑评分数据集。对商品的模糊聚类计算和未评价商品的预测评分计算比较耗时，采用离线进行处理，减少推荐时的运算时间。算法的具体步骤如下：

Step1：运用模糊 C—均值算法将商品划分为 c 类，相应地，评分数据集 R

被划分为 $R_1, R_2, \cdots, R_c$ 且 $R_1 \cup R_2 \cup \cdots \cup R_c = R, R_i \cap R_j = \varnothing, 1 \leqslant i, j \leqslant c, i \neq j$。

Step2：查找用户 u_a 的未评分商品 i_a 所属的类，若 $i_a \in R_a$，那么 R_i 中的其他商品作为该商品的邻居。

Step 3：在类 R_i 中采用相关相似性方法计算商品与商品的相似性，用户未评分商品 i_a 与其邻居商品 i_b 的相似度可表示为

$$\mathrm{sim}(i_a, i_b) = \frac{\sum\limits_{u_s \in T}(r_{u_s}, i_a - \overline{r_{i_a}})(r_{u_s}, i_b - \overline{r_{i_b}})}{\sqrt{\sum\limits_{u_s \in T}(r_{u_s}, i_a - \overline{r_{i_a}})^2 \sum\limits_{u_s \in T}(r_{u_s}, i_b - \overline{r_{i_b}})^2}} \tag{6-6}$$

式中，T 为所有对商品 i_a 和 i_b 已作出评价的用户的交集，$\overline{r_{i_a}}$ 为商品 i_a 的平均评分，$\overline{r_{i_b}}$ 为商品 i_b 的平均评分。

Step 4：预测用户 u_a 对未评分商品 i_a 的评分，并将其预测值填充在评分数据集中。P 可表示为

$$P = \frac{\sum\limits_{i_b \in R_i} \mathrm{sim}(i_a, i_b) \times r_{u_a}, i_b}{\sum\limits_{i_b \in R_i} \mathrm{sim}(i_a, i_b)} \tag{6-7}$$

对评分数据集中的所有未评分商品进行预测评分，获得资源平滑后的评分数据集 A。

2）具有相似偏好的用户

评分数据隐含了用户对商品的偏好，运用用户与相似用户的共同偏好来为目标用户推荐商品。本书为了降低相似用户的搜索空间，模糊 C—均值聚类算法用户查找目标用户的邻居用户。针对资源平滑后的评分数据集，运用模糊 C—均值算法将用户进行划分。每一类中的用户为具有相似偏好的用户。

3）产生推荐

查找目标用户 u_a 所属的类，该类中其他用户为其邻居用户。计算用户与其邻居用户的相似度如下：

$$\mathrm{sim}(u_a, u_b) = \frac{\sum\limits_{u_s \in S}(r_{u_a}, i_s - \overline{r_{u_a}})(r_{u_b}, i_s - \overline{r_{u_b}})}{\sqrt{\sum\limits_{i_s \in S}(r_{u_a}, i_s - \overline{r_{u_a}})^2 \sum\limits_{i_s \in S}(r_{u_b}, i_s - \overline{r_{u_b}})^2}} \tag{6-8}$$

式中，S 为初始评分数据集中两用户共同评分的商品集。

用户对商品的最后预测评分为

$$P_{u_a,i_a} = \overline{r_{u_a}} + \frac{\sum_{u_b \in A_i} (r_{u_b}, i_a - \overline{r_{i_a}}) \times \mathrm{sim}(u_a, u_b)}{\sum_{u_b \in A_i} \mathrm{sim}(u_a, u_b)} \tag{6-9}$$

2. 实验及结果分析

实验采用的数据集来自基于 Web 的研究型推荐系统 MovieLens（http://MovieLens. umn.edu/），MovieLens 站点用于接收用户对电影的评分并提供相应的电影推荐列表。运用 MATLAB 工具将 MovieLens 数据集转换为用户电影评分矩阵，从中随机截取 200 个用户对 800 部电影的评分数据，然后将评分数据按 0.9 的比率划分为训练集和测试集，从测试用户中的评分中随机选取 5 个评分作为可见的评分。平均绝对偏差（Mean Absolute Error，MAE）作为评价该推荐算法质量的度量标准，验证算法的有效性。平均绝对偏差通过计算预测的用户评分与实际的用户评分之间的偏差来度量预测的准确性，MAE 越小，推荐质量越高。

运用本书推荐的算法针对用户电影评分矩阵进行模拟推荐。实验中首先将文中提出的推荐算法（FCIS-BCF）与传统的基于用户的协同过滤算法（UBCF）和基于资源的协同过滤算法（IBCF）相比较，结果如图 6-5 所示。从实验结果中可以看出，所提出的推荐算法具有较小的 MAE 值，在推荐质量上均明显优于基于用户的协同过滤算法和基于资源的协同过滤算法。

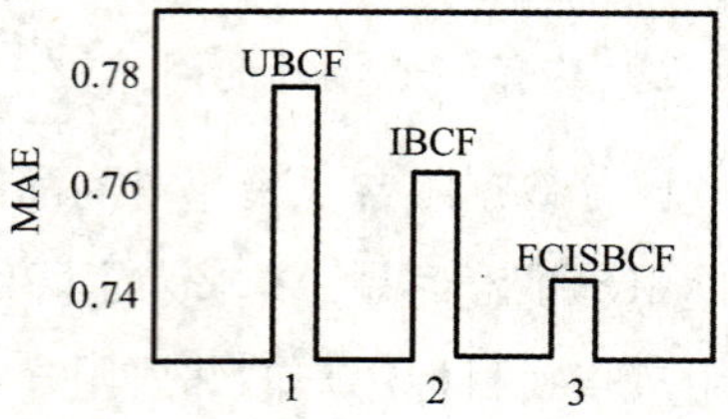

图 6-5　不同算法的 MAE 比较

6.1.3　基于本体的 B2B 电子商务 MAS 模型及商品匹配算法

通过建立一种基于本体的多 Agent 模型，增加 GMAg（Goods Matching Agent）用于商品的识别和自动匹配，综合考虑商品组件概念和属性组件概念的语义相似度，提出基于商品本体结构语义相似度匹配算法，解决了异构商务系统之间商品信息自动匹配问题。

1．算法原理及步骤

1）基于本体的 B2B 电子商务 MAS 模型

（1）B2B 电子商务中的异构问题。许多电子市场的参与方所提供的商品名称具有不同的意义。例如，对汽车销售业务，企业甲称为 auto、企业乙称为 automobile、企业丙称为 car。同时，对同一名称商品实际也可能具有不同的意义。考虑下面两个例子。当用户需要购买“wheel 车轮”（a simple machine consisting of a circular frame with spokes（or a solid disc）that can rotate on a shaft or axle in vehicles），而供应商可以提供“wheel 方向盘”（a handwheel that is used for steering），这两个“wheel”同属于汽车（car）领域，商品名称相同但语义不同；相反的例子是，如果用户需要购买“Tyre 轮胎”（a thick rubber ring， often filled with air， which is fitted around the outer edge of the wheel of a vehicle），而供应商提供的是“tire 轮胎”（a thick rubber ring，often filled with air，which is fitted around the outer edge of the wheel of a vehicle），它们同样都属于汽车领域，商品名称不同但词义相同。前者会浪费交易代理的时间去谈判协商，而后一种情况却会漏掉交易的机会。因此，在传统基于 Agent 的电子商务体系中有必要引入一类商匹配代理，利用本体映射的方式进行商品的自动匹配，可以有效解决异构问题。

（2）B2B 电子商务 MAS 模型。B2B 电子商务 MAS 模型如图 6-6 所示。在这里有 4 类 Agent，各 Agent 的主要功能如下。

- 用户企业代理，（Customer Enterprise Agent，CEAg）：负责与企业商务系统的连接，向商品匹配代理 GMAg 发出购买商品需求（商品名称、型号及性能参数等信息），向交易服务代理 CEAg 发出求购的数量和价格等需求，并接受交易结果信息。
- 供应商代理，（Supplier Enterprise Agent，SEAg）：负责与供应商商务的系统连接，向 GMAg 发出可供销售的商品参数，与交易服务代理 CEAg 进行交易连接。

- 交易服务代理，（Facilitator Service Agent，FSAg）：主要负责 B2B 电子商务交易过程的谈判、支付等环节的工作。
- 商品匹配代理，（Goods Matching Agent，GMAg）：完成商品的搜索和自动匹配工作，维护商品共享本体库。

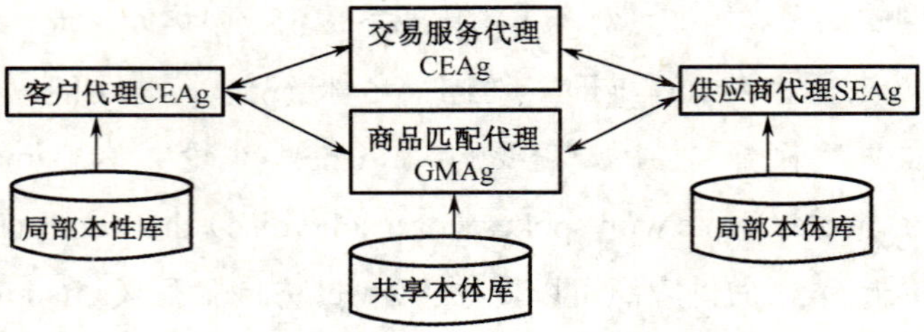

图 6-6　基于本体的 B2B 电子商务 MAS 模型

2）基于商品本体结构语义相似度的匹配算法

（1）**概念的语义相似度计算。**相似度计算是电子商务的关键技术之一，商品服务匹配是建立在相似度计算基础上的。目前几种服务注册方式 ebXML、UDDI 与 XML/EDI 都只提供按商品名称和按商品分类等的关键字进行服务查找功能，不能满足服务语义化描述后对于查全率和准确度的要求。本书采用式（6-1）计算概念间的语义相似度。

（2）**商品本体结构语义相似度计算。**结构相似度（Structure Similarity）重点考查两本体结构上的相似程度。商品本体是商品知识的表示，所以，在进行商品匹配时，要对商品本体中的概念（包括商品名称、商品部件和商品属性）都进行匹配，故本书采用部件概念和属性概念语义相似度综合计算的方法进行商品匹配。

商品本体（Goods Ontology，GO）采用五元组表示，即 GO={GC,GR,GA,GAT}，其中：其中 GC（Goods Concepts）代表商品组件概念集，GR = {same as，kind of，part of}，GA 为商品的属性概念集，GAT 为商品属性数据类型集。

设用户企业的需求商品本体为 GO_1，供应商企业的商品本体定义为 GO_2。

① **组件语义相似度计算。**假定 GO_1 的有 m 个商品组件概念 $GC_{11},GC_{12},\cdots,GC_{1m}$，$GO_2$ 有 n 个商品组件概念 $GC_{21},GC_{22},\cdots,GC_{2n}$，采用单个组件概念之间的相似

度加权平均值方法计算，组件语义相似度 $SC(GO_1, GO_2)$计算过程如下。

Step1：计算组件概念语义相似度矩阵

$$SC = \begin{Bmatrix} sc_{11} & sc_{12} & \cdots & sc_{1n} \\ sc_{21} & sc_{22} & \cdots & sc_{2n} \\ \vdots & \vdots & \ddots & \vdots \\ sc_{m1} & sc_{m2} & \cdots & sc_{mn} \end{Bmatrix} \tag{6-10}$$

式中，单个组件概念语义相似度 $sc_{ij} = SC(GC_{1i}, GC_{2j})$，根据式（6-1）计算。

Step2：取得相似度最大的 sc_{ij}，删除该 sc_{ij} 所在的行与列得到矩阵 SC'。重复执行直到 SC' 为空。取得相似度 sc_{ij} 序列记为 $t_1, t_2, \cdots, t_p$，其中 $p = \min(m, n)$。该步骤实质是取组件概念之间的相似度配对结果中最大的一对，然后删去这对组件概念，继续寻找剩余组件概念中相似度最大的一对。

Step3：求加权平均值 $SC(GO_1, GO_2) = \sum_{i=1}^{p} t_i w_i$，其中 w_i 为组件的权重。

② **属性语义相似度计算**。按数据类型分别计算如下：

Step1：对于 GO_1 中商品的每一种数据类型（string、integer、float 等），与 GO_2 中商品的相同数据类型，构造属性概念语义相似度矩阵 $SA_{type}, type \in GAT$。

Step2：采用与组件语义相似度计算 Step2 类似的方法计算。

Step3：按数据类型求语义相似度平均值。

Step4：求所有数据类型的语义相似度平均值，记 $SA(GO_1, GO_2)$。

则商品本体之间的语义相似度为

$$S(GO_1, GO_2) = \alpha SC(GO_1, GO_2) + (1-\alpha) SA(GO_1, GO_2) \tag{6-11}$$

式中，$\alpha \in [0,1]$ 为商品组件长度相对重要度系数，因商品类型而异。

2. 汽车领域商品匹配案例

这里采用文献[14]中的汽车服务领域的本体案例，如图 6-7 所示，以 motor 和 engine 两个子本体为案例，用本书的方法与 r_{n_gram} 方法进行对比分析。

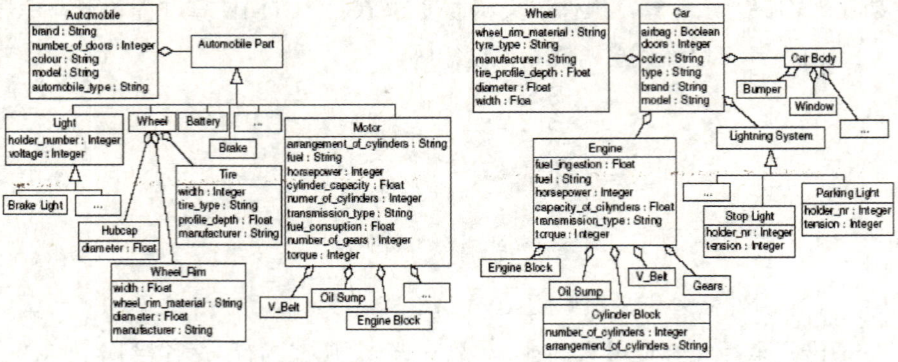

（a）用户需求商品本体　　　　（b）供应商商品本体

图 6-7　汽车领域的本体

1）组件语义相似度计算

商品本体 motor 和 engine 组件概念集分别为 GC1={Oil_sump, V_belt, Gearing, Camshaft, Engine_block}，GC2={ Engine_block, Cylinder_block, Oil_sump, V-belt, Gears}。

采用式（6-1）分别计算 GC_1 与 GC_2 组件概念集内的语义相似度，构成语义相似度矩阵。

$$SC=\left\{\begin{matrix}0 & 0 & 1 & 0 & 0\\ 0 & 0 & 0 & 1 & 0\\ 0 & 0 & 0 & 0 & 1\\ 0 & 0.1 & 0 & 0 & 0\\ 1 & 0 & 0 & 0 & 0\end{matrix}\right\}$$

取平均值得组件语义相似度 $SC(GO_1,GO_2)=\dfrac{4.1}{5}=0.82$

2）属性语义相似度计算

对于商品本体 motor 和商品本体 engine 属性集分类有 Integer 类型：GA_1={Horsepower、Number_of_cylinders，Torque},GA_2={Horsepower，Nr_of_cylinders，Torque}；String 类型：GA_1={ Arrangement_of_cylinders, Fuel, Transmission_type},GA_2={Transmission_type,Fuel}；Float 类型：GA_1={Fuel_consum- ption,Cylinder_ capacity}，GA_2={Capacity_of_cylinders,Fuel_ ingestion }。采用语义相似度计算方法进行计算得：

$SA_{integer}(GO_1,GO_2)=1$，$SA_{String}(GO_1,GO_2)=1, SA_{float}(GO_1,GO_2)=0.95$

取平均值计算属性语义相似度 $SA(GO_1,GO_2)=0.98$

取 $\alpha=0.5$ 按式（6-11）计算出 motor 与 engine 的语义相似度 $S(\text{motor,engine})=0.9$。

6.1.4　基于本体的语义相似性的协同过滤算法

1. 算法原理及步骤

在协同过滤处理过程中，为了获取项目的语义信息，必须从多个网页或网站中抽取具有概念层次的结构化对象作为语义实体。但现在的网络，其信息存储为静态 HTML 页面，用于表达 Web 页面信息的 HTML 标记语言存在缺点：HTML 语言的标记（tag）只是告诉浏览器如何显示它所定义的信息，却不包含语义信息。针对该问题采用第 4 章提出的方法学习领域本体，建立了领域本体后，利用领域本体抽取项目的语义信息。

为了方便计算项目语义相似性，将抽取出来的实例属性转换为向量表示，使用向量空间模型表示项目的属性。项目可以表示为 $T_i=\{(t_1,W_1),(t_2,W_2),\cdots,(t_i,W_i)\}$，其中，$t_i$ 是项目 T_i 的一个属性，W_i 表示属性 t_i 对应于项目赋予的权重，描述属性在项目中的重要程度。项目之间的相似性使用向量之间的距离度量，计算公式为

$$S(i,j)=\left(\sum_{k=1}^{M}W_{ik}\times W_{jk}\right)\bigg/\sqrt{\left(\sum_{k=1}^{M}W_{ik}^2\right)\left(\sum_{k=1}^{M}W_{jk}^2\right)} \tag{6-12}$$

采用 TF-IDF 公式计算属性的权重值。其中，t_i 是项目 T_j 的一个属性。

$$W(t_i,T_j)=tf(t_i,T_j)\times\log(N/n_1+0.01)\bigg/\sqrt{\sum_{t_i\in T_j}[tf\left(t_i,T_j\right)\times\log\left(N/n_1+0.01\right)]^2} \tag{6-13}$$

式中，$W(t_i,T_j)$ 表示 t_i 在项目 T_i 的权重，项目 $tf(t_i,T_j)$ 是 t_i 在项目 T_j 中出现的频率，N 是项目总个数，n_1 为在项目集中出现 t_i 的数目。最终，对于一对项目，可以把语义相似性与协同过滤集成，组合成一个线性方式来度量项目的相似性。

$$S_{\mathrm{Inte}}(i,j)=\alpha S_{\mathrm{Sem}}\left(T_i,T_j\right)+(1-\alpha)S_{\mathrm{Rat}}(i,j) \tag{6-14}$$

式中，α ($0\leqslant\alpha\leqslant 1$) 是权重参数，当 $\alpha=0$，组合的相似度 $S_{\mathrm{Inte}}(i,j)=S_{\mathrm{Rat}}(i,j)$; $\alpha=1$时，组合的相似度 $S_{\mathrm{Inte}}(i,j)=S_{\mathrm{Sem}}(i,j)$。从式（6-14）中可以看出，组合相似性算法具有两个优点：组合相似性算法能进一步说明用户对特定的项目是否感兴趣；在评分数据稀疏或没有评分的情况下，依然可以使用语义相似性提供合理的推荐产品。利用组合相似性算法的思想，可以得到相应地预测评分或推荐，$P_{a,i}$ 是用户对目标项目的预测评分值。

$$P_{a,i}=\sum_{j=1}^{k}(P_{a,j}\times S_{\mathrm{Inte}}(i,j))/\sum_{j=1}^{k}S_{\mathrm{Inte}}(i,j) \tag{6-15}$$

2. 算法举例

（1）数据集。采用一个销售书籍的网站数据来测试算法，比较基于语义相似性和标准的项目协同过滤算法。该网站已有 1 600 个用户对 3 000 本书籍评分数据，每个用户对每本书的评分范围为 1～5 个，随机抽取 4 000 条数据作为实验数据。为了实现基于语义相似性算法，使用本体学习框架方法从网站书籍抽取出书籍本体，利用包装器代理从基于书籍本体的网络书籍数据库中抽取书籍实例，每个实例包含语义属性。

（2）评价标准。评价推荐系统推荐质量的度量标准主要包括统计精度度量方法和决策支持精度度量方法两类。采用统计精度度量方法中的平均绝对偏差（Mean Absolute Error，MAE）进行度量。平均绝对偏差通过计算预测的用户评分与实际的用户评分之间的偏差来度量预测的准确性，平均绝对偏差越小，推荐质量越高。

假设预测的用户评分集合表示为 $\{p_1,p_2,\cdots,p_n\}$，对应的实际用户评分集为 $\{t_1,t_2,\cdots,t_n\}$，则平均绝对偏差 MAE 定义为 $\mathrm{MAE}=\sum_{i=1}^{n}\left|t_i-p_i\right|/N$

（3）实验结果分析。考虑组合相似算法中的 α：权重参数对 MAE 的影响，在使用组合相似性算法预测时，找出最优 α 值的范围。实验的结果如图 6-8 所示，由此得出结论，α 的取值范围在 0.3～0.5 是最优的。

为了说明组合相似性算法能解决标准项目协同算法的两个缺点：数据的稀疏性问题；新项目预测问题（冷开始问题），做了两个实验比较这两种方法，两个实验的 α 取值为 0.4。

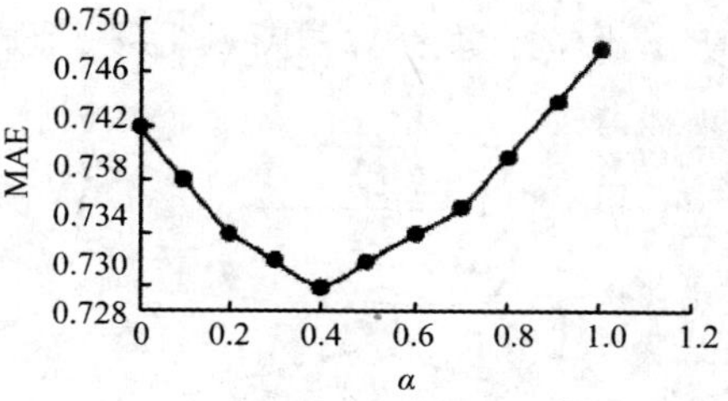

图 6-8　α 对 MAE 的影响

图 6-9 显示了在预测项目都已评分的情况下两种算法的平均绝对偏差结果，从图 6-9 中可以看出，组合相似性算法使用式（6-13）计算项目的相似性比标准项目协同算法计算项目相似性更精确。图 6-10 解释了组合相似性算法可以解决新项目问题。在预测项目没有评分的情况下，基于传统的项目协同过滤算法无法预测，但组合相似性算法利用式（6-14）和式（6-15）依然可以进行预测。

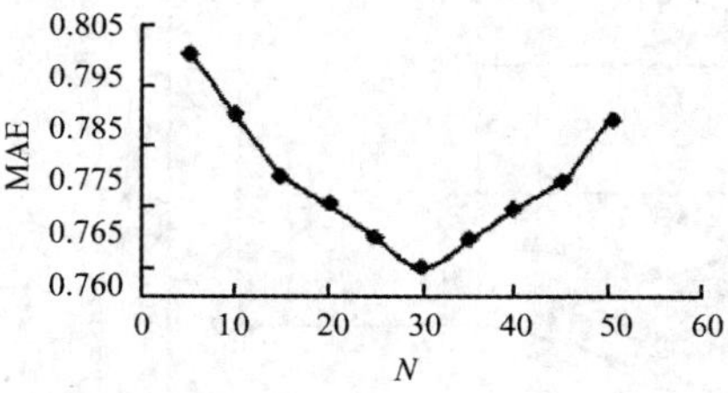

图 6-9　推荐算法性能比较

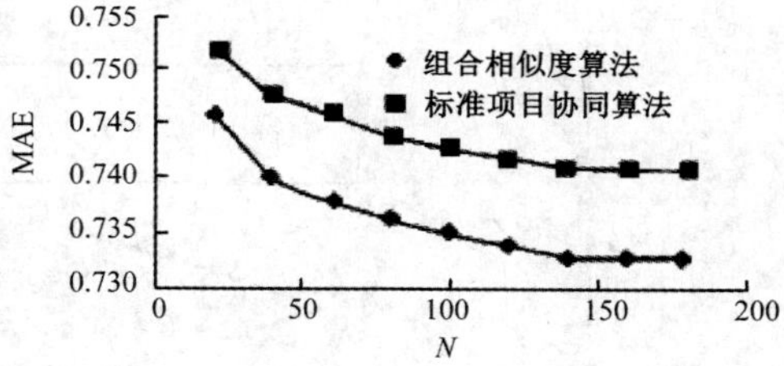

图 6-10　基于组合相似算法的新项目评分预测

综上所述，通过语义相似性与标准项目协同算法集成，挖掘出项目之间的语义关系，抽取出项目的语义信息，不仅能很好地解决标准项目协同算法的项目评分的稀疏性问题、新项目预测问题，以及提高推荐精度，还能进一步解释说明用户对特定的项目是否感兴趣。

6.2　基于适合度的服务资源智能推荐技术

适合度主要是用于衡量用户需求的 Web 服务在功能属性和非功能属性上与 Web 服务提供商提供的服务群之间的匹配程度，用于从候选 Web 服务群中选择出在 Web 服务功能、服务属性，以及服务质量上与用户需求最为相近的

Web 服务。本节提出的基于适合度计算的 Web 服务资源智能推荐方法的工作流程如图 6-11 所示。

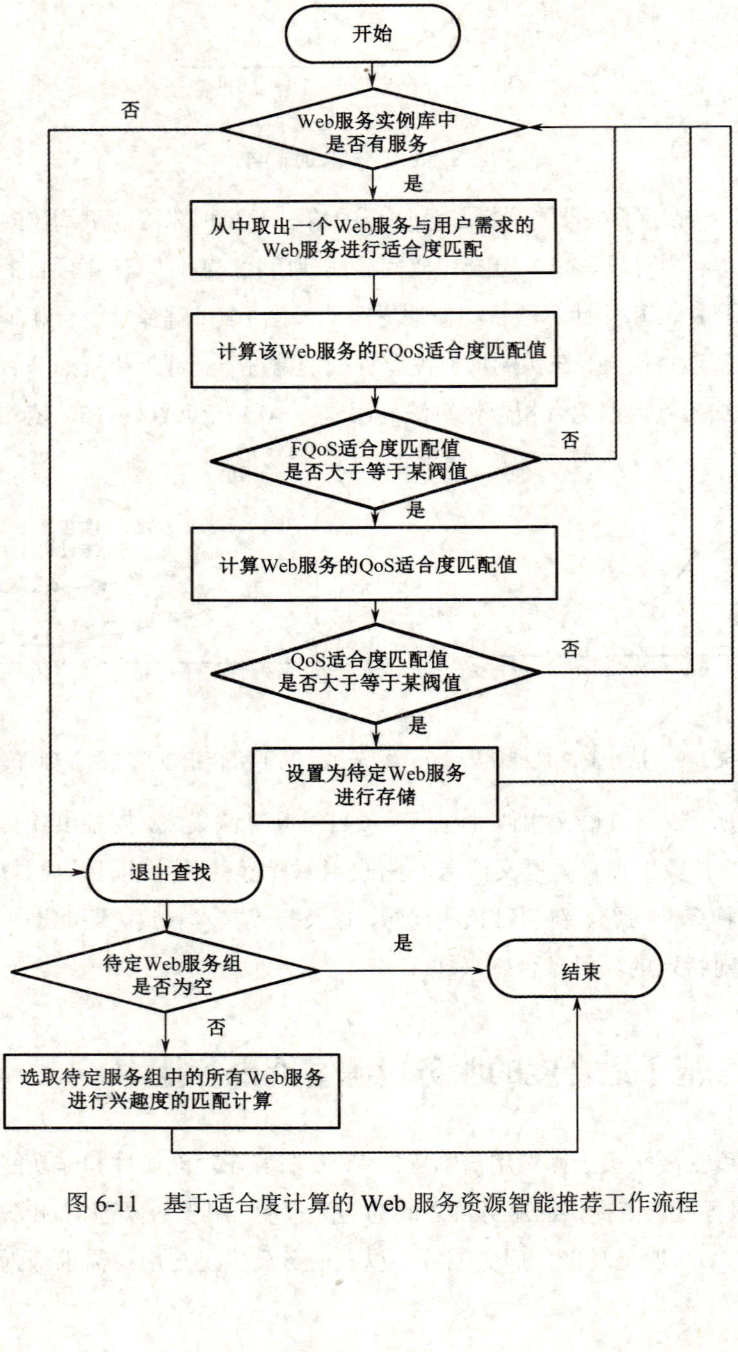

图 6-11　基于适合度计算的 Web 服务资源智能推荐工作流程

该匹配过程主要包括 FQoS 适合度匹配和 QoS 适合度匹配。其中，FQoS 适合度匹配是通过 FQoS 概念匹配、结构匹配和文本匹配三大版块计算得到的，而 QoS 适合度匹配则是将 QoS 属性分成文本型属性和数值型属性两部分结构来进行研究的。下面对这两部分内容的计算流程进行详解。

6.2.1 FQoS 适合度匹配算法

FQoS 适合度匹配是根据 FQoS 的不同类型计算得到的，主要从概念匹配、结构匹配和文本匹配 3 方面进行考虑，并将 3 种方法得到的匹配结果求和取平均值，即

$$\mathrm{sim}\left(\mathrm{FQoS}_1,\mathrm{FQoS}_2\right)=\frac{\mathrm{sim}\left(c_1,c_2\right)+\mathrm{sim}\left(X_1,X_2\right)+\mathrm{sim}\left(D_1,D_2\right)}{3} \tag{6-16}$$

式中，$\mathrm{sim}\left(\mathrm{FQoS}_1,\mathrm{FQoS}_2\right)$ 指的是用户需求的 Web 服务资源与供应商提供的 Web 服务资源之间的 FQoS 适合度，$\mathrm{sim}\left(\mathrm{FQoS}_1,\mathrm{FQoS}_2\right)\in[0,1]$。$c_1$、$X_1$ 和 D_1 分别是用户需求 Web 服务资源对应的概念类型、结构类型和文本类型 FQoS，而 c_2、X_2 和 D_2 则是供应商提供的 Web 服务资源所对应的概念类型、结构类型和文本类型 FQoS。$\mathrm{sim}\left(c_1,c_2\right)$ 表示概念 c_1 和 c_2 的相似度匹配值，$\mathrm{sim}\left(X_1,X_2\right)$ 表示 XML 文档 X_1 和 X_2 的相似度匹配值，$\mathrm{sim}\left(D_1,D_2\right)$ 表示文档 D_1 和 D_2 的相似度匹配值。

1. FQoS 的概念匹配算法

概念匹配主要用来处理诸如“服务分类”等的原子标签类型的 FQoS。概念的相似度算法在信息检索、本体映射、文本聚类等应用领域中具有十分重要的作用，现阶段已有不少学者对两概念之间的相似度算法进行了研究，并取得了相应的研究成果。最开始的概念相似度算法并没有将语义的思路引用进来，仅仅是从概念的字面上进行相似度的辨别，比如应用较为普遍的基于字符串匹配的概念相似度算法。由于这种算法并没有联系语义关系，因而，导致最终计算出来的结果准确性很低。例如，HotelReservation 和 AccommodationBooking 都表示“定住宿”的意思，但是仅仅从字面上进行字符串区分，则相似结果很低，这与实际结果不相符合。因此，从语义层面上来分析、理解并计算概念间的相似度显得尤为重要。

目前，概念的语义相似度计算方法主要有基于语义距离的概念相似度算法和基于信息论的概念相似度算法，它们都是通过 WordNet、中文词典等本体知识库来获取语义信息的。但是，在基于语义距离的算法中，其语义距离一般指的是概念在本体之间的最短路径，这就使得其计算过程缺乏一定的客观性，更多地是依赖于主观条件下构建的概念层级结构；而基于信息论的算法是通过计算每个概念的独立信息来获得两概念之间的共享信息，因而，对权威统计的数据要求很高，需要足够多的资料来源。同时，Web 服务资源本体中存在着不少复合词，并且这些复合词一般很难从简单的现有词典或知识本体库中获取，因此，传统的概念语义相似度算法并不能有效解决以上问题。

本节在现有概念语义相似度算法的基础上，提出了一种基于字符串匹配算法，以及基于 WordNet 和信息理论相结合的综合语义相似度算法，旨在利用语义相似度算法解决字符串匹配算法中存在的语义区分含糊问题，同时，利用字符串匹配算法来减少复合词匹配带来的误差。假设 $\mathrm{sim}(c_1,c_2)$ 表示概念 c_1 和 c_2 的综合语义相似度，那么该算法可以表示为

$$\mathrm{sim}(c_1,c_2)=w_1\mathrm{sim}_1(c_1,c_2)+w_2\mathrm{sim}_2(c_1,c_2)+w_3\mathrm{sim}_3(c_1,c_2) \tag{6-17}$$

式中，$\mathrm{sim}_1(c_1,c_2)$、$\mathrm{sim}_2(c_1,c_2)$ 和 $\mathrm{sim}_3(c_1,c_2)$ 分别表示 3 种不同概念匹配算法得到的相似度结果。w_1、w_2 和 w_3 为权重系数，表示每种概念相似度算法在综合概念语义相似度算法中所占的影响程度。$w_1+w_2+w_3=1$，并且 $\mathrm{sim}(c_1,c_2)\in[0,1]$。

1）基于字符串匹配的概念语义相似度算法

在本体研究过程中，最为传统的词汇间相似度计算方法便是基于字符串匹配算法，它仅仅实现的是字符串之间的形式匹配，并不是一种语义的相似度算法。该方法的基本理念是通过计算字符串的编辑距离来实现元素之间的相似度匹配。编辑距离指的是将一个概念的字符串转换成另一个概念所在字符串的过程中需要的最少操作次数，这些操作主要有替换、插入及删除等。本节采用文献[33]中引用的 Maedche & Staab 所提出的相似度算法，如下：

$$\mathrm{sim}_1(c_1,c_2)=\max\left(0,\frac{\min(|c_1|,|c_2|)-D(c_1,c_2)}{\min(|c_1|,|c_2|)}\right) \tag{6-18}$$

式中，c_1 和 c_2 分别是两个不同的概念，$|c|$ 表示概念 c 所占的字符长度，$D(c_1,c_2)$

则表示两个概念之间的编辑距离。这种方法将字符串的编辑距离转换成了一个[0,1]之间的数值。需要注意的是，在该公式的计算过程中，字符串之间的基本编辑操作（包括字符的插入、删除和替换）所执行的代价权重都为 1。

2）基于 WordNet 的概念语义相似度算法

WordNet 是一部基于认知语言学的英文语义词典，它将名词、形容词、动词和副词有组织地集合起来形成多个同义词集合，并且每一个同义词集合之间通过不同类型的语义关系相互制约相互连接，构成了一个词汇的网络。每个同义词集合之间的语义关系可以是部分与整体关系、上下位关系、同义关系或者是反义关系等。WordNet 是一个英语同义词的本体知识库，它将抽象的自然语言概念转化为能够被人类所认知的理论模型，促进了语义网研究、人工智能等领域的应用。综合考虑 WordNet 的语义特点，以及现阶段各学者对 WordNet 的研究成果，本节采用 Wu-Palmer 的语义相似度算法，如下：

$$\mathrm{sim}_2\left(c_1,c_2\right)=\frac{2\times \mathrm{depth}\left(\mathrm{lso}\left(c_1,c_2\right)\right)}{\mathrm{depth}\left(c_1\right)+\mathrm{depth}\left(c_2\right)} \tag{6-19}$$

同样地，c_1 和 c_2 分别是两个不同的概念，$\mathrm{depth}\left(c_1\right)$ 和 $\mathrm{depth}\left(c_2\right)$ 指的是概念 c_1 和 c_2 在 WordNet 语义树中的深度，而 $\mathrm{lso}\left(c_1,c_2\right)$ 描述的是概念 c_1 和 c_2 的最近共同祖先概念。该方法计算得到的相似值取值也为[0,1]。

3）基于信息理论的概念语义相似度算法

根据 Ross 的信息理论，本体中的一个概念 c 的频率 Freq(c)可以定义为概念 c 与其所有子节点在本体中出现的次数，即 $\mathrm{Freq}(c)=\sum\left\{\mathrm{occur}(c_i)\middle| c \in \mathrm{Ancestors}(c_i)\right\}$。其中，概念 c 的任何一个祖先节点 a 的出现频率一定是不小于 c 的出现频率的，即 $\mathrm{Freq}(a)\geqslant \mathrm{Freq}(c)$，因为所有 a 的子节点都包含 c 的子节点。

概念 c 的信息内容可定义为：$\mathrm{IC}(c)=-\log(\mathrm{Prob}(c))$，其中，$\mathrm{Prob}(c)=\mathrm{Freq}(c)/N$，$N$ 表示本体语料库中所有概念的总和。

语义相似度计算中两个概念的相似度与他们之间共享信息的程度有关。因此，给定概念 c_1 和 c_2，则它们的共享信息可以表示为两个概念之间信息相似程度最高的祖先节点的信息内容，即 $\mathrm{share}(c_1,c_2)=\max\left\{\mathrm{IC}(a)\middle| a\in \mathrm{sub}(c_1,c_2)\right\}$，

其中 $\mathrm{sub}(c_1,c_2)$ 指的是同时包含 c_1 和 c_2 的概念。

为了便于计算，不少学者直接将概念 c_1 和 c_2 之间的语义相似度等同于两者的共享信息，即 $\mathrm{sim}(c_1,c_2)=\mathrm{share}(c_1,c_2)=\max\left\{IC(a)\middle|a\in\mathrm{sub}(c_1,c_2)\right\}$，但是由于该方法得到的最终结果取值并不是[0,1]，这就导致无法与上述两种概念相似度算法得到的匹配结果统一起来。因此，为了实现标准化，本节定义基于信息内容的概念相似度算法公式如下：

$$\mathrm{sim}_3(c_1,c_2)=\frac{2\times\mathrm{share}(c_1,c_2)}{\mathrm{IC}(c_1)+\mathrm{IC}(c_2)} \tag{6-20}$$

值得注意的是，在整个 Web 服务的 FQoS 匹配过程中，出现的服务名称等概念很多都是诸如“ReservationBooking”这种类型的复合词。这种复合词比一般简单的单独词更能提供信息内容，因为每个构成复合词的单独项之间都具有一定的联系，而这种联系将会限制这些单独项的词义。换句话说，即复合词所表达的意思比单独词更为明确。因此，计算复合词之间的语义相似度对于整个 FQoS 的匹配尤为重要。考虑到复合词的特殊性，本节采用 Jeong[35]论文中的方法先将复合词进行标准化：首先分解复合词，得到若干原子词汇；分析这些原子词汇的形态，发现其基本形式；适当去掉一些没有表达意义的诸如停顿词的词汇。在对复合词标准化后，采取以下步骤来解决 FQoS 中的复合词匹配（为了更好地理解计算过程，本文以“ReservationBooking”和“HotelAccommodation”为例进行说明）：

① 将两个需要匹配的复合词进行标准化，并将得到的相关原子词汇作为节点构建一个完全连通的二部图。标准化后得到的四个原子词汇分别是 Reservation、Booking、Hotel 和 Accommodation，而它们构成的二部图则如图 6-12 所示。

② 利用上述方法中提到的概念语义相似度计算方法分别计算某一复合词的原子词汇与另一个复合词的原子词汇之间的相似度，并将所得值作为两原子词汇连接边上的权重。概念的语义匹配还是采用基于字符串、基于 WordNet 和基于信息理论的综合算法得到，根据计算得到的结果 $\mathrm{sim(Reservation,Booking)}=0.954$、$\mathrm{sim(Reservation,Accommodation)}=0.748$、$\mathrm{sim(Hotel,Booking)}=0.207$ 以及 $\mathrm{sim(Hotel,Accommodation)}=0.632$，得到图 6-13。

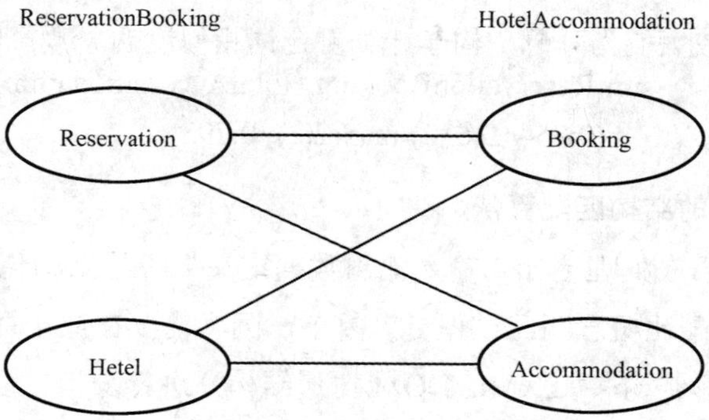

图 6-12　构建二部图

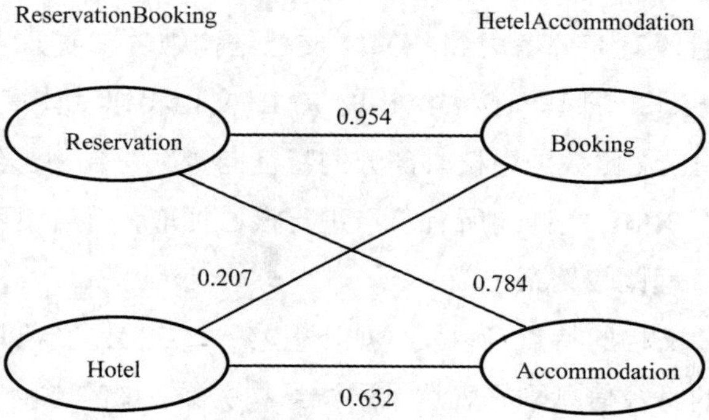

图 6-13　计算二部图的边权值

③ 利用二部图的最大流匹配方法来解决节点之间的分配问题。由于 $(0.954+0.632)>(0.748+0.207)$，则得到的分配结果如图 6-14 所示。

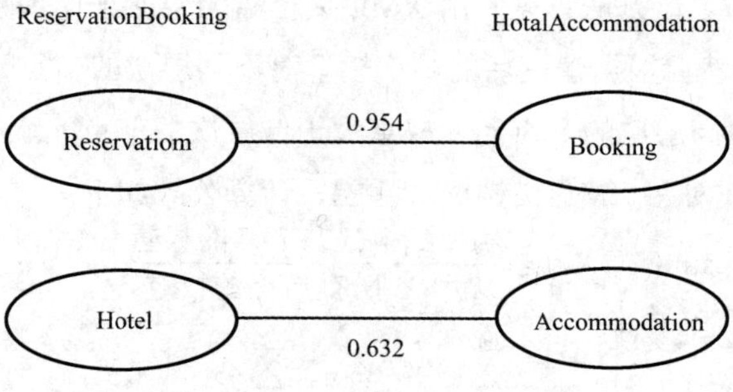

图 6-14　二部图最大流分配

④ 以匹配后得到的权值总和为分子，以两个复合词分解得到的有效原子

词汇个数中的较大值为分母，构建计算复合词相似度的分数。即

$$\begin{aligned}&\text{sim(ReservationBooking,HotelAccommodation)}\\&=(0.954+0.632)/\max(2,2)=0.793\end{aligned}$$

2. FQoS 的结构匹配算法

结构匹配用来处理诸如“输入输出数据定义”等的结构化 XML 类型的 FQoS。结构匹配比概念匹配过程更为复杂，因为需要在原子标签的基础上对更多的复杂树形结构（如 XML DOM 树形结构）进行分析。现阶段使用比较多的树形结构匹配主要包括节点、边界和路径匹配，树的编辑距离（TED）计算，标签相似度计算及基于转换次数的匹配等，这些方法不仅存在时间复杂度大的问题，而且没有充分考虑到 XML 文档结构中的重复元素和嵌套元素。Jeong B Lee 提出了一种基于核心结构的 XML 文档相似度计算，该方法主要通过计算两个 XML 文档数据中核心部分的特征向量来得到树形结构的相似度，不仅要遍历整个 XML 文档的所有节点进行核心抽取，而且还要构建相应的特征向量，操作过程比较繁杂。

根据 XML 文档的特点可以发现如下几点：①XML 文档具有层次结构关系，其文档树的路径信息刚好表达了层次结构关系；②在 XML 文档中，离根节点越近的元素往往比离根节点较远的元素更能反映该文档的结构内容；③整个 XML 文档中存在着重复节点和嵌套的层次结构，它们对于整个 XML 文档的相似度影响并不大。因此，本节采用文献[41]提出的方法对 XML 树形结构进行相似度计算。该方法首先利用 XML 文档树的层次结构关系抽取出相应的文档特征信息；然后根据建模后的层次模型对不同层次的节点元素进行不同的权重分配，使得高层次的节点元素权重大于低层次的节点元素权重；最后利用相似度计算公式对两 XML 文档进行匹配，计算公式如下：

$$\begin{aligned}\text{sim}(X_1,X_2)&=\frac{X_1\text{和}X_2\text{中公共节点的权重}}{X_1\text{和}X_2\text{所有节点的权重}}\\&=\frac{\sum_{i=1}^{L_1}w_{1i}{}^{L_1-i}\times s_{1i}+\sum_{j=1}^{L_2}w_{2j}{}^{L_2-j}\times s_{2j}}{\sum_{i=1}^{L_1}w_{1i}{}^{L_1-i}\times s_{1m}+\sum_{j=1}^{L_2}w_{2j}{}^{L_2-j}\times s_{2n}}\end{aligned} \tag{6-21}$$

式中，L_1 和 L_2 分别表示文档 X_1 和文档 X_2 的层数，w_{1i} 和 w_{2j} 分别指文档 X_1 中

第 i 层节点的权重，以及文档 X_2 中第 j 层节点的权重，s_{1i} 表示文档 X_1 中第 i 层节点与文档 X_2 中相同的节点个数，s_{2j} 表示文档 X_2 中第 j 层节点与文档 X_1 中相同的节点个数，而 s_{1m} 和 s_{2n} 则分别表示文档 X_1 中第 m 层节点的总数以及文档 X_2 中第 n 层节点的总数。经过式（6-21）所得的计算结果也在[0,1]之间。

3．FQoS 的文本匹配算法

文本匹配用来处理诸如“注释”等的文本数据类型的 FQoS，可以通过静态文本挖掘技术得以实现，主要通过计算两个或多个文本之间的相似度来获得其匹配程度的度量值。本节主要采用统计学方法中的向量空间模型（VSM）来对文本类型的 FQoS 进行相似度匹配。VSM 是 20 世纪 70 年代被提出的一种广泛使用于文本分类聚类、信息检索等研究领域的代数模型。该模型忽略了文本中词和词之间的相关性和顺序性，将整个文本看成多个特征项的集合，通过分析这些特征项的分布规律和统计规律来简单考察文本之间的相似度。在 VSM 中，文本 D 可以用特征项集合表示为 $D=\{t_1,t_2,\cdots,t_k,\cdots,t_n\}$，其中，$t_k$ 指的是文本的第 k 个特征项，n 指的是特征项的个数。在文本 D 的向量化过程中，通常会根据 t_k 在文本中的重要程度赋予一定的权重 w_k，因此，文本 D 又可以详细描述为 $D=\{t_1,w_1,t_2,w_2,\cdots,t_k,w_k,\cdots,t_n,w_n\}$。将 $t_1,t_2,\cdots,t_k,\cdots,t_n$ 看成坐标系，那么，$w_1,w_2,\cdots,w_k,\cdots,w_n$ 便成为其相对应的坐标值，而 $D=\{t_1,w_1,t_2,w_2,\cdots,t_k,w_k,\cdots,t_n,w_n\}$ 就可以构成一个 n 维的文本向量空间。

在对两个或多个文本进行相似度匹配前，首先要进行文本的分词处理模块，即通过对文本的结构分析剔除无关紧要的符号或没有表达意义的词条，并挖掘出其潜在的特征词项，根据文本中的特征词项将文本映射为相应的 n 维空间向量。然后再利用式（6-22）来比较向量之间的余弦系数，余弦值越大，表明文本之间的相似度越高[38]。

$$\mathrm{sim}(D_1,D_2)=\cos\theta=\frac{\sum_{k=1}^{n}w_{1k}\times w_{2k}}{\sqrt{\left(\sum_{k=1}^{n}{w_{1k}}^2\right)\times\left(\sum_{k=1}^{n}{w_{2k}}^2\right)}} \tag{6-22}$$

式中，w_{1k} 指的是特征项 k 在文本 D_1 中的权重值；w_{2k} 指的是特征项 k 在文本 D_2 中的权重值。它们均通过 TF-IDF 公式计算得到。

$$w_{ik}=\frac{tf_{ik}\log(N/n_k+0.5)}{\sqrt{\sum_{k=1}^{n}(tf_{ik})^2\times\left[\log(N/n_k+0.5)\right]^2}} \tag{6-23}$$

式中，w_{ik} 描述的是特征项 k 在文本 D_i 的权重值；tf_{ik} 指的是特征项 k 在文本 D_i 中出现的次数，即词频；$\log(N/n_k+0.5)$ 表示特征词 k 的倒排文本频率，N 为匹配文本的个数（这里为 2），n_k 指的是含有特征项 k 的文本数。同样，由于这里计算的相似度是通过余弦值得到，故最终结果取值为[0,1]。

6.2.2 QoS 适合度匹配算法

用户对 Web 服务的功能性需求可以通过 FQoS 功能参数之间的语义匹配得以实现，但是对于 QoS 这种非功能性的 Web 服务需求，则需要通过 QoS 参数之间的语义匹配来实现。QoS 参数所包含的内容同时具有语义信息和数值信息，传统的单纯地忽略语义从数值上进行匹配的算法或者是从语义上进行概念相似度计算已经不能满足 QoS 的这种双重特性。因此，QoS 参数适合度的匹配过程属于“对象”之间的匹配，即不仅仅是 QoS 参数名称之间的概念匹配，还包括整个 QoS 值和其所对应的单位之间的匹配。例如，“响应时间”和“价格”描述的分别是两个不同方向的 QoS 属性，属于两个完全不相容的概念，因此，将两者进行比较是毫无意义可言的，即使它们最终的 QoS 值相同。同样，由于存在单位的不一致性，将 5 美元和 6 元人民币进行适合度计算也是没有必要的。因此，必须将基于文本的 QoS 参数和基于数值的 QoS 参数综合起来进行考虑。本节将 QoS 适合度定义为

$$\mathrm{sim}\left(\mathrm{QoS}_1,\mathrm{QoS}_2\right)=\frac{\mathrm{sim}\left(w_1,w_2\right)+\mathrm{sim}\left(d_1,d_2\right)}{2} \tag{6-24}$$

式中，$\mathrm{sim}\left(\mathrm{QoS}_1,\mathrm{QoS}_2\right)$ 指的是用户需求的 Web 服务资源与供应商提供的 Web 服务资源之间的 QoS 适合度，$\mathrm{sim}\left(\mathrm{QoS}_1,\mathrm{QoS}_2\right)\in\left[0,1\right]$。$w_1$ 和 d_1 分别是用户需求 Web 服务资源对应的文本型和数值型 QoS，而 w_2 和 d_2 则是供应商提供的 Web 服务资源对应的文本型和数值型 QoS。$\mathrm{sim}\left(w_1,\mathrm{w}_2\right)$ 指的是文本型 QoS 之间的匹配相似值，而 $\mathrm{sim}\left(d_1,d_2\right)$ 表示数值型 QoS 的匹配相似值。

1. 基于文本的 QoS 适合度匹配算法

这里的文本可以指 QoS 参数的属性名称，例如，可靠性、安全性；也可以指 QoS 属性的单位，例如，美元、毫秒等。但是由于本文并没有研究单位之间的换算机制，单纯从字面上对属性的单位进行语义层面上的匹配是完全没有必要的。因此，本节仅仅从属性名称的角度来考虑文本型的 QoS 参数。

文本型 QoS 参数的概念匹配算法采用 6.2.1 节中介绍的语义相似度算法。将用户需求的 QoS 参数从文本概念层次上与 Web 服务提供商提供的服务群 QoS 参数进行语义相似度计算，即

$$\mathrm{sim}\left(w_1,w_2\right)=\mathrm{sim}\left(C_1,C_2\right) \tag{6-25}$$

其中，C_1 和 C_2 分别表示用户需求 Web 服务资源 QoS 参数名称和提供商提供的 Web 服务资源 QoS 参数名称。

2. 基于数值的 QoS 适合度匹配算法

数值型 QoS 参数一般包括单值型（例如，服务价格为 90 美元）、区间型（例如，响应时间为 0～100 毫秒），以及等级型（例如，安全性可以为很低、低、一般、高、很高）。基于不同类型 QoS 参数的不同数值特点，下面分别对每种类型的匹配方法进行说明。

1）单值型 QoS 参数的匹配

由于单值型 QoS 参数比较简单，它是其他两种类型 QoS 参数的基础表达方式，因此，只有先考虑单值型 QoS 参数的匹配方式才能研究区间型和等级型的 QoS 参数匹配。假定 Q_1 和 Q_2 是两个具有正向趋势的单值型 QoS 参数；m 和 n 分别是它们经过数值化定量后获得的属性值，并且 m 和 n 取值在[0,1]区间内；$\mathrm{sim}(m,n)$ 表示 m 和 n 之间的数值相似度，且 $\mathrm{sim}(m,n)\leqslant 1$。由相似度特性可以知道，当 m 和 n 取值越接近时，两者的相似度 $\mathrm{sim}(m,n)$ 就会越接近于 1，而当 m 的取值为 0 或者 1 时，则表明 m 和 n 之间差距太大，即 $\mathrm{sim}(m,n)=0$。因此，以 m 的取值为横坐标，以 m 和 n 的相似度为纵坐标，可以得到如图 6-15 所示的坐标轴。

但是该图并没有联系 m 和 n 所对应的 QoS 参数 Q_1 和 Q_2 自身的特点，即两者均具有正向的属性趋势，其对应的数值越大越好。换句话说，当 m 取值为两个与 n 距离相同的值 a 和 b（$a<n<b$ 且 $|an|=|nb|$）时，根据正向趋势的特

点，m 取值为 b 时相似度比取值为 a 时大。因此，必须对图 6-15 进行适当的改正，将正向属性趋势的特点表达出来，如图 6-16 所示。

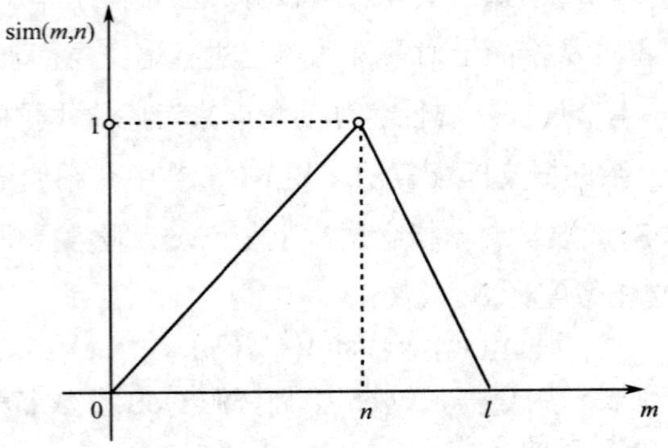

图 6-15　坐标轴（1）

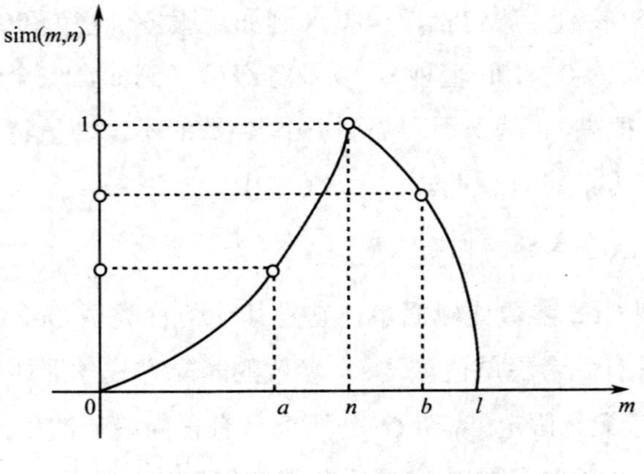

图 6-16　坐标轴（2）

类似地，当 Q_1 和 Q_2 是两个具有反向趋势的单值型 QoS 参数时，其所表达的相似度关系相反，可以用图 6-17 表示。

根据图 4-16 和图 4-17 的性质，本节参考刘斌[39]提到的仿真函数来进行定义。令 $\alpha=\min\left\{\frac{1}{n^2},\frac{1}{(n-1)^2}\right\}$，由于 QoS 参数的属性趋势只能为正向或反向两者间的一种，则：

正向 QoS 属性趋势为

$$\mathrm{sim}_Z(m,n)=\begin{cases}\dfrac{m}{n}+\alpha m(m-n) & \text{当}0\leqslant m\leqslant n\text{时}\\ \dfrac{m-1}{n-1}-\alpha(m-1)(m-n) & \text{当}n\leqslant m\leqslant 1\text{时}\end{cases}\tag{6-26}$$

反向 QoS 属性趋势为

$$\mathrm{sim}_F(m,n)=\begin{cases}\dfrac{m}{n}-\alpha m(m-n) & \text{当}0\leqslant m\leqslant n\text{时}\\ \dfrac{m-1}{n-1}+\alpha(m-1)(m-n) & \text{当}n\leqslant m\leqslant 1\text{时}\end{cases}\tag{6-27}$$

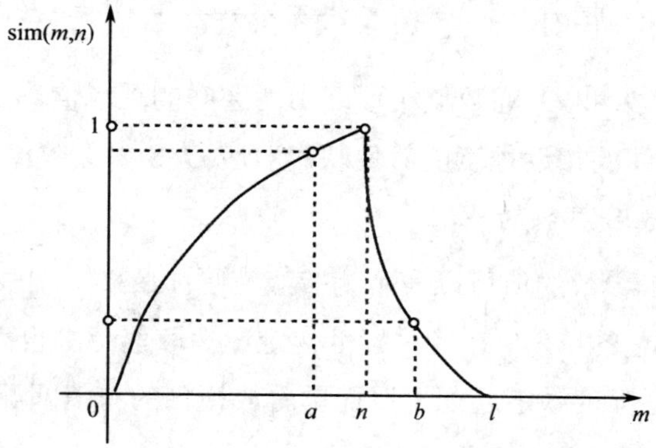

图 6-17 坐标轴（3）

在 Web 服务推荐过程中，用户 QoS 值与 Web 服务提供商提供的 Web 服务 QoS 值一一进行匹配时，满足“正向趋势属性值越大越好，负向趋势属性值越小越好”的基本原则，因此，采用式（6-26）和式（6-27）计算得到的数值相似度能够有效表明相似度越大的，该服务越符合用户的 QoS 需求。

2）区间型 QoS 参数的匹配

由于区间型 QoS 参数的取值特点，在对区间型 QoS 参数进行匹配时必须考虑区间的上界和下界，即最大值和最小值。假设 Q_1 和 Q_2 表示两个区间型的 QoS 参数，且 m 和 n 为 Q_1 的上界和下界，s 和 t 为 Q_2 的上界和下界，即 Q_1 和 Q_2 可以分别用 $[m,n]$ 和 $[s,t]$ 度量表示。当且仅当 $m=s$ 并且 $n=t$ 时，两个区间才算是完全重合，Q_1 和 Q_2 的数值相似度为 1，否则两 QoS 参数的数值相似度将会随着两个区间差异的不断扩大而不断减小。因此，可以得出区间型的 QoS 参数之间的数值相似度是直接由其最大值之间及最小值之间的关系计算得到的。而考虑到极端值之间的相似度便是单值型数值相似度，故区间型 QoS 参数之间的数值相似度是由其最大值之间的数值相似度和最小值之间的数值相似度决定的，并且能够随着最大值和最小值的相似度增大而相应增大，减小而相应减小。假定 $\mathrm{sim}([m,n],[s,t])$ 表示两参数 Q_1 和 Q_2 的区间值$[m,n]$和$[s,t]$的数值相似度，$\mathrm{sim}([m,s])$ 表示区间最小值之间的数值相似度，$\mathrm{sim}([n,t])$ 表示区间最大值之间的数值相似度，则 Q_1 和 Q_2 的数值相似度可以描述为

$$\mathrm{sim}([m,n],[s,t]) = \sqrt{\frac{\mathrm{sim}([m,s])^2 + \mathrm{sim}([n,t])^2}{2}} \tag{6-28}$$

该公式表明 Q_1 和 Q_2 的数值相似度由两区间的顶点值确定，并且很好地阐释了两个区间之间的相近程度能够反映出对应 QoS 参数数值相似度的事实。

3）等级型 QoS 参数的匹配

等级型 QoS 参数的值可以表示为等级范围$[1,2,3,\cdots,n]$中的其中一个，其相当于一个模糊化的单值，在经过标准化定量后取值范围也为[0,1]。两个等级型的 QoS 参数之间的数值匹配可以简单看成模糊的单值匹配，因此，可以采用上述单值型 QoS 参数的匹配方法得以实现。

6.3 基于兴趣度的服务资源智能推荐方法

以往基于兴趣度的研究一般都是通过获取用户的消费偏好来进行分析的。而本节中的兴趣度指的是用户有可能对某 Web 服务资源产生消费冲动的程度，是通过综合考虑用户对 Web 服务供应商的印象值、Web 服务供应商的名誉值，以及用户接受风险的程度 3 方面来进行研究的。

在典型的商业环境中，每个用户会根据自身与服务供应商的互动而对其产生不同的印象。同样，在 Web 服务过程中，只有当服务供应商之前提供过令用户满意的产品服务或有过成功的服务推荐，才能让用户对其产生较好的印象。本节参照 Dickson 等人的研究成果，将用户 i 对于服务供应商 j 的印象值 IMP_{ij} 定义为

$$\mathrm{IMP}_{ij} = f_i\left(\sum \mathrm{gain}_{ij}, \sum \mathrm{loss}_{ij}, s_{ij}, n_{ij}\right) \tag{6-29}$$

该函数由4部分组成，其中，$\sum \mathrm{gain}_{ij}$ 指的是用户 i 过去在服务供应商 j 对其做的服务推荐中所获得的效用总和；$\sum \mathrm{loss}_{ij}$ 指的则是用户 i 过去在服务供应商 j 对其做的服务推荐中所获得的损失总和；s_{ij} 表示服务供应商 j 在过去对用户 i 所做的服务推荐中成功次数的总和；而 n_{ij} 表示用户 i 从服务供应商 j 那里获得服务推荐的总次数。根据实际消费经验和消费者的消费心态，我们认为用户印象值 IMP_{ij} 需满足以下条件：

（1）$\mathrm{IMP}_{ij} \in [-1,1]$，$-1$ 为最差印象值，1为最佳印象值。用户的初始印象值设为0。

（2）当服务供应商推荐服务的成功率上升时，用户印象值也随之增加。

（3）当 $\sum \mathrm{gain}_{ij}$ 增加时，用户印象值也相应增加；相反，当 $\sum \mathrm{loss}_{ij}$ 增加时，用户印象值相应减小。

（4）如果 $\sum \mathrm{gain}_{ij} \geqslant \sum \mathrm{loss}_{ij}$，那么当 $s_{ij} = n_{ij} - s_{ij}$ 时，$\mathrm{IMP}_{ij} = 0$；当 $s_{ij} > n_{ij} - s_{ij}$ 时 $\mathrm{IMP}_{ij} > 0$；当 $s_{ij} < n_{ij} - s_{ij}$ 时 $\mathrm{IMP}_{ij} < 0$。

（5）如果 $\sum \mathrm{gain}_{ij} < \sum \mathrm{loss}_{ij}$，那么 $\mathrm{IMP}_{ij} < 0$。

为满足上述条件，本节引入以下仿真函数作为用户印象值的计算方法：

$$\mathrm{IMP}_{ij} = \begin{cases} 0 & n = 0 \\ \dfrac{s-(n-s)}{n} & \sum \mathrm{gain}_{ij} = \sum \mathrm{loss}_{ij} \\ -\left(\dfrac{s-(n-s)}{n}\right)\left(\dfrac{\sum \mathrm{gain}_{ij} - \sum \mathrm{loss}_{ij}}{\sum \mathrm{gain}_{ij} + \sum \mathrm{loss}_{ij}}\right) & \sum \mathrm{gain}_{ij} < \sum \mathrm{loss}_{ij} \text{并且} s \leqslant n-s \\ \left(\dfrac{s-(n-s)}{n}\right)\left(\dfrac{\sum \mathrm{gain}_{ij} - \sum \mathrm{loss}_{ij}}{\sum \mathrm{gain}_{ij} + \sum \mathrm{loss}_{ij}}\right) & \text{其他情况} \end{cases} \tag{6-30}$$

Web 服务供应商的名誉值是其所有用户对其印象值的综合度量，是服务供应商一个重要的社会象征。考虑到每一个用户的诚信，以及是否对印象值准确度量将会影响到名誉值的计算，本节引入了权重的概念，即针对不同的用户印象值赋予不同的百分比信任度。则服务提供商 j 名誉值 REP_j 的计算公式如下：

$$\mathrm{REP}_j = \frac{\sum w_{ij} \times \mathrm{IMP}_{ij}}{N} \tag{6-31}$$

w_{ij} 表示用户 i 对服务供应商 j 印象值的可信度，取值在[−1,1]之间；N 是所有用户总数。

不同的消费者在面对风险时的态度是不一样的。当某个 Web 服务供应商提供的服务失败时，有些用户会坚决不再相信该服务供应商并终止重复消费，而有些用户则可能再给一次机会，这就意味着不同的用户之间存在着不同的风险接受程度。用户根据对风险的接受程度不同可以分成风险偏好型、风险逃避型及风险中立型，这种面对风险所采取的消费态度会大大影响用户的消费习惯。因此，在对 Web 服务进行推荐的过程中，考虑用户对于风险接受程度的高低也是十分必要的。本书将用户 i 的风险接受程度设为 r_i，$r_i \in [0,1]$。当 $r_i = 0$ 时，表明用户面对风险是采取的是逃避的方式，而当 $r_i = 1$ 时，表明用户是风险寻求型的消费态度。

根据上述对于印象值、名誉值和风险接受度的阐述，本节提出用户兴趣度函数 $\text{INTEREST}_{ij} = f(\text{IMP}_{ij}, \text{REP}_j, r_i)$，$\text{IMP}_{ij}$、$\text{REP}_j$ 和 r_i 分别为用户 i 对服务供应商 j 的印象值、服务供应商 j 的名誉值，以及用户 i 的风险接受度。同样，联系实际消费习惯和用户的消费心理，INTEREST_{ij} 也必须满足以下条件：

（1）当印象值减少时，用户兴趣度也相应减少，否则反之。

（2）当服务供应商的名誉值减少时，用户兴趣度也相应减少，否则反之。

（3）打用户接受风险程度降低时，用户兴趣度也相应减少，否则反之。

因此，用户兴趣度的计算公式可以表示为

$$\text{INTEREST}_{ij} = \frac{2r_i \times \text{IMP}_{ij} + \text{REP}_j}{3} \tag{6-32}$$

参 考 文 献

[1] Breese J S, Heckerman D, Kadie C. Empirical analysis of predictive algorithms for collaborative filtering[C]. Proceedings of the Fourteenth conference on Uncertainty in artificial intelligence. Morgan Kaufmann Publishers Inc., 1998: 43-52.

[2] Chuan-Feng Chiu,Timothy K Shih,YingHong Wang. An Integrated Analysis Strategy and Mobile Agent Framework for Recommendation System in EC over Internet[C]. Tamkang Journal of Science and Engineering,2002, 5(3).

[3] Dickson. Chiu, Ho-Fung Leung, Ka-Man Lam. On the making of sevice recommendations:

An action theory based on utility, reputation and risk attitude[J]. Expert System with Applications, 2009(36):3293-3301.

[4] Fu X, Budazik J, Hammond K J. Mining navigation history for recommendation[C] PPProc of the International Conf on Intelligent User Interfaces, ACM. New Orleans. LA, ACM, 2000: 106-112.

[5] Goecks J, Shavlik J. Learning users' interests by unobtrusively observing their normal behavior[C]Proceedings of the 5th international conference on Intelligent user interfaces. ACM, 2000: 129-132.

[6] George T, Merugu S. A Scalable Collaborative Filtering Framework Based on Co-clustering[C]. Fifth IEEE International Conference on Data Mining, Houston, USA:IEEE Press,2005.

[7] Gil R, Delgado J, Choukair Z.Characterizing Ad hoc B2B applications using ontologies and complex systems[C] Proceedings of the19th International Confer- ence on Advanced Information Networking and Applications(AINA'05), 2005.

[8] Guan S U, Tan P C, Chan T K.Intelligent product brokering for ecommerce: an incremental approach to unaccounted attribute detection[J].Electronic Commerce Research and Applications, 2004(3) :232-252.

[9] Jeong, B. Machine learning-based semantic similarity measures to assist discovery and reuse of data exchange XML schemas[D]. Department of Industrial and Management Engineering, Pohang University of Science and Technology. 2006.

[10] Jeong, B, Lee, D, Kulvatunyou, B. A kernel method for measuring structural similarity between xml documents[C]. In Proceedings of the 20th international conference on industrial engineering and other applications of applied intelligent systems, Berlin, Germany, 2007(7):572-581.

[11] Lee T, Lee I, Lee S.Building an operational product ontology system[J]. Electronic Commerce Research and Applications, 2006(5) :16-28.

[12] L.A.Zadeh. The Concept of Linguistic Variable and its Application to Approx- imate Reasoning[J]. Information Science, 1975(8):199-249.

[13] Malucelli A, Palzer D, Euge'nio Oliveira.Ontology- based services to help solving the heterogeneity problem in e-commerce negotiations[J].Electronic Commerce Research and Applications, 2006(5): 29-43.

[14] Mobasher B, Dai H, Luo T, et al. Discovery and evaluation of aggregate usage profiles for web personalization[J]. Data mining and knowledge discovery, 2002, 6(1): 61-82.

[15] Qiubang Li, Rajiv Khosla. An adaptive algorithm for improving recommendation quality of E- recommendation systems [C]PP CIMS2003, International Sympo- sium on Computational Intelligence for Measurement Systems and Applications. Lugano, Switzerland, 29-31, July 2003: 109-203.

[16] Maedche A, Staab S. Learning Ontologies for the Semantic Web[A] .Semantic Web Worshop. Hong kong :ACM Press,2001. 72-79.

[17] Resnick P, Iaco vou N , Suchak M , et al.An Open Architecture for Collaborative Filtering of Netnew s[C] .Proceedings of the ACM CSCW' 94 Conference o n Computer-suppo rted Cooperative Work .New Yo rk:ACM Press, 1994.175-186 .

[18] Roberto Navigli , Paola Velardi .Ontology Learning and I ts Application to Automated Terminology Translation[A] IEEE Intelligent Systems, 2003 .22-31.

[19] Sarwar B, Karypis G, Konstan J, et al. Item-based collaborative filtering recomm-endation algorithms[C]Proceedings of the 10th international conference on World Wide Web. ACM,2001: 285-295.

[20] Sarw ar B, Karypis G, Konstan J , et al.Item-based Collabo rative Filtering Recommendation Algo rithms[C] .Proceedings of the 10th Conference on World Wide Web .Hong Kong :ACM Press, 2001 .285-295 .

[21] Sarw ar M , Karypis G, Konstan J , et al .Analysis of Recommender Alg orithms for E-commerce[C] .Pro ceedings of the 2nd ACM E-commerce Conference (EC' 00). Minneapolis:ACM Press, 2000.158-167 .

[22] Sun Yunheng , He Piliang , Chen Zhigang. An Improved Term Weighting Scheme for Vector Space Mo del[C]. Proceedings of 2004 International Co nference on Machine Lear ning and Cy bernetics.IEEE Sy stems , 2004.1692- 1695.

[23] Vladimir Oleshchuk, Asle Pedersen .Ontology Based Semantic Similarity Comp- arison of Documents[C] .Proceedings of the 14th International Workshop on Database and Exper t Systems Applications , 2003 .735-738.

[24] Weng L T, Xu Y, Li Y, et al. An improvement to collaborative filtering for recommender systems[C].Computational Intelligence for Modelling, Control and Automation, 2005 and International Conference on Intelligent Agents, Web Technologies and Internet Commerce, International Conference on. IEEE, 2005, 1: 792-795.

[25] Xue G R, Lin C, Yang Q, et al. Scalable Collaborative Filtering Using Cluster based Smoothing[C]. Proceedings of the 28th Annual International ACM SIGIR Conference on Research and Development in Information Retrieval,New York: ACM, 2005.

[26] 陈冬林, 聂规划, 刘平峰. 基于网页语义相似性的商品隐性评分算法[J].系统工程理论与实践，2006, 11(11): 98-102.
[27] 陈冬林, 聂规划, 刘平峰. 基于本体的 B2B 电子商务 MAS 模型及商品匹配算法[J]. 计算机工程与应用, 2007, 43(10): 199-201.
[28] 陈冬林，李晓菲，张军. 用户视角的服务资源目录本体元模型[J]. 计算机应用, 2010(12): 129-131.
[29] 曹大军, 徐良贤. 基于 Agent 的电子市场体系设计及其实现[J]. 计算机工程, 2002, 28(3).
[30] 曹大军, 徐良贤. 动态商品名称体系的建立[J]. 上海交通大学学报, 2003, 37(6): 910-914.
[31] 崔林, 宋瀚涛, 陆玉昌. 基于语义相似性的资源协同过滤技术研究[J]. 北京理工大学学报, 2005, 25(5): 402-405.
[32] 高琳琦, 李龙洙. 基于顾客行为的产品推荐方法[J]. 计算机工程与应用, 2005(3): 188-190.
[33] 景博, 李剑, 钱越英. 一种协商在线增量学习算法及其在基于智能体的电子商务中的应用[J]. 计算机工程与应用, 2005, 41(2) : 136- 137.
[34] 梁邦勇, 李涓子, 王克宏. 基于语义 Web 的网页推荐模型[J]. 清华大学学报(自然科学版), 2004, 44(9): 1272-1276.
[35] 刘海滨. 基于 Ontology 的信息集成研究综述[J]. 计算机工程与应用, 2005, 41(25): 159-161.
[36] 罗耀明, 聂规划. 语义相似性与协同过滤集成推荐算法研究[J]. 武汉理工大学学报, 2007, 1(29): 85-88.
[37] 刘翔, 施干卫, 丁祖荣. 论文相似度的计算研究——基于 VSM 模型[J]. 情报杂志, 2010,29(2): 142-144.
[38] 刘斌. 基于 QoS 本体的语义 Web 服务选择研究[D]. 北京邮电大学硕士学位论文, 2008.
[39] 刘群, 李素建. 基于知网的语义相关度计算[J]. 北京理工大学学报, 2005, 25(4): 411-414.
[40] 孙霞, 程宏斌. 基于加权层次结构的 XML 文档相似度算法[J]. 武汉理工大学学报, 2009, 18(31): 76-79.
[41] 王惠敏，聂规划. 于模糊聚类和资源平滑的协同过滤推荐[J]. 情报杂志, 2007(7): 2-4.
[42] 王勋, 凌云, 费玉莲. 基于 Web 日志和缓存数据挖掘的电子商务推荐系统[J]. 情报学报, 2005, 24(3): 324-328.
[43] 吴健, 陈刚, 尹建伟, 等. 基于本体的产品配置知识共享[J]. 浙江大学学报(工学版),

2004, 38(4): 478-483.

[44] 熊馨，王卫平，叶跃祥. 基于概念分层的个性化推荐算法[J]. 计算机应用，2005, 25(5).

[45] 席俊红. 基于案例推理：一种用来改善稀疏性问题的方法[J]. 微型电脑应用，2005, 21(12).

[46] 余力,刘鲁,罗掌华. 我国电子商务推荐策略的比较分析[J]. 系统工程理论与实践, 2004, 24(8): 96-101.

[47] 张海燕，顾峰，姜丽红. 基于模糊簇的个性化推荐方法[J]. 计算机工程, 2006, 32(12).

[48] 张全海. 基于本体的多智能体知识共享和协作[J]. 上海交通大学学报，2003，37(9): 1426-1429.

[49] 左秀然. 基于概念相似度的本体映射系统研究[D]. 武汉理工大学硕士学位论文，2008.

第 7 章　服务资源组合与推荐技术

基于服务属性多层关联的服务资源组合智能推荐技术，是研究基于服务资源属性及其多值泛化的多层服务资源关联规则挖掘的方法；设计关联规则与用户需求匹配算法，向用户推荐满足其需求的流行服务资源组合。基于模型优化的服务资源组合智能推荐是研究用户个性化服务资源 QoS 指标体系构建技术，基于用户复杂需求和服务资源 QoS 指标提取技术，设计用户个性化服务资源 QoS 指标体系；研究自适应的服务资源组合智能推荐模型优化技术，基于用户反馈信息的对服务组合模型进行优化，包括用户需求信息完善、个性化服务资源 QoS 指标体系和权重调整，以及服务资源组合算法优化。

7.1　基于服务属性多层关联规则的服务资源组合智能推荐技术

7.1.1　服务组合方法相关基础理论

1. 服务组合的概念

严格来讲，服务组合的概念向上可以追溯到软件工程领域的软件重用。在该领域，服务组合被定义为使用当前存在的服务创建一个定制服务的过程，该过程按照一个计划的次序来动态发现、集成和调用执行这些服务以满足用户需求。例如，比较有代表意义的安全流服务 SecStream 系统，其实质就是一个服务组合系统，只是在该系统中研究的服务的粒度（或者说是接口）不同（主要以 CORBA 接口的形式存在）。该系统主要组合了流服务、安全服务、数据安全服务，由于在组合方面缺乏相关的标准或规范，系统采用了一种封闭的、固化的硬件程序编码方式来构建复合服务。该系统比较鲜明地反映了这类服务组合系统普遍存在的一些问题：在标准化、开放性等方面支持不足，这严重制约着这些服务组合系统的应用范围，它们可以应用在环境相对简单、易于控制的企业网内部，却不适用于更广阔的 Internet 环境，而以 Web 服务为基础的服务组合则可以天然地克服这些弊端。也有观点认为，Web 服务组合是关于如何把多个基本服务（可能被不同公司提供）组合成可以满足用户需求的增值服务的问题。综合已有的各种定义，我们对 Web 服务组合提出了一个更为通用和完整的定义：利用 Internet 上分布的现有 Web 服务，根据用户（最终用户或增值服务开发商）总的应用需求（包括功能和非功能的要求），在服务组合支撑平台的支持下，自动选择一系列符合一定规则的单个 Web 服务，组成满足总需求的服务流程，通过流程中各个服务的协同来最终完成用户的服务请求。

2. 服务组合方法的分类

目前，学术界和工业界提出了众多服务组合方法，按照不同的分类标准进行不同的归类。比较典型的有：按照服务组合解决问题类型的不同将其分为业务流程驱动的服务组合和即时任务求解的服务组合；按照服务组合的动态程度可以分为完全动态服务组合、半动态服务组合和静态服务组合，下面具体介绍这两种分类方法。

1）按照所解决问题类型分类

（1）业务流程驱动的服务组合。服务组合是指为了满足用户目标，需要将多个任务（也称为元服务）组合起来共同完成，此类服务组合的各个任务之间的交互关系、数据流和内部结构等都由业务流程所控制，为了实现自动化处理，将工作流技术与服务技术相结合。通过业务流程中的环节与服务相互选择和绑定，形成业务流程驱动的服务组合。为了提高业务流程的灵活性，也可以借助业务流程模板机制实现服务的动态选择与绑定。

（2）即时任务求解的服务组合。此类服务组合不受业务流程的约束，所形成的组合服务是多个任务形成的临时联合体，该联合体随着用户任务的结束而结束，服务组合的自动化程度较高。它根据用户需要，为了解决用户提交的即时任务，从服务库中自动选取若干服务进行自动组装完成服务组合。

2）按照动态程度分类

（1）完全动态服务组合。此类组合服务根据用户需求，运行时选择符合需要的多个任务参与服务组合业务；该服务组合较为灵活，同时具有不确定性，服务组合的难度较大，适合异构的、高度变化的网络环境，以及用户不断变化的需求。

（2）半动态服务组合。这是一种基于模板的服务组合，在服务执行之前将抽象的服务组合定义转变为静态的服务组合流程，预先给出了当前业务组合的服务模板，但没有指定具体的服务提供商，运行时系统根据用户需求和服务模板进行选择、匹配与绑定，生成组合业务服务。由于该方法在执行前期将每个服务模板替换为一个具体服务，因此，服务模板的数量会影响服务组合执行效率，只适合少量模板的服务。

（3）静态服务组合。此类服务组合的多个任务及任务之间的组合流程等都是已经预先确定了的，动态性和灵活性比之前的两种都较差。在建模阶段由设计者做好服务绑定，执行阶段时根据绑定服务进行服务调用和参数传递，减少了服务组合执行阶段为服务绑定带来的开销，但降低了对于异常活动的应变能力。

此外，按照自动化程度又可分为人工手动服务组合、交互式服务组合，以及全自动服务组合，按照方法学可以分为基于工作流服务方法，以及基于软件工程服务方法和基于人工智能的服务方法。每种方法的定义与其侧重点有关，与以上所介绍的分类方法部分相交，不具体介绍。

一个组合服务可以形式化定义为$\{\sum \mathrm{Ss}, \sum \mathrm{CR}, \sum \mathrm{DR}\}$，其中，$\sum \mathrm{Ss}$ =任务集合$\{S_1, S_2, \cdots, S_n\}$，任务间存在控制逻辑关系 CR 与数据逻辑关系 DR，$\sum \mathrm{CR}$ =任务间控制逻辑关系的集合{顺序，分支，并行，循环}，$\sum \mathrm{DR}$=任务间数据逻辑关系的集合，可表示为：$\mathrm{DataRelation}(S_j, S_i, o, i)$，含义是：对于组合服务中的两个任务服务$S_i$和$S_j$，如果$S_j$的输出$o_k$是$S_i$的输入$i_l$，那么$S_i$和$S_j$之间存在着数据逻辑关系$\mathrm{DataRelation}(S_j, S_i, S_j.C.Parameter.O.o_k, S_i.C.Parameter.I.i_l)$，如果$S_i$和$S_j$可组合，那么对于任意 DR，都有$S_j$的输出是$S_i$的输入的语义子概念。

3. 关联规则挖掘

关联规则挖掘最早由 AGRAWAL 等于 1993 年提出，是数据挖掘中最活跃的研究领域之一。关联规则是描述两个或多个变量之间某种潜在关系的特征规则，其最初研究目的是从交易数据库中发现顾客购物的行为规则，即用户购买某些商品时有多大倾向购买另外一些商品。挖掘关联规则，对于用户行为分析、追加销售、服务资源目录设计、仓储路线规划等方面很有价值，并且可以挖掘出 Web 基本服务间的关联关系，为 Web 服务组合的制定提供相关规则和依据。

下面给出关联规则挖掘部分定义。

定义 7.1 设 $I=\{i_1,i_2,\cdots,i_m\}$ 为由 m 个不同的项目（Item）组成的集合。给定一个事务数据库 D 为交易 T 的集合，其中交易 T 为项目的集合，并且 $T\subseteq I$。每一个交易有对应的唯一标识，如食物标识（tid）。一个关联规则是形如 $X\rightarrow Y$ 的蕴含式，这里，$X\subseteq I,Y\subseteq I$ 并且 $X\cap Y=\varnothing$。X 为规则前提，Y 为规则的结果。

定义 7.2 支持度（support）：项集 X 在事务数据库 D 中的支持度是指 D 中包含 X 的交易个数与 D 中总交易个数之比，即 $\text{Support}(X)=\|\{d\in D\mid X\subseteq d\}\|/\|D\|$。

定义 7.3 置信度（confidence）：对形如 $X\rightarrow Y$ 的关联规则，定义规则的置信度为事务数据库 D 中既包含 X 也包含 Y 的事务个数与 D 中包含 X 的事务个数之比，或者说是项集 $X\cup Y$ 的支持度与 X 的支持度之比，即

$$\text{Confidence}(X\rightarrow Y)=\text{Support}(X\cup Y)/\text{Support}(X)$$

AGRAWAL 等提出的经典关联规则挖掘算法 Apriori 分为两步：①通过用户指定的最小支持度和最小置信度，挖掘出所有的频繁项集，其中，频繁项集指支持度不小于用户定义的最小支持度的项集。②根据挖掘得到的频繁项集产生代表用户行为的关联规则。因此，挖掘关联规则的问题等价于产生支持度和可信度分别大于用户给定的最小支持度和最小可信度的关联规则。

7.1.2 基于服务属性多层关联规则的服务资源组合推荐基本原理

基于服务资源属性的服务资源组合关联推荐的主要思想是：在电子商务本体预设定服务资源组合环节的条件下，通过挖掘用户消费记录和服务资源属性，得到基于属性的服务资源关联规则，进而为用户提供服务资源组合的资源推荐。重要环节主要包括基于服务资源属性（泛化）的关联规则挖掘，以及基

于关联规则的服务资源组合资源推荐。现有的关联推荐研究具有如下特点：①关联规则处理的变量主要分为布尔型和数值型，大部分挖掘方法都是转换成布尔值后进行，不能对多样化属性进行挖掘。②大部分关联推荐只限于实例层面，即基于具体服务资源的频繁项来挖掘关联规则，进而实施推荐，却忽略了同类服务资源之间可能存在属性层面的共性特征，而往往这些共性特征更能表达用户的切实诉求。③以往如“购物篮”分析的关联规则挖掘算法是无监督学习，无法确定规则前后项会包含哪些商品或服务，具有一定的盲目性。

针对目前研究的状况，设计基于服务资源属性的关联规则挖掘方法。通过电子商务本体预设定服务资源组合各环节对应的服务资源类型，引入服务资源属性进行关联规则挖掘与属性泛化关联规则挖掘，建立基于属性的服务资源关联规则。另外，根据用户需求是否包含约束条件，建立两种规则匹配与服务资源推荐的方案，为用户提供适应性的服务资源。具体实现路径如图 7-1 所示，包括以下步骤：

（1）获取所有用户消费记录和资源属性。从用户交易库和服务资源库中分别提取用户消费记录和服务资源属性，经过数据预处理后作为规则挖掘的准备数据。

（2）基于服务资源属性的关联规则挖掘。先对服务资源属性值进行频繁项集挖掘，再建立基于属性的类间资源的规则，进行支持度检验，若满足，则进入置信度检验，同样满足则表示该规则为有价值的规则，写入规则库，否则，进入基于属性泛化关联规则挖掘阶段。

（3）基于属性泛化的关联规则挖掘。若规则支持度大于执行属性泛化挖掘的基准阈值，则对频次较低项进行向上泛化。主要包含两种基于电子商务本体的属性泛化方法，即数值属性与对象属性。对数值属性值进行区间泛化，对象属性值进行本体概念泛化。计算泛化后所得规则组的支持度之和，并进行支持度和置信度检验，若都满足，则写入规则库。

（4）推荐。根据用户需求是否包含约束条件，选择不同推荐方案：若用户需求不含约束条件，则针对用户目前所处阶段，从规则库中按支持度和置信度排序提取 Top-N 条规则所对应的服务资源组合推荐给用户；若用户需求包含约束，则将满足用户需求的各项规则与用户约束进行匹配，从约束匹配成功的关联规则中取 Top-N 条规则所对应的服务资源组合推荐给用户。

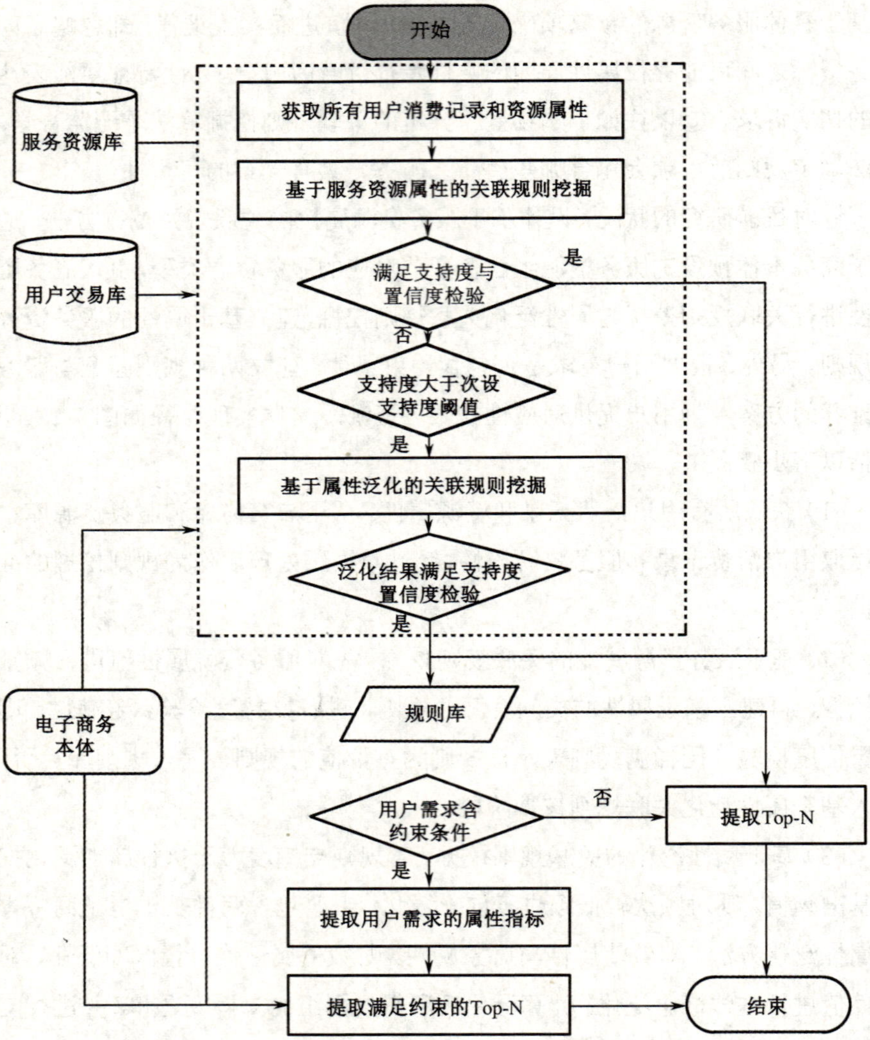

图 7-1　基于服务属性多层关联规则的服务资源组合智能推荐技术

7.1.3　基于服务属性多层关联规则的服务组合推荐案例研究

下面以旅游领域中应用基于服务属性多层关联规则的服务资源组合智能推荐为例来说明该服务组合推荐方法。

假定旅游的业务流程为“交通工具—酒店—景点”，每一环节都包含多种服务资源，例如，“交通工具”中可能会有 K523 次火车、CT3117 次航班等，而基于属性的服务资源描述则为“交通工具（类型，价格，出发地，目的地…）”“酒店（档次，位置，星级，价格，房间类型，住宿时间，是否包餐…）”“景点（类型，价格，位置，年代…）”。

1．数据准备模块

从用户交易库和服务资源库中分别提取用户消费记录和服务资源及其属性，如 001[K523（火车，￥189，硬卧，福州–武汉，…）；七天酒店（经济型，一环，三星级，￥240…）；黄鹤楼（人文，￥60，市区…）]。进行数据预处理时，将价格等数值型属性值划归到区间，如七天酒店的￥240 可以划归到事先定义的区间￥200～250。故可得到如下用于关联规则挖掘准备数据：

Tid　Itemsets

001　K523（普快，170～190，硬卧，福州—武汉）；七天酒店（经济型，一环，三星级，200～250）；黄鹤楼（人文，50～80，市区）

002　D2032（动车，350～400，二等座，武汉—北京）；金泰（经济型，二环，四星级，300～350）；长城（人文，80～100，郊区）

003　Z38（直达，250～300，硬卧，北京—武汉）；锦江之星（经济型，一环，三星级，250～300）；欢乐谷（人文，100～120，市区）

004　MU2668（民航，800～850，经济舱，杭州—厦门）；鹭江宾馆（高档型，二环，四星级，500～600）；鼓浪屿（自然，200～250，市区）

而以往用于关联规则挖掘的准备数据如下：

Tid　Itemsets

001　K523，七天酒店，黄鹤楼

002　D2032，金泰，长城

003　Z38，安华，欢乐谷

004　MU2668，鹭江宾馆，鼓浪屿

2. 基于服务属性的关联规则生成模块

本技术将各服务资源的属性纳入挖掘范畴，以服务资源出现的情况表征属性出现的情况，从而利用 Apriori 及其改进算法进行关联规则挖掘。通过计算各属性值的频繁项，建立规则并进行支持度与置信度计算。同一环节中服务资源的属性不进行关联挖掘，而是对跨环节的每个服务资源的属性进行挖掘。本例在设定最小支持度阈值为 0.3，最小置信度阈值为 0.6 的情况下可以得到如下有效关联规则：“硬卧→经济型（酒店）”等。

3. 基于服务属性泛化的多层关联规则生成模块

在上一步的挖掘中会发现规则“经济型（酒店）→100～120（景点价格）”的支持度只有 0.25，不满足最小支持度阈值，不能成为一个强关联规则。但根据泛化策略，将频次较低的规则后项进行泛化，对于此规则后项而言，数值型属性值进行区间泛化，根据原数据的价格分布特点，将区间扩大至（80～120），这样就顺利将记录 002 纳入规则范围，从而使规则变为“经济型（酒店）→80～120（景点价格）”，其支持度和置信度都符合要求，是有效关联规则。

4. 用户需求解析与规则匹配模块及推荐生成模块

用户需求分为两种：其一为无约束条件，其二为有约束条件。无约束条件的情形：如用户提出“我要从武汉去北京旅游”，对于这样的用户需求，系统在关联规则库中进行搜寻，取得支持度与置信度综合数值最高的 Top-N 条关联规则，如“硬卧→经济型（酒店）”“直达→三星级（酒店）”“经济型（酒店）→人文”“经济型（酒店）→80～120（景点价格）”等。将各规则进行结合得到“直达硬卧→三星级经济型酒店→￥80～120 的人文景观”，然后对服务资源库进行映射，将符合规则的 Top-N 组最流行的服务资源组合推荐给用户，如“Z38 硬卧→如家→世界公园”等。有约束条件的情形：如用户提出“我要从武汉去北京旅游，预算在￥4000 以内，住市区”，增加了预算和住宿地址的约束条件。在本模块中，需要对用户需求的约束条件进行解析，提取的属性指标为价格与位置。在进行规则匹配时要计算规则内各服务资源的价格总和，确保用户不超支，并排除所有位置在郊区的酒店和景点。经过计算、匹配和组合等，为用户推荐满足其个性需求的旅游服务资源。

7.2　基于模型优化的服务资源组合智能推荐方法

7.2.1　组合服务的 QoS 计算相关基础理论

在组合服务的 QoS 属性计算中，除了要对组合方案中每一个单独的服务提供商的 QoS 属性进行计算，在综合计算时还需要基于整个组合方案进行整体 QoS 计算，而这种计算采取的计算方法除了与采取的服务选择策略有关，还与组合方案的服务组成结构有关。

总体来说，目前基于 QoS 属性的服务选择策略有局部最优策略和全局最优策略两种。

1．局部最优策略

局部最优策略实际上就是对服务组合方案中的各个任务单独选择 QoS 最优的具体服务提供商，将各个部分 QoS 最优的服务提供商组合起来，而不考虑任务间的影响，一般采用简单加权（Simple Additive Weighting，SAW）和多属性决策（Multiple Criteria Decision Making，MCDM）的方法。

2．全局最优策略

与局部最优策略着眼于单独的任务不同，全局最优策略则是从整个组合方案的角度来选择一个最优的方案，是为了使组合方案的整体 QoS 属性值最优。因此，在全局最优策略中，不能仅仅考虑当前任务的 QoS 计算，还需要考虑各个任务节点聚合后的综合 QoS 评价值。从而使组合方案整体的 QoS 能满足限制条件。相对局部最优策略而言，全局最优更加科学。因此，本书也采用全局最优策略。

在全局策略中，不同的服务组合结构，组合服务的 QoS 计算方法不同。根据任务间逻辑关系的不同，可以将组合服务分为 4 种结构：顺序结构（Sequence）、并行结构（Parallel Split）、分支结构（Exclusive Choice）和循环结构（Arbitrary Cycles）。这 4 种结构的示意图如图 7-2 所示。

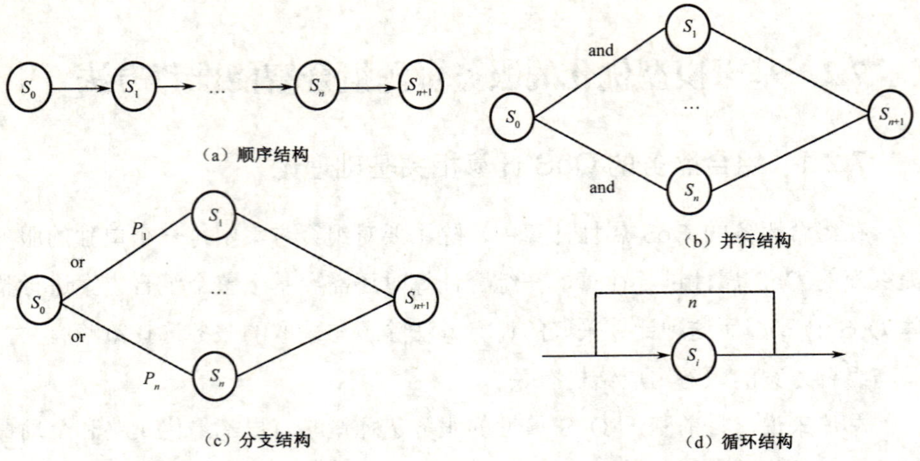

图 7-2　服务组合的四种基本结构

顺序结构表示所有的任务必须按照顺序依次执行；并行结构中的 n 个分支同时执行，彼此互不依赖；分支结构又称选择结构，结构中包含 n 个分支，但运行时只有一个分支被执行；循环结构中的一部分服务被重复执行 n 次。

4 种结构下的组合服务 QoS 计算方法如表 7-1 所示，其中，N 表示任务数量；p_i 表示选择结构中服务 s_i 的执行概率，且满足 $\sum_{i=1}^{N} p_i = 1$；n 表示循环次数。

表 7-1　不同组合结构下的组合 QoS 计算方法

QoS 属性		服务组合结构			
		顺序结构	选择结构	并行结构	循环结构
网上服务质量属性	服务价格（Price）	$\sum_{i=1}^{N} Q_{\text{pr}}(s_i)$	$\sum_{i=1}^{N} p_i \times Q_{\text{pr}}(s_i)$	$\sum_{i=1}^{N} Q_{\text{pr}}(s_i)$	$n \times Q_{\text{pr}}(s_i)$
	响应时间（Duration）	$\sum_{i=1}^{N} Q_{\text{du}}(s_i)$	$\sum_{i=1}^{N} p_i \times Q_{\text{du}}(s_i)$	$\sum_{i=1}^{N} Q_{\text{du}}(s_i)$	$n \times Q_{\text{du}}(s_i)$
	可用性（Availability）	$\prod_{i=1}^{N} Q_{\text{av}}(s_i)$	$\sum_{i=1}^{N} p_i \times Q_{\text{av}}(s_i)$	$\prod_{i=1}^{N} Q_{\text{av}}(s_i)$	$Q_{\text{av}}{}^{n}(s_i)$

（续表）

QoS 属性		服务组合结构			
		顺序结构	选择结构	并行结构	循环结构
网上服务质量属性	成功率（Successful Rate）	$\prod_{i=1}^{N} Q_{\mathrm{sr}}(s_i)$	$\sum_{i=1}^{N} p_i \times Q_{\mathrm{sr}}(s_i)$	$\prod_{i=1}^{N} Q_{\mathrm{sr}}(s_i)$	$Q_{\mathrm{sr}}{}^{n}(s_i)$
	安全性（Security）	$\prod_{i=1}^{N} Q_{\mathrm{se}}(s_i)$	$\sum_{i=1}^{N} p_i \times Q_{\mathrm{se}}(s_i)$	$\prod_{i=1}^{N} Q_{\mathrm{se}}(s_i)$	$Q_{\mathrm{se}}{}^{n}(s_i)$
	信誉（Reputation）	$\sum_{i=1}^{N} Q_{\mathrm{re}}(s_i)/N$	$\sum_{i=1}^{N} p_i \times Q_{\mathrm{re}}(s_i)$	$\sum_{i=1}^{N} Q_{\mathrm{re}}(s_i)/N$	$Q_{\mathrm{re}}(s_i)$
	交互性（Interactivity）	$\sum_{i=1}^{N} Q_{\mathrm{in}}(s_i)$	$\sum_{i=1}^{N} p_i \times Q_{\mathrm{in}}(s_i)$	$\sum_{i=1}^{N} Q_{\mathrm{in}}(s_i)$	$Q_{\mathrm{in}}{}^{n}(s_i)$
	售后服务（Aftersale Service）	$\sum_{i=1}^{N} Q_{\mathrm{as}}(s_i)/N$	$\sum_{i=1}^{N} p_i \times Q_{\mathrm{as}}(s_i)$	$\sum_{i=1}^{N} Q_{\mathrm{as}}(s_i)/N$	$Q_{\mathrm{as}}(s_i)$
网下服务质量属性	用户服务（Customer Service）	$\sum_{i=1}^{N} Q_{\mathrm{cs}}(s_i)/N$	$\sum_{i=1}^{N} p_i \times Q_{\mathrm{cs}}(s_i)$	$\sum_{i=1}^{N} Q_{\mathrm{cs}}(s_i)/N$	$Q_{\mathrm{cs}}(s_i)$
	费用合理度（Rationality）	$\sum_{i=1}^{N} Q_{\mathrm{ra}}(s_i)/N$	$\sum_{i=1}^{N} p_i \times Q_{\mathrm{ra}}(s_i)$	$\sum_{i=1}^{N} Q_{\mathrm{ra}}(s_i)/N$	$Q_{\mathrm{ra}}(s_i)$
	描述符合度（Conformity）	$\sum_{i=1}^{N} Q_{\mathrm{co}}(s_i)/N$	$\sum_{i=1}^{N} p_i \times Q_{\mathrm{co}}(s_i)$	$\sum_{i=1}^{N} Q_{\mathrm{co}}(s_i)/N$	$Q_{\mathrm{co}}(s_i)$
	用户忠诚度（Loyalty）	$\sum_{i=1}^{N} Q_{\mathrm{lo}}(s_i)/N$	$\sum_{i=1}^{N} p_i \times Q_{\mathrm{lo}}(s_i)$	$\sum_{i=1}^{N} Q_{\mathrm{lo}}(s_i)/N$	$Q_{\mathrm{lo}}(s_i)$

7.2.2 基于模型优化的服务资源组合智能推荐基本原理

1. 基于模型优化的服务资源组合智能推荐方法

服务资源组合智能推荐模型的主要思想是在用户指定的约束条件下，得到全局 QoS 最优的服务资源组合组合方案，重要环节包括服务资源 QoS 评价指标体系解析、服务资源组合智能推荐模型构建和服务资源组合推荐结果优化。但是现有研究主要存在两方面的问题：①用户与供应商视角下的服务资源 QoS 指标差异较大，例如，用户所关注的“信誉度”“交互性”等 QoS 指标常常被服务供应商所忽视，而用户又很难完全理解诸如“集成性”“可读性”等专业性 QoS 术语，但现有研究往往从供应商视角出发，为所有用户采用同样的服务资源 QoS 指标体系，忽略了用户的个性化需求；②对服务资源推荐有效性考虑不足，由于获取的用户偏好和预设约束条件大多具有不完备性，致使后期的推荐结果难以完全满足用户需求，需要根据用户的反馈不断完善用户复杂需求信息，优化服务资源组合智能推荐模型，但现有推荐往往是单向的，用户只能被动接受或放弃。

为了解决上述两个问题，一方面，构建基于用户视角的服务资源 CQoS 指标体系，基于用户个性化复杂需求和电子商务本体模型提取用户关注的服务质量指标，记为 CCQoS，CCQoS 指标体系因用户而异，具有显著的个性化特征；另一方面，设计自适应的服务资源组合推荐优化机制，结合用户对推荐结果的反馈信息，不断进行用户复杂需求的完善，调整 CQoS 指标体系，优化服务资源组合智能推荐模型，直至用户对推荐结果满意为止。具体实现路径图 7-3 所示，包括以下步骤：

（1）服务资源 CQoS 指标提取。根据用户复杂需求和电子商务本体模型，提取用户关注的服务质量指标，记为 CQoS，生成服务资源 CQoS 指标体系。

（2）服务资源 CQoS 量化。分别为各服务资源 CQoS 指标设计相应的计算公式。

（3）服务资源组合 CQoS 集成。在对服务资源 CQoS 指标量化的基础上，结合服务资源组合的组合结构，得到具体组合结构下的服务资源组合整体 QoS，生成服务资源组合 CQoS 函数。

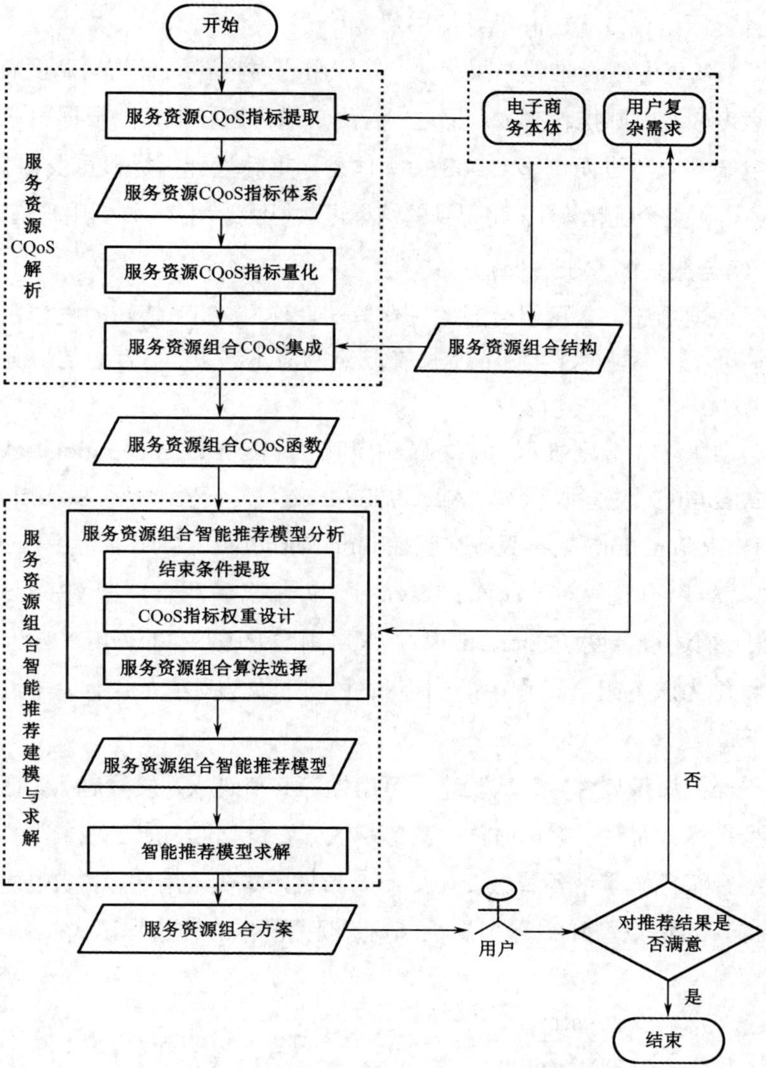

图 7-3 基于模型优化的服务资源组合智能推荐方法

（4）服务资源组合智能推荐模型分析。依据用户复杂需求得到用户对服务资源属性的关注程度和相关约束，在此基础上，提取用户预设约束条件，分析服务资源 CQoS 指标权重。根据服务资源组合 CQoS 函数和约束条件的复杂度，选择合适的服务资源组合组合算法，生成服务资源组合智能推荐模型。

（5）服务资源组合方案生成与推荐。对服务资源组合智能推荐模型求解，生成服务资源组合方案，并推荐给用户。

（6）服务资源组合推荐结果优化。获取用户对推荐结果的满意度反馈，若用户满意度较高，则推荐完成；反之，若用户满意度较低，则根据用户反馈完善用户复杂需求，进而调整 CQoS 指标体系，重新设计指标权重及组合算法，改进服务资源组合优化模型，将得到的结果再次返回给用户，直到用户满意为止。

2．组合服务的 QoS 计算方法

基于上述描述，采用组合服务优化算法，建立 QoS 感知的组合服务选取的数学模型，该模型的主要思想是，在既定的成本约束下，使总的服务组合方案 QoS 最优。

用数字 1～13 分别表示 QoS，1=响应时间（Execution Duration）、2=可用性（Availability）、3=成功率（Auccessful Rate）、4=安全性（Security）、5=服务信誉（Reputation）、6=服务交互性（Interactivity）、7=服务售后（After-sale Service）、8=用户服务（Customer Service）、9=服务费用合理度（Rationality）、10=服务与描述符合度（Conformity）、11=用户忠诚度（loyalty）。因为总服务成本将作为服务组合过程中的约束条件，所以，服务价格不参与组合服务 QoS 的计算。

对于一些质量属性，如成功率、可用性等其值越大，质量越大，因而，属于增量型指标。而对于响应时间，其值越大，质量越低，属于减量型指标。为了消除组合服务质量中各属性变化的不一致性，本节采用文献[31]中提到的归一化标准，对增量型和减量型属性指标分别采用式（7-1）和式（7-2）进行计算。

$$q=\begin{cases}\dfrac{q_0-q.\min}{q.\max-q.\min} & \text{if } q.\max-q.\min\neq 0\\ 1 & \text{if } q.\max-q.\min=0\end{cases} \tag{7-1}$$

$$q=\begin{cases}\dfrac{q.\max-q_0}{q.\max-q.\min} & \text{if } q.\max-q.\min\neq 0\\ 1 & \text{if } q.\max-q.\min=0\end{cases} \tag{7-2}$$

每个服务提供商可通过式（4-13）得到其综合质量得分。

$$\text{Score}=\sum_{k=1}^{11}(q_k * W_k) \tag{7-3}$$

式中，W_k 代表每个质量属性所对应的权重，$W_k \in [0,1]$ 且 $\sum_{k=1}^{11} W_k = 1$。

假设一个服务组合由 n 个任务组成，对于一个任务 $S_i(i=1,2,\cdots,n)$，都有一系列的服务提供商 $S_{ij}(j=1,2,\cdots,m)$ 可执行该任务。其中，任务 $S_i(i=1,2,\cdots,u)$ 顺序执行，任务 $S_i(i=u+1,u+2,\cdots,v)$ 并发执行，任务 $S_i(i=v+1,v+2,\cdots,n)$ 选择执行，其中 $1<u<v<n$。因为循环结构可视作顺序结构的重复，故不再单独讨论。

引入二进制变量 y_{ij}，当服务提供商 s_{ij} 被选择来执行服务时，其值为 1，否则其值为 0。q_{ij_k} 表示 s_{ij} 关于第 k 个 QoS 属性的取值。

顺序结构（Sequence）的组合 QoS 可表示为

$$\text{QoS}_{\text{seq}}=\sum_{k=1}^{11}\left[w_k\left(\sum_{j=1}^{m}\sum_{i=1}^{u} q_{ij_k} y_{ij}\right)\right] \tag{7-4}$$

并行结构中，只有 QoS 属性中的响应时间的组合计算方法与顺序结构不同，其余 QoS 属性的组合计算方法与顺序结构相同。因为并行结构（Parallel Split）的组合 QoS 可表示为

$$\text{QoS}_{\text{par}}=w_1\left[\max\left(\sum_{j=1}^{m}\sum_{i=u+1}^{v} q_{ij1} y_{ij}\right)\right]+\sum_{k=2}^{11}\left[w_k\left(\sum_{j=1}^{m}\sum_{i=u+1}^{v} q_{ij_k} y_{ij}\right)\right] \tag{7-5}$$

选择结构（Exclusive Choice）的组合 QoS 可表示为

$$\text{QoS}_{\text{exc}}=\sum_{k=1}^{11}\left[w_k\left(\sum_{j=1}^{m}\sum_{i=v+1}^{n} p_i q_{ij_k} y_{ij}\right)\right] \tag{7-6}$$

式中，p_i 表示选择结构中任务 S_i 被选择的概率，$p_i \in [0,1]$ 且 $\sum_{i=1}^{N} p_i = 1$。

则组合服务的总 QoS 值可表示为 $\text{QoS}_{\text{total}}=\text{QoS}_{\text{seq}}+\text{QoS}_{\text{par}}+\text{QoS}_{\text{exc}}$。

组合服务的总成本为

$$C_{\text{total}}=\sum_{j=1}^{m}\sum_{i=1}^{n} Q_{pr_{ij}} y_{ij} \tag{7-7}$$

所以，组合服务模型的目标函数可表示为

$$\text{QoS}_{\text{total}}=\text{QoS}_{\text{seq}}+\text{QoS}_{\text{par}}+\text{QoS}_{\text{exc}}=w_1\left[\max\left(\sum_{j=1}^{m}\sum_{i=u+1}^{v}q_{ij1}y_{ij}\right)\right]+$$
$$w_1(\sum_{j=1}^{m}\sum_{i=1}^{u}q_{ij1}y_{ij})+\sum_{k=2}^{11}\left[w_k\left(\sum_{j=1}^{m}\sum_{i=1}^{v}q_{ij_k}y_{ij}\right)\right]+\sum_{k=1}^{11}\left[w_k\left(\sum_{j=1}^{m}\sum_{i=v+1}^{n}p_iq_{ij_k}y_{ij}\right)\right] \tag{7-8}$$

约束条件表示为

$$\begin{cases}\sum_{j=1}^{m}y_{ij}=1,\forall i\in(1,2,\cdots,n)\\ y_{ij}=1\text{or}0\\ C_{\text{total}}=\sum_{j=1}^{m}\sum_{i=1}^{n}Q_{pr_{ij}}y_{ij}\leqslant P,P>0\end{cases}$$

式中，W_k 和 p_i 均为已知数据，$W_k\in[0,1]$ 且 $\sum_{k=1}^{11}W_k=1$。$p_i\in[0,1]$ 且 $\sum_{i=1}^{N}p_i=1$。

以上目标函数代入数据后可化为整数规划模型，可采用 Matlab 软件或 Lingo 软件计算求解。

7.2.3 基于模型优化的服务组合推荐案例研究

在本章中，以在线旅游服务为例，假设一用户张三想去北京旅游一星期。首先在网上预订相应的服务，然后网下消费。用户需求的任务有 5 个，分别是酒店预订（Hotel Booking）、交通服务 [车票或机票预订（Train Booking or Flight Booking）]、租车服务（Car Rent）、门票预订（Scenic Spots）、导游服务（Guide）。预算为 8500 元以内。服务组合示意图如图 7-4 所示，其中，Train Booking 和 Flight Booking 选择执行，Scenic Spots 和 Guide 并发执行。

因为基于功能匹配的服务选择已发展成熟，所以，本章中不再进行分析，假设经过服务功能匹配之后，满足用户功能需求的服务提供商，即候选服务集 CS1 包括：机票预订 15 个，火车票预订 12 个，酒店预订 50 个，租车服务 30 个，门票预订 35，导游服务 25 个。

假设 S1=机票预订、S2=酒店预订、S3=租车、S4=门票预订、S5=导游预约，则这 5 个任务的候选服务提供商可分别表示为，S1=(S11，S12，S13，S14，S15)，S2=(S21，S22，S23，S24，S25)，S3=(S31，S32，S33，S34)，S4=(S41，

S42，S43，S44)，S5=(S51，S52，S53)。每个服务提供商的 QoS 属性值如表 7-2 所示。

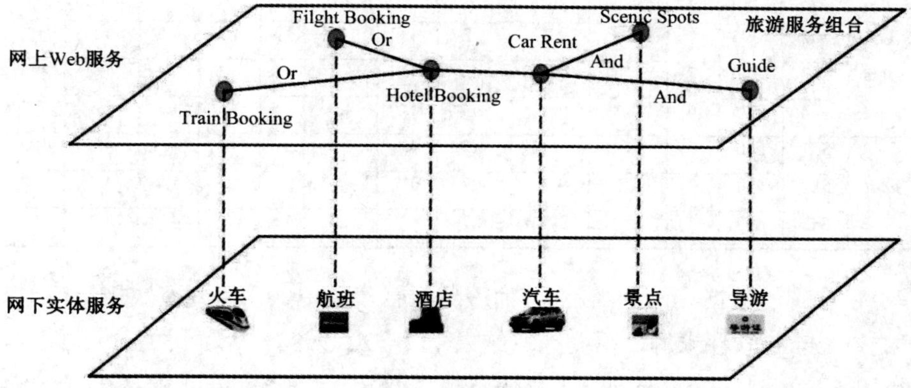

图 7-4 旅游服务组合示意图

表 7-2 旅游组合服务中各服务提供商质量属性

任务类型	服务提供商	执行费用	响应时间	可用性(%)	成功率(%)	安全性	信誉	交互性	售后服务	客户服务	合理度	符合度	忠诚度
Flight Booking	S11	1250	8	90%	88%	3.8	3	2.5	2	4	4.3	3.5	0.86
	S12	1350	6	92%	90%	4	3.5	3	2.5	4.2	4.6	3.8	0.92
	S13	1600	5	95%	93%	4.2	4	3.5	3.8	4.4	4.7	4	0.94
	S14	1900	3	97%	96%	4.5	4.5	4	4.4	4.6	4.6	4.3	0.92
	S15	2150	2	99%	98%	4.8	4.7	4.5	4.8	4.8	4.4	4.7	0.88
Hotel Booking	S21	2700	8	94%	92%	4	4.2	3.5	3.2	2.8	4	4	0.8
	S22	2880	6	95%	93%	4.2	4.4	3.8	3.5	3.3	4.5	4.2	0.9
	S23	3300	4	97%	96%	4.3	4.5	4	4	3.5	4.6	4.4	0.92
	S24	3540	4	98%	97%	4.5	4.6	4.4	4.5	4	4.4	4.6	0.88
	S25	3900	2	99%	98%	4.8	4.8	4.8	4.7	4.5	4.3	4.8	0.86
Car Rent	S31	1080	7	88%	85%	4.2	4.3	3.5	3	3	4.2	3.8	0.84
	S32	1500	5	92%	89%	4.4	4.4	4	3.8	3.5	4.4	4	0.88
	S33	1620	5	93%	91%	4.6	4.7	4.3	4.4	4	4.7	4.2	0.94
	S34	2160	3	96%	95%	4.7	4.8	4.6	4.7	4.5	4.3	4.4	0.86

（续表）

任务类型	服务提供商	执行费用	响应时间	可用性(%)	成功率(%)	安全性	信誉	交互性	售后服务	客户服务	合理度	符合度	忠诚度
Scenic Spots	S41	1350	8	94%	88%	4	4.5	3.6	4	4	4.5	4.4	0.9
	S42	1395	7	95%	90%	4.2	4.6	4	4.2	4.2	4.5	4.5	0.9
	S43	1440	7	97%	93%	4.3	4.7	4.2	4.3	4.3	4.4	4.6	0.88
	S44	1575	6	98%	93%	4.4	4.9	4.5	4.5	4.5	4.2	4.8	0.84
Guide	S51	500	5	88%	95%	4.5	4.4	3.6	3.8	4	4	4.2	0.8
	S52	550	5	90%	95%	4.7	4.5	4	4	4.2	4.4	4.5	0.88
	S53	600	3	92%	97%	4.7	4.7	4.4	4.5	4.6	4.2	4.7	0.84

将得到的数据代入到 7.2.2 节的服务组合模型中，化简为整数规划模型，可通过 Lingo 软件求解，得到计算结果 y14=y22 =y33 =y43=y53=1，如图 7-5 所示，即任务 Flight Booking 选择服务提供商 S14；任务 Hotel Booking 选择服务提供商 S22；任务 Car Rent 选择服务提供商 S33；任务 Scenic Spots 选择服务提供商 S43；任务 Guide 选择服务提供商 S53，从而选取到了一组最优化的组合服务。

参 考 文 献

[1] Almasri E, Mahmoud Q.QoS-based discovery and ranking of Web services[C]. 16th International Conference on Computer Communications and Networks, 2007: 529-534.

[2] G.Fenza,D.Furno,V.Loia.Hybrid approach for context-aware service discovery in healthcaredomain[J]. Journal of Computer and System Sciences,2012,(18):1232- 1247.

[3] Jeong,B,Lee,D,Kulvatunyou,B.A kernel method for measuring structural similarity between xml documents[C].In Proceedings of the 20th international conference on industrial engineering and other applications of applied intelligent systems,Berlin, Germany,2007(7): 572-581.

[4] Ping Wang,KuoMing Chao,ChiChun Lo.On Optimal Decision for QoS-aware Composite Service Selection[J].Expert Systems with Applications,2010 (37):440-449.

[5] Robert Aboolian,Yi Sun,Gary J.Koehler.A location-allocation problem for a web services provider in a competitive market[J].European Journal of Operational Research, 2009(19): 64-77.

[6] Sonia Ben Mokhtar,Davy Preuveneers,Nikolaos Georgantas.EASY:Efficient semAntic Service discoverY in pervasive computing environments with QoS and context support [J].The Journal of Systems and Software,2008(18):785-808.

[7] Stephen J.H.Yang a,Jia Zhang b,Irene Y.L.Chen.A JESS-enabled context elicitation system for providing context-aware Web services[J].Expert Systems with Applications,2008(34): 2254-2266.

[8] SUN Yi,HE Shaoyi,LEU J Y.Syndicating Web services:a QoS and user-driven approach[J]. Decision Support System,2007(43):243-255.

[9] TSESMETZIS D,ROUSSAKI I.Modeling and simulation of QoS-aware Web service selection for provider profit maximization[J]. Simulation,2007,83(1):93-106.

[10] 陈冬林，吕秋云，马明明. 面向用户视角的 QoS 集成与组合服务优化[J]. 计算机工程, 2012, 38(3): 49-50.

[11] 陈丽金，周娅. 基于多 QoS 约束的动态 Web 服务选择研究[J]. 微计算机信息, 2009, 25(3): 209-211.

[12] 柴雪霞. 基于强化学习的 Web 服务组合优化研究[D]. 合肥工业大学硕士学位论文, 2011.

[13] 蔡华利，刘鲁，樊坤. 基于 BPSO 的 Web 服务推荐策略[J]. 深圳大学学报理工版, 2010(1): 49-55.

[14] 曹利培，李爱玲，刘静. 基于 QoS 的两阶段 Web 服务选择方法[J]. 计算机工程与设计, 2009, 30(3): 747-751.

[15] 代钰，杨雷，张斌，等. 支持组合服务选取的模型及优化求解[J]. 计算机学报, 2006, 29(7): 1167-1178.

[16] 冯在文，何克清，李兵. 一种基于情境推理的语义 Web 服务发现方法[J]. 计算机学报, 2008, 31(8): 1355-1363.

[17] 方其庆，刘庆华，彭晓明. QoS 全局最优的多目标 Web 服务选择算法[J]. 计算机应用研究, 2009, 26(12): 4442-4448.

[18] 龚小勇，朱庆生，武春岭. 支持服务质量全局最优和动态重计划的 Web 服务组合[J]. 计算机集成制造系统, 2008, 14(10): 2068-2075.

[19] 侯丽娟，李蜀瑜. 一种基于情境的语义 Web 服务发现方法[J]. 计算机应用与软件, 2011, 28(1): 154-156.

[20] 蒋哲元，韩江红，王钊. 动态的 QoS 感知 Web 服务选择和组合优化模型[J]. 计算机学报, 2009, 32(5): 1014-1025.

[21] 柯杨华，郭红. 基于 QoS 的 Web 服务本体模型研究[J]. 福州大学学报自然科学版, 2007, 35(2): 185-189.

[22] 刘平峰，余文艳，游怀杰. 基于模糊等价关系的文本多粒度划分方法[J]. 情报学报, 2012, 31(6): 589-594.

[23] 刘平峰，张慧，章佩璐. 面向用户均衡需求的 Web 服务资源智能推荐方法[J]. 计算机

应用研究, 2012, 29(9): 3224-3228.

[24] 刘冬梅, 邵志清, 虞才珠. 用户期望质量驱动的 Web 服务优化选取[J]. 华东理工大学学报, 2009, 35(3): 416-42.

[25] 李红. 基于本体的 QoS 及业务应用研究[D]. 云南大学硕士学位论文, 2010.

[26] 李武智, 张斌. 基于服务上下文的 Web 服务发现机制[J]. 计算机工程与设计, 2012, 33(7): 2580-2583.

[27] 孙霞, 程宏斌. 基于加权层次结构的 XML 文档相似度算法[J]. 武汉理工大学学报, 2009, 31(18): 76-79.

[28] 杨岳明, 陈立潮, 潘理虎. 基于历史用户 QoS 感知的 Web 服务发现方法[J]. 计算机应用, 2012, 32(5): 1351-1354.

[29] 张楠, 邱雪松. 基于立体 QoS 模型的 Web 服务质量模糊评价[J]. 计算机工程, 2008, 34(9): 42-44.

[30] 张龙昌. 面向复杂上下文的组合服务决策方法研究[D]. 北京邮电大学博士学位论文, 2011.

[31] 周娟. 一种基于服务质量的语义 Web 服务发现框架[J]. 计算机技术与发展, 2011, 21(2): 127-135.

[32] 朱益琼, 蔡鸿明, 姜丽红. 基于领域本体的多层次服务综合匹配[J]. 计算机工程与应用, 2007, 43(10): 128-131.

[33] 朱红康, 余雪丽. 基于服务 QoS 执行信息的 Web 服务推荐研究[J]. 计算机工程与应用, 2010, 46(18): 237-239.

[34] 朱郑州. 一种基于情景感知的学习服务发现算法[J]. 计算机科学, 2012, 39(2): 132-135.

反侵权盗版声明

电子工业出版社依法对本作品享有专有出版权。任何未经权利人书面许可，复制、销售或通过信息网络传播本作品的行为；歪曲、篡改、剽窃本作品的行为，均违反《中华人民共和国著作权法》，其行为人应承担相应的民事责任和行政责任，构成犯罪的，将被依法追究刑事责任。

为了维护市场秩序，保护权利人的合法权益，我社将依法查处和打击侵权盗版的单位和个人。欢迎社会各界人士积极举报侵权盗版行为，本社将奖励举报有功人员，并保证举报人的信息不被泄露。

举报电话：（010）88254396；（010）88258888

传　　真：（010）88254397

E-mail:　　dbqq@phei.com.cn

通信地址：北京市万寿路 173 信箱

　　　　　电子工业出版社总编办公室

邮　　编：100036